SIN EQUIPAJE

SIN EQUIPAJE

UNA HISTORIA MINIMALISTA
DE AMOR Y VIAJES

CLARA BENSEN

Título original: *No Baggage*

Traducción: Alejandra Ramos Aragón

Diseño de portada: Frances Soo Ping Chow
Ilustraciones de portada: Anna Morrison
Adaptación a la versión en español: Liz Batta
Diseño de interiores: Mariana Alfaro

© 2016, Clara Bensen

Publicado en español mediante acuerdo con Perseus Books Inc., 44 Farnsworth St. 3rd Floor, Boston, MA 02210, Estados Unidos

Derechos exclusivos en español para Latinoamérica y Estados Unidos

© 2016, Editorial Planeta Mexicana, S.A. de C.V.
Bajo el sello editorial DIANA M.R.
Avenida Presidente Masarik núm. 111, Piso 2
Colonia Polanco V Sección
Deleg. Miguel Hidalgo
C.P. 11560, México, D.F.
www.planetadelibros.com.mx

Primera edición: enero de 2016
ISBN: 978-607-07-3210-2

No se permite la reproducción total o parcial de este libro ni su incorporación a un sistema informático, ni su transmisión en cualquier forma o por cualquier medio, sea éste electrónico, mecánico, por fotocopia, por grabación u otros métodos, sin el permiso previo y por escrito de los titulares del copyright.
La infracción de los derechos mencionados puede ser constitutiva de delito contra la propiedad intelectual (Arts. 229 y siguientes de la Ley Federal de Derechos de Autor y Arts. 424 y siguientes del Código Penal).

Impreso en los talleres de Litográfica Ingramex, S.A. de C.V.
Centeno núm. 162-1, colonia Granjas Esmeralda, México, D.F.
Impreso y hecho en México - *Printed and made in Mexico*

A mi mejor chico.
Que las maravillas nunca cesen.

Índice

Capítulo 1
Sin Peso. 11

Capítulo 2
Y ahora, a vagar. 27

Capítulo 3
Rayos de sol y mandíbulas caninas. 45

Capítulo 4
El espacio entre nosotros. 61

Capítulo 5
Un anillo rosa. 75

Capítulo 6
El roble. 93

Capítulo 7
Expectativas griegas. 107

Capítulo 8
¡Se busca! Los bandoleros. 123

Capítulo 9
    Conócete a ti mismo 137

Capítulo 10
    El largo recorrido en autobus 153

Capítulo 12
    El camino a Sarajevo 167

Capítulo 12
    ¿Cómo resuelves un problema como Maria? 183

Capítulo 13
    Ying Yang 199

Capítulo 14
    Ganancia etérea 211

Capítulo 15
    La mediana edad 225

Capítulo 16
    Incertidumbre 241

Epílogo 257

Agradecimientos 261

1. Sin peso

—¿Entonces sí conoces a este individuo con el que te vas?

Jaime me miró por el espejo retrovisor. Sus ojos se escondían detrás de las gafas oscuras pero me di cuenta de que estaba tratando de molestarme. El «individuo» con el que me iba era Jeff, su antiguo compañero de cuarto de la universidad, e iba sentado al frente, junto a él, en el asiento del pasajero de su furgoneta Volvo. Los tres íbamos zigzagueando por el laberinto de cemento en que se convierte el tráfico matutino de Houston y nos dirigíamos al Aeropuerto Internacional George Bush en donde Jeff y yo teníamos que tomar un avión.

—Jaime, *no* —dijo Jeff con una media sonrisa como de madre que reprime a su hijo y al mismo tiempo trata de ocultar lo mucho que le divirtió la travesura infantil.

—Sólo lo digo porque —explicó Jaime—, soy una de las pocas personas que ha tenido el «placer» de viajar al extranjero contigo, y creo que esta chica merece saber en qué se mete. Jaime levantó una mano del volante, sonrió y le dio un sutil codazo a Jeff y luego volvió a mirar mi reflejo en el espejo retrovisor en espera de una respuesta. ¿De verdad conoces a este tipo?

Como no sabía cómo responder la pregunta, la evadí.

—¿Acaso hay algo que *deba* saber?

—¿Cuántas horas tienes disponibles para que te cuente? —preguntó Jaime en tono de broma—. Apuesto que Jeffrey «olvidó» mencionar la vez que se arrancó la intravenosa de solución salina del brazo y se escapó de ese hospital en París como si fuera la cárcel. Fue la mañana siguiente al Día de la Bastilla. ¡Jesús!, corrió por el pasillo con una de esas diminutas batas de papel. ¿Ya sabes cuáles? Con las que se te ve el trasero. Ni siquiera se detuvo para vestirse, sólo salió disparado por la puerta y huyó de Francia.

—¡*No*, Jaime! —gritó Jeff fingiendo terror—. Eso fue hace veinte años. Todavía ni siquiera nos habían bajado los testículos.

—No lo sé, hombre —dijo Jaime, encogiéndose de hombros—. Sólo pongámoslo de esta forma: las próximas tres semanas voy a usar mi rosario con muchísima intensidad.

Me acomodé en el asiento trasero y recorrí con los dedos el dobladillo bordado de mi vestido. Afuera, en el horizonte, más allá de las subdivisiones a medio construir y los lotes de cemento vacíos, pude ver una línea de aviones diminutos que despegaban hacia el nebuloso amanecer. Nos estábamos acercando. En tan sólo unas horas, mi avión —nuestro avión—, estaría deslizándose en la pista. Pero la pregunta estaba justificada: ¿De verdad conocía al hombre que estaría sentado a mi lado cuando el tren de aterrizaje se levantara de la pista?

Sí. Pero no.

Sabía que Jeff era profesor de ciencias. También que era un tejano de sexta generación con un salvaje brillo en la mirada. Sabía que, cuando lo vi por primera vez, pensé: «Ay, otra vez tú», como si nada más me hubiera topado con un amigo de antaño. Sabía que nuestra relación se había transformado en un deslumbrante circo tipo remolino chino tras solamente una ronda de tequilas. Sabía que le gustaba el chocolate con chispas de sal gruesa de mar. Sabía que estuvo casado seis años pero llevaba separado dos, y que tenía una hija de cinco años con brillantes ojos de color café. Sabía que perseguía lo poco convencional como un ave migratoria que en el invierno vuela al norte en vez de volar al sur. Sabía que era un brillante provocador pero «Dear Mama» de Tupac, lo hacía llorar; y que a veces detenía su automóvil para quitar con dulzura a los gatos muertos en la carretera y depositarlos debajo de los arbustos. Sabía que era un bromista de corazón dulce, si acaso eso existía.

¿Pero de verdad lo conocía? Era difícil decirlo. ¿Qué tan bien puedes conocer a alguien que acabas de conocer en internet?

Tal vez el tiempo y las circunstancias no importaban demasiado en esta historia. En las pocas semanas que pasaron desde que enviamos nuestros irreverentes primeros correos electrónicos —que iban y regresaban zumbando como pelotas de tenis—, Jeff había logrado penetrar mi muro de silencio. Fue una gran hazaña. Una semana después, acepté conocerlo en persona, y nuestra primera cita fue algo más parecido a un reencuentro que a una presentación formal.

1. Sin Peso

Tomando en cuenta nuestras contrastantes diferencias, podría decirse que nuestra conexión fue sorprendente. Yo pasé los primeros trece años de mi vida en la lluviosa Portland, en Oregón, con una familia de siete: mis padres, mis tres hermanas, mi hermano y yo. Vivimos en una centenaria casa victoriana de un solo baño en Tillamook Street, una calle que fue bautizada así en honor a una tribu indígena del Noroeste del Pacífico. Mis padres eligieron educarnos en casa, en parte porque les preocupaba la calidad de nuestra educación, y en parte, por una profunda convicción religiosa (yo imaginaba, por ejemplo, que la secundaria local era un antro de vicio con condones y agujas tirados por todo el piso). Mi madre era una mujer devota pero se aseguró de que los cinco recibiéramos una educación sólida y fuéramos competentes en los distintos aspectos sociales. En realidad no nos parecíamos en nada a los niños cristianos educados en casa que vestían faldas largas y mezclilla, o cuyos padres les impedían tener novio o bailar. El verano que las Torres Gemelas se desplomaron, nos mudamos a Forth Worth, Texas. Yo cumplí la mayoría de edad en Cowtown, un lugar en donde una tormenta podía hacer que el cielo se viera del mismo color verdoso de las espinacas cocidas, y las serpientes hacían sonar su cascabel entre la hierba. Además, la gente amaba el futbol (casi) tanto como a Jesús.

Jeff, en cambio, siempre fue un chico tejano. Él y sus tres hermanas crecieron a cuatro horas al sur, en Houston y San Antonio. Jeff pasó sus veranos pescando y buscando cabezas de flechas apaches en la granja de Hill Country en donde sus tatarabuelos construyeron una cabaña con techo de dos aguas. En la universidad, durante su época más conservadora en Texas A&M, fue un Joven Republicano que masticaba tabaco, portaba credencial del partido y podía incendiar la pista de baile de música *country*.

Su personalidad era igual que Texas: tan grande como la vida misma. Siendo niño le confió a su pediatra que su miedo más profundo no era a las tarántulas o a los robachicos, sino a la combustión espontánea como la que sufrió el baterista de *Spinal Tap*, quien se desvaneció en una nube de humo después de ejecutar un solo de batería particularmente épico. Jeff era un conductor de metal: electrificaba a todos los que conocía, ¡y vaya que conocía a mucha gente! Le deleitaban la intimidad repentina, la aventura, el espectáculo y los estampados de colores chillones.

La palabra «sutil» no formaba parte del vocabulario de Jeff, pero en el mío era un término de cajón. Todos los miembros de mi familia eran introvertidos acérrimos, empezando por mí. Digamos que, si él era el tórrido e inquieto *yang*, entonces yo era el sensible e introspectivo *yin*. Por cada par de pantalones de algodón de color brillante y cada par de calcetines con manchas en forma de relampaguitos suyo, yo tenía un cárdigan en tono gris brezo o beige. Para colmo, yo tenía diez veces más plantas que amigos, por lo que podía pasar un día entero felizmente callada, sin pronunciar ni una sílaba.

Algunas semanas después del inicio de nuestro romance respondimos un *test* que confirmó mis sospechas de que teníamos personalidades diametralmente opuestas: él era un macho alfa ambicioso que podía aflojar las bisagras de cualquier puerta con su encanto y yo era una callada soñadora que podía escuchar las treinta y tres horas completas de *Polonia* de James Michener en casetes sin quedarse dormida.

A menudo, la gente confundía mi introversión con arrogancia, pero Jeff era distinto, desde nuestra primera cita dejó claro que le extasiaba mi capacidad para sentarme en silencio y reflexionar. Él trató mi proclividad al silencio de la misma forma que un científico habría lidiado con un espécimen alienígena bajo meticulosa observación.

—Sólo por curiosidad, ¿cuántas palabras dijiste hoy en voz alta? —me preguntó una semana después de que nos conocimos. Estábamos sentados en un oscuro bar bebiendo de tarros.

—¿Antes de esta cerveza? Bueno, creo que esta mañana le pedí un café al barista —le dije, contando con los dedos—. ¿Qué será? ¿Cinco?

Él sacudió la cabeza con asombro e hizo algunas anotaciones antropológicas de campo en una libretita que siempre llevaba en el bolsillo.

—¿Y cuántas palabras pasaron por *aquí*? —preguntó, al mismo tiempo que me daba unos golpecitos en la cabeza con una traviesa sonrisa.

—Suficientes para desear que hubiera un interruptor —le contesté. Y sí, siempre lo había deseado.

Éramos tan diferentes como el sol y la luna, pero eso no importó la noche que nos conocimos: 7:52 p.m. del 5 de abril de 2013. Las 7:52 p.m. también fue la hora exacta de la puesta de sol, pero yo no me percaté de ello cuando me envió por mensaje la hora del encuentro, un par de coordenadas (30.2747° N, 97.9406° W) y la fotografía de una

1. Sin Peso

estrella de arcilla burdamente incrustada en un bloque de cemento, como referencia. *Reúnete conmigo en la estrella*, escribió. Era una estrella ordinaria de terracota con cinco picos que giraban alrededor de un cuadrado de color azul brillante con una grieta a la mitad. Pero, por supuesto, la simpleza era engañosa. Cuando tecleé las coordenadas, descubrí que la estrella de terracota de Jeff estaba incrustada justo frente al edificio más ostentoso de todo el horizonte de Austin: el Capitolio del Estado de Texas.

A las 7:20 p.m. revisé mi lápiz de labios, practiqué una sonrisa que, a mi parecer, era suficientemente seductora, y salí por la puerta de mi estudio de una sola habitación. Usualmente necesitaba unos treinta minutos para llegar al domo de granito rosado del Capitolio, pero esa noche llegué en veinte. Mi cuerpo se desplazó con largos y ágiles pasos sobre la banqueta: era un intento por sacudirme los nervios. No estaba inquieta por las cosas que normalmente le preocupan a uno cuando va a conocer a un pretendiente que conoció en internet, como que Jeff resultara ser un programador C++ en vías de ser calvo, que estuviera casado en secreto y tuviera una docena de hijos, que *de verdad* le encantara el látex, o que fuera el orgulloso propietario de una colección con todos los modelos de Beanie Babies desde 1993. Estaba nerviosa porque tenía la impresión de que un gigantesco cuerpo interplanetario se precipitaba hacia el Capitolio, listo para arrastrarme a su órbita.

Llegué a la estrella antes que Jeff. Él no apareció sino hasta que los faroles a lo largo de Congress Street se encendieron y cobraron vida. Entonces lo vi: un par de pantalones color amarillo canario ondeando hacia los escalones del frente del domo monolítico donde yo esperaba. Caminó directo a la estrella y me besó en la mejilla con temeridad. Y ahí fue donde comenzó todo, en un universo pequeñito que contenía todo en sí mismo: largos pantalones color amarillo canario, una estrella de terracota, el perfecto arco del domo y, por encima de todo esto, los últimos trazos del sol de abril.

• • •

A partir de esa noche nos volvimos inseparables a pesar de que en realidad no llegamos a ningún arreglo formal. Ambos estuvimos de acuerdo en que a esas alturas del partido, definir nuestro romance resultaba *passé* e innecesario. Todo fue muy moderno.

Jeff daba clases de ciencias ambientales en la Universidad de Texas en Brownsville, cinco horas al sur, en la frontera con México, pero ya había solicitado un nuevo puesto en Austin, a donde manejaba o viajaba en autobús de Greyhound cada vez que podía. Los fines de semana nos quedábamos acostados en mi cama e inventábamos historias alocadas. Adivinábamos la forma en que nuestros caminos se habían cruzado en otros cuerpos y épocas. Quizás él fue el gato calicó que alguna vez ronroneó sobre mi regazo. Quizás robó mi diligencia camino a Flagstaff. Quizá calentamos nuestras manos frente a la misma fogata una noche helada en la estepa mongola. Tal vez un día volamos en una nave espacial por todo el universo como en esa vieja canción llamada *Highwayman*.

OkCupid, el sitio de citas en internet donde nos conocimos, tenía un algoritmo de caja negra que, al parecer, era lo que respaldaba la química que teníamos, al menos en esta vida. Nuestros perfiles en línea recibieron una generosa calificación de 99 por ciento de compatibilidad (aunque en mi opinión, estos cálculos se generaban en un caldero lleno de pétalos de rosa y rizos de cabello de querubines). Pero confiable o no, la cifra me dio una cantidad adicional de seguridad cuando, después de nada más cuatro semanas, nos encontramos sentados en la mesa de mi cocina, vestidos con las pocas prendas que permiten las mañanas, y mirando con aprensión la pantalla de mi laptop, a tan sólo un clic de reservar dos boletos sin regreso a Estambul, y un par más para regresar a Estados Unidos desde Londres.

El viaje era idea de Jeff. Él ya tenía el plan de ir de Estambul a Londres como parte de su viaje de verano anual, pero en las pocas semanas anteriores, su «Voy a ir a Estambul» se fue transformando en un «*Vamos* a ir a Estambul». Y así fue como terminamos agachados sobre mi mesa, listos para oprimir el boleto de compra.

—Esto podría ser un tremendo error —dije.

—¿Huir con un tipo que acabas de conocer en internet? ¿Qué es lo peor que puede pasar? —preguntó él, al mismo tiempo que deslizaba su mano sobre mi cintura como si fuera un viejo hábito.

Entonces nos reímos y oprimimos el botón.

En ese momento no nos pareció insensato ni imprudente viajar juntos al otro lado del mundo a pesar de que sólo llevábamos un mes saliendo. Arriesgado sí,

1. Sin Peso

pero no imprudente. Jeff era una de esas raras personas que nada más aparecían y asumían su lugar, como si el vínculo siempre hubiera estado ahí y él sólo estuviera confirmándolo con su corporeidad en ese momento. Podíamos saltarnos los pasos preliminares y seguir adelante con la aventura.

Por otra parte, aunque ya habíamos perecido juntos en una goleta del siglo dieciocho, todavía quedaban detalles prácticos que resolver. Aún quedaban anécdotas que contarnos y fechas que establecer: árboles genealógicos, amantes del pasado, viejas heridas, manías conservadas por mucho tiempo, la historia sobre esa cicatriz dentada en la parte baja de su espalda, el origen de mi sonrisa chueca. Necesitábamos ponernos al día con nuestras encarnaciones del presente.

Pero algo era seguro: el recorrido nos iría sacando las historias a ambos. Un viaje, con toda la gloriosa desorientación que implicaba, con todos los cambios de husos horarios, los horizontes extranjeros y los idiomas incomprensibles, tenía la capacidad de desgastar a la gente hasta dejarla cubierta nada más con las capas más profundas, las más crudas y desordenadas, las que a veces estaban embriagadas y a veces enfermas. En el pasado de Jeff aún quedaban sus aventuras en hospitales parisinos, pero yo también tenía un pesado equipaje de secretos en espera de desbordarse y ser libres. Tal vez lo que Jaime debió preguntar era qué tan bien me conocía Jeff *a mí*.

• • •

—Tuve una crisis mental ligera en el pasado —le confesé a Jeff en un mensaje previo que le envié a través de OkCupid. Fue una mención discreta que dejé pasar en medio de una intensa corriente de coqueteo.

—Suena interesante —dijo él.

Pero por supuesto, no fui particularmente generosa con los detalles... como cuán profunda fue mi caída en el País de las Maravillas tras graduarme de la universidad, ni cuán reciente era mi recuperación. Cuando compramos los boletos tampoco mencioné que el vuelo Estambul sería el primero de importancia que iba a ser capaz de emprender en años, y tampoco le dije cuán radical era el simple hecho de salir de mi habitación. Jeff no sabía que todavía estaba tratando de asimilar la realidad de una recuperación que nunca esperé alcanzar, ni que el viaje era la manifestación de lo insaciable que me sentía por probar el mundo que estaba más allá de mi puerta.

Solamente una mujer voraz estaría de acuerdo en emprender el tipo de viaje de verano que Jeff describió en un tono casual en el tercer correo electrónico que envió por OkCupid (mucho antes de siquiera saber mi apellido o si de verdad lucía como la solemne chica con boca chueca de la fotografía que aparecía en mi perfil). Jeff no tomaba lujosas vacaciones de verano. No había paquetes a centros vacacionales ni cabañas con techo de palma en playas de arena blanca. Él volaba a un país y salía de otro sin hoteles, sin reservaciones, sin itinerarios entre el Aeropuerto A y el Aeropuerto B. Para mí, volar de noche ya era aventura suficiente, pero para Jeff ése sólo era el comienzo. Por lo general abordaba el avión portando nada más una tarjeta de crédito, un cargador de iPhone y el pasaporte en su bolsillo trasero del pantalón. Lo que sucedería después, siempre era un emocionante misterio.

Viajar por el mundo sin equipaje formaba parte de uno de los discursos de ventas más radicales que había recibido en mi bandeja de mensajes de OkCupid (aunque competía con las invitaciones a practicar sofisticados juegos sexuales, y varias propuestas de matrimonio), pero no lo descarté de inmediato porque el mantra que había usado para mi recuperación lo saqué del *Libro de horas* del poeta Rilke: «Permite que todo te suceda. La belleza y el terror».

En las primeras cuatro semanas de citas libres de toda definición, Jeff y yo permitimos que nos sucediera la belleza con paseos de fin de semana sobre las alfombras de flores silvestres de Hill Country y con prolongadas e inconexas caminatas en los callejones de Austin. También tuvimos nuestra dosis de terror el día que Jeff me pidió oficialmente que lo acompañara a su excursión libre de equipaje. La propuesta llegó sin advertencia alguna mientras cruzábamos el puente de Congress Street. Yo iba analizando los kayaks rojos y amarillos diseminados sobre el lago Lady Bird como chispas de caramelo en el agua, cuando él anunció de repente:

—Lo que dije acerca del mapa no era broma. Deberías venir conmigo.

En cuanto terminó la frase, dejé de respirar. Jeff había viajado desde 1996 y, de los setenta países de los que tenía sellos en el pasaporte, había entrado

1. Sin Peso

completamente solo —sí, sin compañía—, a sesenta. Valoraba su libertad de movimiento de la misma forma que un republicano de la Fiesta del Té valoraba su derecho constitucional a portar armas. El hecho de dejar atrás mochilas y maletas era todo un choque para mí, pero que me hubiera pedido que viajara con él me conmocionaba aún más.

La intensidad de su petición me recordaba aquella escena de *El amor en los tiempos del cólera* en que Florentino Ariza se le declara a Fermina Daza, el amor de su vida, y Fermina, atormentada por la incertidumbre, se dirige a su tía Escolástica quien, apasionadamente, le aconseja, «Dile que sí aunque te estés muriendo de miedo, aunque después te arrepientas, porque de todos modos te vas a arrepentir toda la vida si le contestas que no».

Yo tenía montones de razones para negarme. Casi no conocía a Jeff, mis ingresos coqueteaban todo el tiempo con la línea que marcaba la pobreza, todavía tendía hacia una salud mental más bien incipiente y, sin embargo, las palabras salieron de mi boca y volaron en el cálido aire del lago como si tuvieran alas propias. «*Sí*, voy contigo». Fue un «sí» instintivo, físico; una decisión tomada con las entrañas y al ras de los huesos, con mayor rapidez de lo que se puede pensar. Me iba a subir a ese avión. Incluso si después terminaba arrepintiéndome.

• • •

Jeff estiró su brazo hacia atrás y colocó la mano sobre mi rodilla mientras Jaime se estacionaba en el carril para descargar pasajeros frente a la Terminal D.

—¿Estás lista? —preguntó Jeff.

—Todavía estás a tiempo de cambiar de opinión —interrumpió Jaime.

Yo puse mi mano sobre la de Jeff y dije:

—Jaime, *sabes* que me voy a subir a ese avión.

—Lo sé —dijo en tono de broma—. Pero de verdad deberías llamarme si Jeff trata de fugarse para ir a la Bastilla.

—No le hagas caso —dijo Jeff, bromeando también—. Sólo está tratando de que le des tu número de teléfono.

Los tres salimos del auto y nos reunimos frente al mismo. Ahí, las diferencias entre los dos amigos de antaño se hicieron más obvias. El uniforme de viaje de Jeff estaba compuesto de pantalones de algodón de color rojo langosta, un ligero suéter a rayas y el sombrero vaquero gris Stetson modelo Open Road de su bisabuelo, que decidió traer en el último minuto. Jaime tenía una apariencia más formal que incluía corbata azul marino y traje de oficinista confeccionado a la medida (Jeff decía que Jaime siempre se había arreglado así, y que de hecho solía llevar portafolios a la preparatoria). Cuando Jaime se inclinó con solemnidad para abrazarnos y despedirse, alcancé a percibir su colonia.

—Ya, en serio, cuídense entre ustedes, muchachos. Los veo en tres semanas —dijo Jaime.

Luego se fue y nosotros atravesamos las puertas deslizables y entramos a la abarrotada terminal aérea de salidas. Los pasajeros de la mañana pasaron apresurados junto a nosotros con vasos de papel llenos de café en una mano y maletas con llantitas en la otra. Lo único que teníamos todos en común era ese movimiento colectivo hacia *algún otro lugar*: a una de las lejanas ciudades que resplandecían prometedoramente en las pantallas de despegues. Nos dirigimos al mostrador de *check-in*, en donde una asistente de vuelo nos saludó ondeando la mano e invitándonos a avanzar con su ensayada sonrisa. Estaba arreglada a la perfección; tenía un chongo impecable y una mascada azul marino anudada con esmero al cuello.

—¿Van a *documentar* maletas para viajar a Estambul? —nos preguntó mientras revisaba los pasaportes.

—Estamos tratando de librarnos de la costumbre —le dijo Jeff llanamente—. No, de hecho no traemos maletas.

Ella hizo una pausa y levantó la vista de la pantalla.

—Lo lamento, no entiendo. ¿No tienen maletas para documentar o simplemente no tienen maletas y punto?

—Simplemente no tenemos maletas. *Y punto* —dijo él, agachándose sobre el mostrador laminado como si le estuviera revelando a la asistente de vuelo un jugoso chisme—. Nos vamos a ir así como venimos —orgulloso, Jeff me señaló. Prueba A: a mis pies no había maleta, bolso grande con cierre ni mochila de excursionista con bolsa para dormir. Sólo un pequeño bolso de piel.

1. Sin Peso

La asistente arqueó dudosa la ceja y me miró —a mí, la que no traía pantalones color rojo langosta— como preguntando: «¿Este hombre habla en serio?».

—Por desgracia sí, habla en serio —dije—. Esto es todo con lo que contaremos en los siguientes veintiún días.

—Ay, *por Dios* —exclamó ella horrorizada, como si le acabara de anunciar que estaba a punto de dedicarme a bailar desnuda y abrazada a un tubo los fines de semana—. ¿Está segura?

¡No, demonios! *Claro que no estoy segura*. De hecho, en lo que se refería a ese viaje, me bastaban los dedos de una mano para contar las cosas de las que sí estaba segura: estaba segura de que viajaría en el asiento 32A en un vuelo a Turquía, y estaba segura de que no tenía idea de en qué me estaba metiendo.

Estar en un aeropuerto sin equipaje es muy parecido a ese sueño en el que te presentas a la fiesta y descubres que eres el único al que se le olvidó vestirse. Me sentía desnuda. Sin ancla. Sin peso. *No tengo nada. No tenemos nada.* Sentía la cabeza demasiado ligera por el vacío. Al no contar con una maleta que me anclara, de pronto me sentí peligrosamente en riesgo de flotar y elevarme hacia los tragaluces de la Terminal D como la alegre Mary Poppins, pero sin su mágico y enorme bolso.

Y pensándolo bien, ¿qué era una maleta? Sólo un objeto —un contenedor de otros objetos— unido con cierres, fibras y costuras. Una maleta sólo es un artilugio simple para transportar cosas, sin embargo, no tener una me hacía sentir desorientada, como si me hubieran tomado por sorpresa. Tenía un abrumador impulso a estirar los brazos y llenar el espacio vacío con algo, con cualquier cosa que tuviera peso e hiciera bulto. Una almohada de plumas de ganso. Un saco de papas rojas. Un gigante y peludo gato Maine Coon. En mis veinticinco años de existencia jamás había estado sin, por lo menos, algunas cuantas cosas que pudiera envolver con los brazos y declarar de mi propiedad, y por eso, salir por la puerta con las manos vacías, me resultaba profundamente extraño.

En los días previos a nuestra partida intenté compensar la nada con el atuendo de viaje perfecto, como si la combinación adecuada de tela capaz de absorber olores, los pantalones tipo militar con montones de bolsillos y las sandalias Teva realmente pudieran protegerme de los peligros que implicaba usar la misma ropa durante veintiún días consecutivos. Pero como todo lo que sucedió en las cuatro semanas previas, terminé con algo completamente inesperado: una exquisito vestido camisero de algodón color verde botella que tenía una delicada franja bordada justo arriba de las rodillas. Era un vestido deslumbrante, muy bien confeccionado, me hacía lucir muy bien y... también era totalmente impráctico. Esa absoluta falta de practicidad, sin embargo, era lo que lo hacía tan atractivo. Si iba a deambular por la tierra con las manos vacías, ¿por qué no subirle varias rayitas más al nivel de surrealismo con un inesperado toque de elegancia?

La última noche que estuvimos en Estados Unidos la pasamos en la casa de Jaime, en los suburbios de Houston. Jeff insistió en programar la alarma a una hora de verdad escandalosa para poder levantarse a la mañana siguiente y efectuar un registro científico de los últimos objetos que nos íbamos a llevar. Era un científico obsesivo y todo el tiempo estaba filmando y registrando los artefactos y sucesos de su vida cotidiana: conversaciones triviales en el coche, panquecitos ingleses en el desayuno, siestas en el parque. Sin importar de qué se tratara la grabación, depositaba religiosamente lo filmado en un disco duro sin siquiera echarle un vistazo al contenido.

El sol todavía no había salido siquiera cuando lo encontré colocando meticulosamente el contenido de mi bolsa sobre la mesa de madera de la zona de trabajo de la cocina de Jaime, que tenía convertida en una cuadrícula vectorial. Del lado izquierdo se encontraban todos los artículos que Jeff llevaría al viaje. Todos estaban doblados y alineados en ángulos perfectos entre sí: un par de pantalones de algodón color cereza, un sombrero vaquero Stetson, un par de bóxers, un par de calcetines, una camisa de algodón a rayas, un iPhone, un par de audífonos intrauriculares, cable cargador, medio cepillo de dientes, medio mapa de Europa del Este, su libreta, un lápiz, un poco de dinero, una tarjeta de crédito y su pasaporte. Todo cabía en sus bolsillos.

Del lado derecho, también dobladas y alineadas inmaculadamente, estaban mis cosas: un vestido verde, tres pares de pantaletas, una mascada de algodón, un sostén negro, una barra de desodorante de lavanda, un cepillo de dientes completo, el paladar que había usado desde los dieciséis años, un estuche de lentes de contacto, un par de lentes de emergencia, dos tampones, un iPhone, un mini iPad, una libretita, una pluma, mi pasaporte, un diminuto bolso negro para colgarse al hombro

1. Sin Peso

(en lugar de bolsillos en los pantalones), una pila de imanes de vaqueros para regalar como recuerdos de Texas, y un bálsamo de cereza para labios.

—Buenos días, cariño. Es hora de desnudarse —dijo Jeff.

—Desearía que eso fuera una invitación para tener sexo sucio en la cocina pero no lo es, ¿verdad? —pregunté mientras me servía una taza de café.

No, no lo era. Jeff me informó que el último paso del proceso de documentación consistía en un ejercicio cronometrado en el que empacaríamos desnudos mientras él nos videogrababa.

—¿Y qué tal si Jaime viene a la cocina? —protesté.

Jeff me aseguró que Jaime seguía dormido. Además, lo haríamos rápido. *Está bien, está bien.* Le lancé una mirada fulminante mientras me preparaba para quitarme la bata. En realidad todo el viaje sería un ejercicio para poner a prueba la vulnerabilidad al desnudo. Mi bata de baño cayó sobre los mosaicos de cerámica de la cocina justo cuando los rayos del sol matutino comenzaron a filtrarse a través de la ventana y a llegar al fregadero. Estaba completamente desnuda en la cocina de Jaime; la piel empezó a ponérseme de gallina por la ráfaga de aire acondicionado. Jeff tomó la cámara con una mano y activó el cronómetro con la otra. Luego me indicó que debía empezar.

Me tomó ocho minutos empacar y prepararme para un viaje alrededor del mundo. Pasé los brazos estirados por el vestido color esmeralda y alcancé a oler el aroma a algodón nuevo: el mismo que muy pronto sería remplazado por sudor y cerveza. Ya estando completamente vestida, coloqué con cuidado en mi bolso cada uno de los artículos que llevaría conmigo, y me puse un par de ligeras sandalias de piel. Y eso fue todo: Ocho minutos. Pero claro, no podía sacudirme la sensación de que había olvidado empacar algo.

—Nada mal —dijo Jeff que, evidentemente, estaba impresionado.

A él sólo le tomó dos minutos y treinta y un segundos empacar, pero fue porque se vistió como si el papá de su novia de la preparatoria acabara de estacionarse afuera de la casa. En cuanto la superficie de la zona de trabajo quedó vacía, salió corriendo de la cocina, caminó por el pasillo, cruzó la puerta del frente de la casa de Jaime y saltó hacia la mañana como uno de los renegados Niños Perdidos.

Sus pantalones tenían un color tan vívido, que si se hubiera extendido sobre el bien cuidado pasto, los satélites de Google Earth habrían registrado una pequeña y resplandeciente «V» al norte del Golfo de México.

Por un instante me pregunté si el hombre de los deslumbrantes pantalones rojos me seguiría agradando para cuando llegáramos al Aeropuerto de Heathrow y tomáramos el vuelo de regreso a casa. Dos personas moviéndose con ligereza y libres de carga a través de una serie de sucesos impredecibles, parecía una imagen sacada de haiku Zen, pero la combinación del desfase temporal o *jet lag*, las filas en las aduanas y la ropa interior endurecida por el sudor seco, se acercaba más a la descripción de una inclemente sesión de *speed-dating* que provocaría que nuestra compatibilidad (o la falta de la misma) se evidenciara de inmediato. Sin embargo, de cierta forma no importaba como acabara todo porque lo que yo estaba haciendo era regresar al mundo ataviada con un vestido color verde esmeralda.

Jeff regresó a la terraza y me besó en la mejilla con aliento a café.

—¿Despertamos a Jaime?

—Ajá —contesté, mientras inhalaba el húmedo aire matinal—. Es hora de irnos.

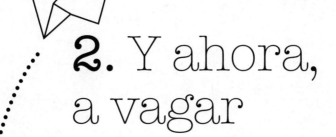

2. Y ahora, a vagar

Mi sentido de la orientación es bastante mediocre pero es un defecto que no tiene nada que ver con falta de atención a mi entorno, más bien es un problema con mi brújula interna, que siempre ha coincidido más con lo poético que con lo práctico. Estando en mi vecindario sé perfectamente en qué momento las abejas construyen un panal en un espinoso arbusto de sotol y puedo caminar directo al lugar en donde crecen fragantes racimos en arbustos de romero. Pero a pesar de ello, no puedo dar indicaciones claras para llegar a la gasolinera más cercana porque, en pocas palabras, nunca me he tomado la molestia de memorizar los puntos cardinales. Yo me muevo de la manera que lo hacía el naturalista John Muir, quien escribió, «Mientras esté vivo escucharé las cascadas, a las aves y al viento cantar. Interpretaré las rocas, aprenderé el idioma de la corriente del río, de la tormenta y la avalancha».

En una ocasión Jeff y yo íbamos manejando por la carretera Interestatal 35, de Austin a San Antonio, y yo señalé con reverencia un racimo de resplandecientes luces que se veían a la distancia.

—¿No te parece que el centro de San Antonio parece una galaxia por la noche?
—Eso es una planta de cemento, cariño —dijo Jeff sonriendo—. Estamos ochenta kilómetros al norte de San Antonio.

Pero independientemente de los métodos de navegación de la era romántica, si me piden que identifique en qué continente estoy parada, por lo general puedo contestar con precisión... aunque debo admitir que eso no fue lo que sucedió cuando Jeff y yo estiramos nuestras entumidas piernas en la sala de llegadas del Aeropuerto Atatürk.

Estambul es la única ciudad del mundo que se extiende a dos continentes. Además de toda una flota de transbordadores, al Estrecho del Bósforo lo cruzan puentes de tamaño pantagruélico. El estrecho pasa justo en medio de la ciudad y divide al Este del Oeste, y a Asia de Europa. En nuestro descenso inicial me distrajeron mi poesía mental del Mediterráneo —un amplio mantel azul como para día de campo que ondeaba bajo el sol— y las flotas de grises barcazas que surcaban el agua como parvadas de patos metálicos. Jeff estaba recargado en mi hombro; frío, con la boca ligeramente entreabierta y los lentes chuecos. Ni siquiera se inmutó cuando se escuchó la voz crepitante del piloto en el intercomunicador. «Damas y caballeros, tenemos una tarde soleada y clara. Es un hermoso día en Estambul. Estamos a 80 grados de tierra y recibimos una ligera brisa del noreste. Por favor regresen a sus asientos y relájense. Aterrizaremos dentro de poco.»

El tren de aterrizaje emergió con un gruñido en las entrañas del avión, y entonces comenzamos el descenso. Vi palmeras y alminares que se disparaban hacia arriba como delgadas agujas incrustadas en la tierra. «Si sólo quedara una última oportunidad de ver el mundo, se debería mirar a Estambul», recomendó Alphonse de Lamartine, escritor francés del siglo diecinueve. Pero a diferencia del panorama que vio Lamartine, el primer atisbo que yo tuve de Estambul fue inequívocamente moderno: vi la pululante terminal de arribos, anuncios de Visa que giraban con las florituras del alfabeto turco; puertas que conducían a silenciosas salas de oración *masjid* en donde los viajeros se podían arrodillar mirando al este; pantallas con la información de los vuelos de conexión a Beirut, Dubai y el Cairo; y mascadas para la cabeza en la fila de la aduana.

Lo que no pude identificar por el ajetreo de la llegada, fue si el aeropuerto estaba del lado europeo o del asiático. Mientras estaba en el baño tratando de arreglar un poco mi enmarañado cabello, reflexioné y comprendí que no tenía idea de en qué continente me encontraba, sin embargo, en ese momento me preocupaba más mi andrajoso reflejo en el espejo que mis coordenadas geográficas. Jeff y yo tendríamos que dejar atrás la etapa de las primeras citas en las que uno siempre se ve bien, ya que yo ya empezaba a tener un vago parecido con el malencarado y *hedoroso* Galimatazo del poema de Lewis Carroll. Las raíces de mi cabello se veían oscuras por la grasa, a mis ojos los rodeaban sombrías medias lunas, el vestido olía a almohadas de avión rancias, y mis axilas ya habían empezado la gradual decadencia que las llevaría a convertirse en placas de Petri llenas de bacterias. *Bueno, en fin.* Me unté una gruesa capa de desodorante y me dirigí de vuelta al vestíbulo.

2. Y ahora, a vagar

Encontré a Jeff recargado en una columna; estaba muy ocupado añadiendo su reporte de vuelo a su libreta llena de otras notas y artículos azarosos y efímeros como tarjetas de presentación, arena, plumas, mondadientes y pelo de perro. Pero entonces cerró la libreta de golpe y yo bostecé.

—¿Y ahora qué?

Sus ojos brillaron llenos de emoción debajo del ala del Stetson como si se hubiera bebido un café expreso mientras yo estaba en el baño.

—Yo voto por que nos subamos a un tren que vaya al centro y nos bajemos en cualquier parada —dijo, como si no hubiera un siguiente paso más obvio que ése.

—¿En serio? —pregunté lentamente—. ¿No crees que deberíamos orientarnos primero?

Pero él sólo encogió los hombros despreocupadamente.

—Estoy seguro de que encontraremos el camino.

En inglés, la etimología de la palabra 'viajar' se puede rastrear hasta la palabra francesa 'travail' (trabajo) la cual evoca el tipo de recorridos arduos que te sacan ampollas en los tobillos, te queman las pantorrillas y te ofrecen una combinación de razones para desear nunca haber salido de casa para empezar. Pero la verdad es que todo aquello que es realmente bueno y maravilloso suele estar acompañado de cierto grado de esfuerzo. Por cada imponente mirador y *selfie* icónica, obligatoriamente habrá largas filas, bebés berreando en aviones o caídas abismales del azúcar en tu sangre.

Yo, por ejemplo, llevaba casi veinticuatro horas sin entrar en el estado MOR. A diferencia de Jeff, yo pasé la mayor parte de nuestro vuelo trasatlántico tratando de plegar mi cuerpo en una suerte de origami que no cortara la circulación sanguínea a las extremidades más importantes, pero todo mi esfuerzo no me consiguió nada más que una siesta superficial y un dolor de cuello. La primera mirada que lancé sobre Estambul no fue agradable: estaba exhausta y tenía los ojos llenos de legaña seca.

Y al parecer, también tendríamos que esforzarnos mucho en lo que se refería al alojamiento. Si nos apegábamos a nuestras experimentales reglas autoimpuestas y al presupuesto de indigentes que teníamos, los hoteles estaban más allá de nuestro alcance. Lo único que nos quedaba eran los hostales. Teníamos el plan de quedarnos con lugareños contactados a través de Couchsurfing.com —una comunidad global en donde gente de distintos países alberga a viajeros en sus casas gratuitamente con el fin de tener un intercambio cultural—, pero a pesar de que enviamos una docena de solicitudes de albergue a anfitriones en Estambul, no recibimos invitaciones, lo que parecía implicar que terminaríamos vagando por las calles de la ciudad y recogiendo trozos de cartón para fabricarnos camas improvisadas en el parque.

La idea de dejar mi cama a cambio de lo caprichoso del azar, me produjo un sorprendente pánico interior; estaba segura de que no nos caerían ni jabones ni almohadas del cielo en una parada de tren sólo porque sí. Me parecía que en lugar de pasear espontáneamente por la ciudad, necesitábamos sentarnos a planear una estrategia nivel Camp David. También necesitábamos un mapa. Necesitábamos conexión de Internet para enviar una lluvia de solicitudes de emergencia en Couchsurfing. ¡Necesitábamos establecer en qué continente estábamos!

Como por costumbre, hice una lista mental de todo lo peor que podría suceder. Existía la posibilidad de que termináramos perdidos, agotados y sin techo por algún tiempo pero, al saltar a un tren al azar, ¿no estaríamos invocando un desastre inminente? *En realidad no.* Tal vez pasar una noche en una banca no me mataría, o al menos, eso era lo que Jeff parecía creer. De hecho, seguía recargado en la columna, sonriéndome con flojera. Detrás de él había una fila de taxis. La posibilidad de tener que fabricar camas de cartón no le preocupaba en absoluto. Me puse a pensar pero me di cuenta de que no recordaba ni una sola ocasión, de las pocas semanas que llevábamos juntos, en que lo hubiera visto preocupado por algo excepto cuando preguntó si tenía helado de crema de cacahuate con trocitos crujientes en el congelador. Jeff tenía absoluta confianza en su habilidad para cocinar con cualquier ingrediente que tuviera a la mano: un ejercicio para el que, precisamente, habíamos viajado tan lejos juntos.

Suspiré y recorrí su mejilla con el dorso de mi mano; la barba que había crecido tan sólo del día anterior a ese momento ya era suficiente para picarme la piel.

—Muy bien, vaquero, ¿dónde está ese tren?

Si la estrategia de andar por ahí sin un destino específico no funcionaba, entonces insistiría en una táctica más ortodoxa de alojamiento, pero al menos por esa noche, me iba a dar la oportunidad de probar lo desconocido.

2. Y ahora, a vagar

• • •

Yo ya sabía un par de cosas respecto a estar perdida. Cuando desaparecí del mapa y me metí en los silvestres y ansiosos territorios de mi propia mente durante dos desgarradores años, recibí una educación de primer nivel en ese campo. En ese momento Jeff no lo sabía, pero para cuando nos reunimos en las escaleras del Capitolio, sólo habían pasado cuatro meses desde que encontré el camino de vuelta.

Todavía no estoy segura de por qué me perdí en primer lugar. Tal vez fue inestabilidad emocional pura. Quizás fue mi excesiva sensibilidad frente a las incesantes dificultades de la condición humana. Me refiero, para ser específica, al colapso económico de 2008 que reveló de una manera brutal las consecuencias de la avaricia y la codicia. Tal vez mi confusión fue producto de un anhelo muy profundo de recuperar la inquebrantable certidumbre que había tenido en mi infancia cristiana evangélica, una época en la que cada punto y coma bíblicos eran un susurro proveniente de la boca de Dios, dirigido a los oídos del discípulo. Tal vez fue el terror al comprender que Jesús no era un individuo amistoso que estaba en el cielo y difundía los propósitos de Dios, que la tarea de crear algo con significado a partir de mi temporal incidente de vida me correspondía exclusivamente a mí. Tal vez sólo necesitaba perderme de la misma manera en que los bosques necesitan los incendios forestales para que se queme todo el sotobosque viejo.

Lo único que sé es que en el otoño de 2010 estaba redactando frases idealistas sobre mis propósitos en la vida para la universidad pero, para cuando los narcisos afloraron en 2011, ya estaba hecha un ovillo alrededor de un excusado todos los días, con ataques de vómito seco y presa del pánico.

Mi extravío tuvo varios nombres. Mis padres dijeron que era una «fase difícil». Mi abuelo afirmó que estaba teniendo mi crisis de la vida madura un par de décadas antes de tiempo (¡sí, yo siempre iba a la cabeza!). El doctor de la familia dijo que me había derrumbado debido a un severo caso de «desorden mental», producto de un desequilibrio químico en lo profundo de mi cerebro. Me prescribió un paquete plateado de tranquilizantes. Mi terapeuta dijo que me había embarcado en una oscura noche del alma, y me recomendó sujetarme con fuerza porque la única manera de salir de ella era *atravesándola*. Luego también opinaron los filósofos franceses, muertos tanto tiempo atrás, cuyos libros confirmaron que sufría de una típica crisis existencial: la manera formal de decir que me había quedado sin razones para salir de la cama por las mañanas.

Pero independientemente de las etiquetas, yo esperaba que la paralizante ansiedad que había anidado en mis vísceras fuera un asunto temporal, como una resaca de Jack Daniel's que desaparece tras dormir bien una noche completa y comer una grasosa hamburguesa de queso. Estaba desesperada por volver a la normalidad, a los programas de la universidad y a mis incipientes ambiciones literarias. Busqué todo aquello que me resultaba familiar, de la misma manera en que un excursionista perdido busca un reconocible codo del río o aquella roca con cortes peculiares. Pero lo familiar se había desvanecido como lo hace todo rastro que se enfría, y mi panorama interior ahora me resultaba ajeno.

Yo no lo sabía, pero uno de los indicadores de la ansiedad severa es la abrumadora sensación de que uno ha sido marginado de la realidad que habitan todos los demás. Sentía como si me hubiera salido de mi cuerpo y flotado hasta el techo, desde donde observaba a la gente «normal» ocupada en sus asuntos cotidianos a una gran distancia. Mi mundo estaba derrumbándose y convirtiéndose en un oscuro agujerito. Los lugares que antes me parecían inocuos, de pronto se volvieron amenazantes: la casa que compartía con una de mis compañeras, el trayecto para ir a trabajar, los restaurantes mexicanos, el estacionamiento de la tienda Target. La ansiedad era como una lente que reducía todos los aspectos de mi vida a una serie de los peores y más letales escenarios posibles.

El único momento en que me sentía segura, eran los primeros diez segundos de la mañana. Durante ese breve período me olvidaba del miedo, pero luego, al abrir bien los ojos, todas aquellas sensaciones volvían a apoderarse de mí: la fuerte opresión en el pecho, la respiración superficial, la avalancha de adrenalina, la oleada de náuseas y los erráticos pensamientos que eran como una infinita madeja de estambre enredado. A menudo, ya para el mediodía sentía como si acabara de correr una maratón de diez kilómetros.

2. Y ahora, a vagar

Mis frenéticos intentos por impedir la caída en picada de mi salud mental se manifestaron como un peculiar desorden alimenticio a pesar de que me encantaba cocinar y, hasta antes del colapso, jamás tuve una báscula en el baño. Pero una tarde ya no pude comer. Mi apetito se desvaneció y mi saliva desapareció, dejándome la boca tan seca como riachuelo texano en julio. La comida regresaba en cuanto la tragaba. Los doctores no tenían la menor idea de cómo diagnosticarme, por lo que sólo di por hecho que había algo mal en mi mente. Jamás se me ocurrió que alguien con una ansiedad constante y el pulso acelerado pudiera tener problemas para digerir los alimentos, ni que no fuera común que los desórdenes alimenticios acompañaran a los colapsos nerviosos. («Por lo general podía instarla a comer cierta cantidad —escribió Leonardo de su esposa, Virginia Woolf, en un período de locura—, pero era un proceso terrible.»)

Para el verano de 2011 —cuando se me comenzaron a notar las costillas—, ya era obvio que no podía seguir fingiendo una situación normal. Era momento de admitirlo. En una rápida y brutal sucesión de acontecimientos, renuncié a mi empleo como administradora en un estudio de joyería, le informé a la compañera con la que rentaba la casa que me iba y regresé con una maleta a mi cuarto de adolescente. Mis únicas opciones eran volver a la casa de mis padres en los suburbios de Fort Worth o hacer un viaje al pabellón psiquiátrico.

—Parece que mi vida se terminó a la tierna edad de veintitrés años —le dije a mi madre una mañana a principios del verano.

Por lo general, para esas fechas ya estaba bronceada de tanto nadar, pero en lugar de eso, ahora estaba tirada en la cama, demacrada e incapaz de hacer un buen chiste. Sarah, mi madre, estaba sentada frente a mí en una mecedora negra de IKEA. Yo tenía la suerte de que no sólo fuera mi madre, sino también una de mis mejores amigas. Ella era alta e intensa, tenía cabello rubio rojizo que jamás bajaba más allá de sus hombros, y también había sobrevivido a algunas tormentas mentales propias. Podría decirse que ella tampoco había seguido una senda tradicional.

Dos meses después de graduarse de la preparatoria, mamá se trepó a un autobús de Greyhound y se fue de San Francisco. A partir de entonces sólo viajó sin rumbo; era finales de los setenta. También vivió en Seattle con dos veteranos de la guerra de Vietnam que recurrían a la bebida y los juegos de cartas para curarse un trastorno de estrés postraumático que realmente nadie les había diagnosticado. Cuando esa situación de vivienda se vino abajo, mi madre se mudó a una cooperativa comunista comprometida con la obliteración del capitalismo y el patriarcado. Tocó canciones folk en el mercado de Pike Place, manejó un tractor en una granja de semillas en Idaho, trabajó como mesera en Vermont y viajó por todo el país en autobús llevando consigo solamente una mochilita y una guitarra. A los veintidós años, tras una breve relación, se embarazó de Anna, mi hermana mayor, y entonces ella, al igual que yo, se mudó de vuelta a casa de su madre, en Venice Beach.

Mamá me miró apaciblemente desde la mecedora.

—¿Cómo sabes cómo será tu vida? ¿Eres adivina o qué? —me preguntó.

—No necesito ser adivina —repliqué en tono dramático—. Es obvio. Toda la gente que conozco está yendo a la universidad o haciendo prácticas universitarias, y mi objetivo principal del día de hoy es salir de la cama y comer un sándwich de jalea y crema de cacahuate sin vomitarlo. No es exactamente lo que yo llamaría «señales de un futuro brillante».

Mi madre se quedó en silencio y ponderó con cuidado sus palabras. Luego dijo:

—Me pregunto qué pasaría si dejaras de tratar de ser normal y sólo te permitieras ser exactamente quien eres.

—¿Cómo? ¿Te refieres a nada más dejar que las cosas pasen?

—Te sorprendería todo lo que puede pasar —dijo, riéndose—. Tal vez la vida que conocías cambió, pero el hecho de que te encuentres perdida no quiere decir que no puedas explorar.

• • •

Jeff sacó un pulgar por la ventana del tren.

—Vamos a probar esta parada —dijo.

Bajamos a empujones hasta la apabullante vía pública de Estambul, un lugar polvoso con una banda sonora de cláxones de taxis, sirenas y tranvías estruendosos. Parecía una calle principal pero yo francamente no tenía idea de lo que era. En

2. Y ahora, a vagar

ambos lados había edificios de seis pisos alineados hombro con hombro. De las ventanas que daban a la acera adornada con hileras de palmeras y repleta de gente, emergían banderas rojas, unidades de aire acondicionado, antenas parabólicas y pequeños toldos. Me cubrí los ojos y miré en ambas direcciones de la calle.

—Entonces, ¿ahora vagamos? —pregunté.

—Ajá. Ahora vagamos —contestó Jeff.

—¿A la izquierda o la derecha? —volví a preguntar, aunque en realidad no importaba.

—Izquierda —dijo Jeff, al mismo tiempo que empezaba a caminar por el bulevar. Su sombrero Stetson se movió al pasar por un enjambre de vendedores de prétzels y turistas con viseras, casi como si de verdad supiera adónde se dirigía. Para él, el movimiento era un arte. Antes de viajar me contó que, en una ocasión, estando en la universidad, su padre le pagó para que presentara un examen intensivo en Houston para detectar aptitudes vocacionales. Después de pasar varios días midiendo su destreza analítica, coordinación mano-ojos, y su capacidad para reconocer patrones, aparecieron los resultados que indicaban que era un prometedor candidato para... no, no para ser asesor de negocios o empresario, sino para ser capitán de embarcaciones fluviales. De alguna manera, tenía sentido. No me costaba nada de trabajo imaginar a Jeff dirigiendo un bote de vapor por el Mississippi, maniobrando intuitivamente a través de los caprichosos estados del río, con un puro mojado y sin encender, colgado entre sus dientes como muchachito mal portado sacado de un libro de Mark Twain.

Yo estaba feliz de dejar que Jeff asumiera el papel de guía porque ya ambos nos habíamos encargado de establecer nuestros respectivos papeles durante las excursiones por todo Austin: mientras yo me dedicaba a asimilar la magia del ambiente que nos rodeaba, él se encargaba de desplazarnos. Yo era la poeta, y Jeff, el hombre al timón. Y no es que yo fuera totalmente incapaz de navegar —si me enfocaba bien, podía hacerlo—, más bien, el hecho de dejarle a alguien más la brújula me permitía orientarme en relación a una serie completamente distinta de puntos de referencia, como era el caso de la luz. En Texas, que es un lugar predominantemente extenso y plano, el sol te oprime los hombros y las nubes se congregan en montañas de cúmulos que proyectan sombras sobre el polvo por kilómetros. En Estambul, en cambio, la luz del verano es etérea y resplandece con un color dorado en la tarde mientras el Mar Negro, el Mar de Mármara y el Bósforo la reflejan de vuelta al aire por todos los costados.

Así, en nuestros papeles de poeta y timonero, en realidad estábamos siguiendo una antaña tradición de vagancia indiscriminada. La noción de tomarle el pulso a la ciudad, sin embargo, difícilmente era un concepto novedoso. Los franceses incluso tenían una palabra especial para llamar a los andariegos urbanos: *flâneur*. El *flâneur* del siglo diecinueve era un transeúnte moderno, un explorador que asimilaba los bulevares y las arcadas como una «fotografía en movimiento de la experiencia urbana», según lo describió el periodista francés Victor Fournel. El poeta Charles Baudelaire también capturó este proceso en un estilo más lírico: «Para el *flâneur* perfecto, para el espectador apasionado, resulta un gozo inmenso encontrar una morada en el corazón de la multitud, entre la marea del movimiento, en medio de lo efímero y lo infinito. Alejarse del hogar pero de todas maneras sentirse en todos los lugares como si se estuviera en casa, estar en el centro el mundo pero permanecer oculto del mismo».

Observar las calles de Estambul a través de la mirada de un *flâneur* urbano implicaba notar que yo no era la única que no estaba segura de en qué continente se encontraba. La ciudad de las siete colinas ha cambiado continuamente debido al surgimiento y decadencia de los imperios, e incluso a la fecha se encuentra negociando su identidad en medio de una compleja yuxtaposición del Este y el Oeste, de lo religioso y lo seglar, lo moderno y lo tradicional. Sobre la acera, las mujeres turcas ataviadas con minifaldas fluorescentes y arracadas de plata, pasaban rozando a otras mujeres que vestían el *hijab* completo. Los carteles políticos para los partidarios pro seglares, colgaban de muros de donde surgía el eco de las llamadas del *Ezan* a rezar (único momento en que se podía escuchar árabe en la ciudad). Las modernas y elegantes fachadas de los pequeños cafés y los hoteles boutique estaban incrustadas en antiguos edificios con muros de piedra que lucían como si hubieran estado de pie desde los tiempos en que a la ciudad se le conocía con el nombre de Constantinopla.

Las evidencias del Imperio Otomano se extienden en los alminares puntiagudos que rasgan el cielo, en los vaporosos baños públicos otomanos y en los domos

2. Y ahora, a vagar

sobre domos que se ven a la distancia amontonados como tazas volteadas. Pero la ciudad también tiene recordatorios de que Estambul alguna vez fue el centro del Imperio Bizantino, una ciudad en donde los cristianos ortodoxos le rezaron a Jesús, Hijo de Dios, durante más de mil años. Los remanentes todavía se pueden ver en el contorno de la pista del hipódromo donde el Emperador Constantino llegó a ser espectador de carreras de carrozas en las que las apuestas eran altísimas, y en la abovedada cúpula de Santa Sofía, que conservó su título de la basílica más alta del mundo por casi mil años.

Ni Jeff ni yo hablamos mientras deambulamos entrando y saliendo de los ruidosos escenarios urbanos pero el silencio fue cómodo. Nos movimos caprichosamente, a nuestra ruta la gobernaba cualquier cosa que las sutiles sombras de la intriga fueran mostrando en la cercanía más evidente: el hombre con gorro oscuro cercenando una tierna rebanada de cordero de un espetón vertical con *kebab*; la mujer con mandil que atendía aquella vitrina con montones de delicias turcas cortadas en perfectos cuadritos empanizados, o el vendedor de baratijas. De pronto nos quedamos atrapados en un desfile sensorial, un nubarrón desfasado del tiempo, lleno de densas multitudes, vendedores ambulantes, banderas, gaviotas y, por supuesto, el Ikindi, el llamado a la oración por la tarde: el momento en que las sombras son de la misma altura que los objetos que las proyectan.

Después de cierto tiempo le propuse a Jeff que cortáramos hacia un callejón lateral adoquinado y nos alejamos del estruendo de la avenida principal. Hubo un silencio inmediato que se vio interrumpido por algunos tenderos que revisaban cajas de zapatos y un hombre viejo sentado en la esquina haciendo jugo de naranja con un exprimidor de metal que parecía reliquia del siglo dieciséis. Le cambié una lira y un «gracias» turco mal pronunciado por una vasito —*Teşekkür ederim*—, y luego bebimos el tibio, espumoso y dulce jugo en una sombreada escalera cerca de ahí. Los escalones olían a orines estancados pero el lugar estaba fresco y tranquilo. Era el paraíso.

Cerré los ojos y hundí la cabeza en el hombro de Jeff. Ya era tarde y todavía no teníamos en dónde pasar la noche. Yo seguía sin saber en qué continente me encontraba. Nuestro paseo *flâneur* no me había curado por completo del deseo de asirme a un pasamanos psicológico. La vasta apertura del momento seguía perturbándome, pero otra parte de mí —la salvaje y curiosa—, comenzaba a preguntarse si vagar hacia ningún lugar en particular y sin ninguna posesión no tendría algo de sagrado.

—Es raro estar perdido, ¿no? —comenté—. Es decir, de vez en cuando uno alcanza a ver una breve noticia sobre un explorador que desapareció en el bosque o el piloto de un Cessna que de repente apareció en medio de un ventisquero pero, por lo general, uno casi siempre sabe con exactitud en qué parte del planeta está parado. Tanto, que incluso lo puede identificar con un puntito rojo en un mapa de Google. Caminar sin que la señorita del GPS te diga que tienes que dar vuelta a la derecha en la bifurcación es como... pasado de moda, ¿no? Es como si no tener conciencia de en qué lugar te encuentras fuera obsoleto.

—Eso es lo interesante —dijo Jeff con los ojos cerrados—. Cuando estás perdido no puedes ir del Punto A al Punto B porque, para empezar, desconoces tu ubicación en relación a ambos. Si no hay punto A, el punto B deja de existir. —Jeff siempre estaba recitando estos breves proverbios, pero era difícil saber si eran perlas de profunda sabiduría estilo Yoda o una mierda absoluta que sólo declamaba con el rostro muy serio. Quizás ni siquiera él sabía la diferencia.

—Muy bien —dije, poniendo los ojos en blanco—. Pero la *idea* de no tener un Punto B es alarmante. O sea, aunque ya sé que no estoy en peligro mortal, me siento angustiada porque no puedo predecir dónde vamos a dormir esta noche o si voy a tener la oportunidad de lavarme el cabello y sacarme toda esta grasa. Sólo estamos a la deriva y tengo que dar por hecho que seré capaz de lidiar con lo que quiera que surja del éter.

—Bueno, yo surgí del éter de OkCupid, ¿no? —dijo Jeff—. Y tal vez tú no tengas que «lidiar» con nada. Sólo salta al tren A, relájate con un vaso de ginebra en el carro bar y ve qué sucede.

• • •

Jeff se pasaba la vida retando al universo a que le mostrara algo nuevo.

—Todo es más o menos lo mismo —decía—, así que, ¿por qué no divertirse un poco? —La idea que él tenía de «diversión» por lo general implicaba patear la

2. Y ahora, a vagar

frontera de una o más normas sociales aceptadas, lo cual resultaba tan atractivo como aterrador.

En nuestra primera cita me confesó que había estado viviendo los últimos ocho meses ilegalmente en su oficina de la universidad; todo empezó después de su divorcio. Estábamos sentados en una mesa oscura y cubierta de cera, en un bar subterráneo justo al otro lado del Capitolio. Bueno, en realidad, el Cloak Room era más un cubil que un bar, y no tenía más de cinco mesitas, aunque se veía más grande en el reflejo del largo espejo que serpenteaba alrededor del muro de atrás. Al bajar cuidadosamente por las largas escaleras del sótano, noté que apenas podía distinguir mi mano frente a mi cara. La única luz provenía de una rockola brillante en la esquina y de una serie de luces navideñas que envolvían el mostrador del bar. Todo el lugar exudaba una atmósfera tipo ficción Texas Noir.

—Sólo digamos que en este bar han sucedido cosas de verdad sospechosas y escalofriantes —me contó Jeff en cuanto nos sentamos—. Congresistas, prostitutas, tratos por debajo del agua. La gente sigue fumando aquí a pesar de que la prohibición ya tiene diez años. La regla es: fuma si quieres, pero si la gente del sheriff irrumpe en el lugar, tendrás que pagar la multa de 5,000 dólares.

Por la forma en que lo dijo, casi pude oler el humo del cigarro y un rastro de perfume barato. O tal vez era el aerosol para el cabello que usó la cantinera rubia para tratar de mantener su abombado peinado de la década de los cincuenta en su sitio.

—Ésa es Bev. Trabaja aquí desde la época de Nixon —me explicó Jeff—. Tiene un carácter del demonio pero si le das un poco de amor y de Elvis en la rockola, puede ser encantadora.

Jeff guiñó y se dirigió a la barra para ordenar dos tequilas. *Buenas noches, jovencita. Dos Herradura Plateado. Derechos.*

Chocamos los caballitos.

—Entonces, ¿nadie se ha dado cuenta de que estás viviendo en la universidad? —pregunté.

—Nop. Mi estancia es a prueba de tontos. Escondo la bolsa para dormir en el bote de reciclaje y mi ropa en dos casilleros del gimnasio. Nadie hace preguntas. Además, en la pared tengo colgado un cuadro gigante de mi tatarabuelo Abner cuando era bebé: tiene puesto un vestidito de encaje. Es súper espeluznante. Abner terminó cortándose la garganta con una navaja, así que a todo mundo le digo que mi oficina está embrujada.

Arqueé una ceja.

—Entonces tienes un bebé suicida colgado en la pared y tu cama la guardas en el bote de reciclaje...

Por un segundo me pareció arrepentido de haberlo confesado.

—Mira, por lo general, no saco toda esta información a relucir en la primera cita, pero debo decirte que estuve casado seis años y luego me divorcié. Jamás sucedió nada verdaderamente malo, sólo que las cosas se fueron enfriando de manera gradual. Empezamos a dormir en habitaciones separadas y yo no quería que eso se convirtiera en el paradigma del matrimonio para Sibel, mi hija.

Jeff bebió un poco de tequila y dejó pasar una breve *fermata* para ponderar mi reacción ante la noticia de que tenía una hija y una exesposa.

—De acuerdo, lo entiendo —dije, sin hacer aspavientos por su confesión.

—Después de que me divorcié quise darle una sacudidita a mi vida. Ya sabes, la típica crisis de la edad madura —continuó—. Quise hacer algo loco. Organicé una venta de garaje, vendí todos los objetos que poseía por un dólar cada uno, y me mudé a mi oficina. Resulta que de todas maneras tenía que dejar mi opulenta vida atrás para caber en el basurero.

En ese momento me acomodé el cabello detrás de la oreja, mi incliné sobre la mesa y le pregunté:

—Disculpa, ¿dijiste basurero?

Jeff sacó su cuaderno y trazó febrilmente una caja de 1.30 m x 1.30 m.

—¿Considerarías salir con un tipo que vive en un contenedor de basura?

Mmm, ¿quizás? Jeff me explicó que el contenedor era su experimento social más reciente. Era un proyecto educativo para el que, de alguna manera, había conseguido la aprobación del presidente de la Universidad de Brownsville. Él y un equipo de estudiantes, científicos e ingenieros, planeaban transformar, a lo largo de un año, un contenedor de basura de casi dos metros cuadrados en una diminuta casa con tecnología de punta. Jeff viviría en él en cada una de las fases de renovación.

2. Y ahora, a vagar

Si se hubiera tratado de alguien más, me habría quedado pasmada, sin embargo, el plan de Jeff de transformar un contenedor de basura no me sorprendió. Jeff sabía jugar con la realidad de la misma manera que lo hacía con mis dedos en la oscuridad del bar, igual que sabía cómo inclinarse, sostener mi cabeza y besarme los labios con fuerza. Fue un primer beso prolongado y hedonista, exactamente el mismo tipo de acto sensual que yo había estado decidida a evitar en una primera cita. No tenía nada en contra de los encuentros casuales, pero ésta era mi primera cita con alguien que había conocido en internet, y quería hacer las cosas con precaución. De hecho, con el objetivo de reafirmar mi decisión, esa tarde no me rasuré las piernas y, estando en el baño de mi casa, miré al espejo y susurré: «No dormirás con él hasta que no lo conozcas mejor».

Pero piernas velludas o no, las probabilidades de apegarme a mi mandamiento parecían disminuir minuto a minuto. Jeff y yo teníamos una química efervescente. Él no se había puesto colonia pero olía *bien*. Tenía un aroma a almizcle que me hizo desear hundirme en su cuello e inhalar, pero con Bev ahí, eso no iba a suceder. Después de nuestro segundo beso ardiente, estuvo a punto de sufrir un ataque apopléjico.

—¡Oh, no! Aquí no hacemos *esas cosas* —gruñó con su ronca voz de fumadora—: ¡Fuera de aquí!

—Lo siento cariño —dijo Jeff. Luego tomó mi mano, le hizo a Bev un impenitente guiño para despedirse y me hizo subir agitadamente las escaleras, más rápido de lo que mi determinación se esfumaba.

• • •

—¿Nos vamos? —me preguntó Jeff, sacudiéndome con suavidad para despertarme. De una ventana en la lejanía salía flotando una canción pop turca, y en el aire alcancé a percibir el rastro de cebolla y aceite de oliva. La línea del tejado había partido el sol a la mitad. Me puse de pie y miré adormilada alrededor. Había un café internet a unas cuantas cuadras más.

—¿Quieres revisar el correo electrónico? —pregunté. Teníamos nuestros celulares, pero sólo funcionaban con WiFi. Jeff asintió, y caminamos hasta un pequeño local sofocante en donde había veinte computadoras alineadas y un solo ventilador soplando frente al joven empleado que nos señaló dos computadoras adyacentes. Incluso en el teclado me sentía perdida; aunque era similar al teclado en inglés, tenía suficientes diferencias para que de las letras de mi dirección de correo electrónico surgieran extraños puntos y espirales.

—Oye, ¿encontraste la tecla de las mayúsculas? —le pregunté a Jeff pero no me respondió. Cuando volteé lo vi contemplando la pantalla con una sonrisa rara en el rostro.

—Adivina qué —dijo—. Acabo de recibir un correo de mi amigo Mohammad. Es un ciclista iraní que me dio hospedaje a través de Couchsurfing en Kazajistán hace algunos años. Resulta que también está en Estambul por unos días y está cuidando la casa de una señora que, por supuesto, es de Austin. Mohammad vio que estábamos por aquí y se preguntó si necesitábamos un lugar para quedarnos. La señora tiene un colchón tamaño *queen* en su sala.

No podía creerlo.

—Entonces, ¿qué?, ¿eso es todo?, ¿ya tenemos cama?

—Ajá —dijo Jeff triunfante—. Lo único que tenemos que hacer es alcanzar un transbordador a las cinco en punto para cruzar al lado asiático.

El lado asiático. Si íbamos al lado asiático, entonces habíamos estado deambulando en el continente europeo las últimas cuatro horas. Me recargué en el respaldo de la silla de oficina con rueditas, asombrada por el hecho de que las cosas se hubieran acomodado con tan poco esfuerzo. No sabía si la oferta de Mohammad era una aleatoria y afortunada casualidad o si en verdad había un cordón invisible que nos podría guiar hasta donde hubiera jabón y almohadas. Lo único de lo que estaba segura era que, al menos por esa noche, tendría un lavabo, una cama y un cuerpo cálido con quien compartirla.

Y con eso bastaba.

3. Rayos de sol y mandíbulas caninas

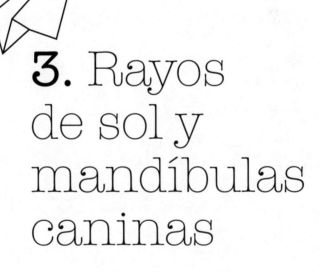

El lado asiático de Estambul es más hogareño y de clase media que el lado europeo. Cuando llegamos al puerto de transbordadores Kadiköy, el oleaje coronado de blanco lamía los costados de los bastiones de piedra antigua en donde hileras de pescadores permanecían de pie pero jorobados sobre sus cañas. Los vendedores de mejillones ofrecían bandejas redondas con resplandecientes conchas rellenas de arroz y trozos de limón en forma de luna. El aire era salado y el sol había descendido. Mohammad nos esperaba un poco más allá sobre el entablado de Kadiköy. Jeff lo vio cuando caminábamos hombro con hombro por la rampa del transbordador en medio del pululante ajetreo de gente que se transportaba esa noche, ansiosa por llegar a casa.

Mohammad era un hombre de baja estatura y musculoso con rizos negruzcos. Llevaba gafas oscuras deportivas y un entallado jersey de ciclista color mandarina. A su lado había una bicicleta apoyada.

—Te va a encantar este tipo —me informó Jeff en el ventoso paso hacia el transbordador—. Cuando lo conocí, acababa de viajar de Irán a Kazajistán en bicicleta. *Pasando por Singapur.*

Jeff saludó a Mohammad a gritos sin dejar de caminar por el entablado.

—¡Mi hermano! ¡Hacha del mal! —Desde que conoció a Mohammad en Almaty, Kazajistán, dos años antes, Jeff había desarrollado un notable gusto cómico por burlarse de las histriónicas relaciones políticas entre Irán y Estados Unidos. Con mucho regocijo se refería a sí mismo como «El gran Satán», un creativo título que el Ayatollah Khomeini le otorgó a Estados Unidos en un discurso en 1979; y a Mohammad lo llamaba de cariño «El Hacha del Mal», homenaje al título que, de una manera tan melodramática como la del Ayatollah, le asignó el presidente George W. Bush a Irán —tierra natal de Mohammad—, en su discurso sobre el Estado de la Unión de 2002.

—Hermano mío, rezo por que tu suministro de plutonio sea grande —le dijo a Mohammad, abrazándolo con entusiasmo.

Mohammad contestó molestándolo con un clásico chiste iraní:

—Anoche soñé con tu libertad y democracia norteamericanas: y ahora no me acuerdo de nada.

Jeff se rio como colegiala al mismo tiempo que volteaba para presentarme.

—Mohammad, quiero que conozcas a Clara, mi... eh... compañera de viaje.

—En ese momento se produjo un incómodo silencio que evidenció el hecho de que habíamos elegido evitar la conversación sobre ¿y entonces qué somos?

Si en algún momento mencionamos el tema de las etiquetas, sólo fue de pasada, en broma y nada más para destacar que no teníamos idea de cómo referirnos al otro. «Compañera de viaje» sonaba al tipo de frase formal que la Reina Victoria habría podido entonar en medio de una merienda-cena; «novia», bueno era demasiado para eso y ni mencionar el hecho de que implicaba un compromiso lleno de peligros; y «amiga» parecía contradecir el hecho de que solíamos compartir la cama desnudos. Nosotros estábamos manejando los caprichos del romance moderno con la misma precaución: negándonos a darle nombre a nuestro vínculo a menos de que éste mostrara señales de una promesa a largo plazo. Y ese ocasional silencio incómodo era el precio que teníamos que pagar por ello.

Pero si acaso hubo algo de incomodidad, Mohammad no pareció notarla. Sólo estrechó mi mano con calidez y se quitó las gafas oscuras. Entonces pude ver un silencioso pero revelador par de ojos que lucían de mayor edad que los treinta y tantos años que tenían. Me pareció que era uno de esos rarísimos seres honestos, incapaces de tener motivos ulteriores. Todo él irradiaba una calma más bien profunda, que parecía imposible de alterar, una calma que sólo se obtiene gracias a varios encuentros con la adversidad.

—Conocer a Mohammad ha sido lo más cerca que he estado de conocer a un santo de la vida real —me había contado Jeff antes de presentármelo—. Anda en bicicleta con espontaneidad por todo el mundo para ofrecer pláticas de paz y plantar árboles con niños en edad escolar. Y todo lo hace sin un plan y sin haber recaudado fondos. O sea, creo que es imposible hacer algo más santo que eso.

Mohammad señaló el vecindario Kadiköy con su bronceado brazo.

3. Rayos de sol y mandíbulas caninas

—Voy camino a encontrarme con algunos amigos en un café, ¿quieren ir? —Para ese momento Jeff y yo temblábamos de cansancio, pero habría sido una grosería negarnos tras su generosa invitación para hospedarnos. Lo seguimos hasta Kadiköy, en donde las calles adoquinadas se conectaban unas con otras y formaban una especie de rejilla que parecía telaraña. Los estrechos corredores flanqueados con tiendas desembocaban en glorietas abiertas surcadas por ondeantes banderines color carmesí. La bandera turca —color rojo sangre con la estrella blanca y la luna menguante—, se cernía deslumbrante sobre nuestras cabezas, sobresaliendo de los balcones y ventanas. En una de las plazas, la multitud aplaudía al compás de lo que tocaba una banda de músicos de *folk* bohemio que interpretaba su música con tambores con parches restirados y una ornamentada gaita cosida. El arremolinamiento en rojo, los omnipresentes posters de Kemal Atatürk (reverenciado padre de la Turquía secular) y el rítmico *pom-pom-pom* de los tambores nos recordó que, poco antes, todo el país se había visto sepultado bajo protestas masivas en las calles en contra del estilo autocrático del primer ministro turco.

Todavía escuchábamos el rumor de los tambores cuando Mohammad se detuvo frente a un café exterior lleno de tradicionales mesitas bajas cuadradas, un racimo de bancos diminutos y media docena de ciclistas campo traviesa iraníes ataviados con trajes de gala en colores verde y rojo.

—La embajada de Estados Unidos va a estar *muy* molesta —susurró Jeff, en tono de broma. Entre las llantas de bicicleta, cascos y camisas iraníes para ciclismo, se intercambiaron amistosos estrechones de mano y una ráfaga de abrazos; luego descendimos para sentarnos en los banquitos alrededor de un té negro çay (se pronuncia 'chai'), que nos sirvieron en vasitos en forma de tulipán sobre platos con franjas rojas.

La conversación fue amistosa pero limitada. Lo único que pudimos manejar colectivamente fueron oraciones elementales en inglés que complementamos con gestos de las manos y chistes rudimentarios. ¿Que de dónde soy? Soy de Texas. Sí, George Bush es mi vecino. Sí, vamos a trabajar montados en caballo todos los días excepto el domingo porque ese día le rezamos a Jesús, vemos el futbol y asamos carne.

Después de la primera ronda de té, Jeff se quedó dormido recargado en la pared. Ya habíamos agotado las oraciones básicas, por lo que los iraníes empezaron conversaciones que no exigían lenguaje de señas. Entonces aproveché para inclinarme hacia Mohammad y hablar con él.

—Jeff me contó un poco sobre ti pero me gustaría saber más. Andar por el mundo en bicicleta para plantar árboles no es nada común.

Mohammad sonrió, sorbió un poco de çay y colocó las manos sobre su regazo.

—Te contaré —dijo—. Todo comienza con una montaña.

Al parecer, diez años antes Mohammad había viajado con un equipo de montañistas hasta la base de un promontorio al noreste de Irán. El grupo estaba entrenando para una expedición en la Cordillera del Pamir, una escabrosa sierra en Asia Central. En la mente de Mohammad seguía fresco el recuerdo de aquel día. Era Ramadán y la corteza de los nogales empezaba a adquirir una rica tonalidad dorada. Al anochecer, cuando se rompió el ayuno de la tarde, el equipo se preparó para una carrerita en uno de los senderos de la montaña iluminado por la luna.

—Al principio fue como cualquier otro ascenso —explicó Mohammad—, pero después de recorrer unos cuatrocientos metros me fue imposible moverme.

—¿Qué pasó? —pregunté mientras disolvía un cubo de azúcar en mi segunda taza de té.

—Pues estaba paralizado —me respondió Mohammad en voz baja, como si la parálisis de cuerpo completo fuera el equivalente de un estómago hambriento o un ligero dolor de cabeza—. No podía correr, no podía moverme. Sentí como si una sobrecarga de energía me hubiera pegado los pies al suelo. El entrenador se enojó pero el equipo tuvo que continuar subiendo la montaña sin mí.

Mohammad me describió la forma en que se quedó sentado solo en el silencioso paraje, observando las parpadeantes luces abajo en el valle, abrumado por la noción de que, en medio de la oscuridad, algo enorme estaba cambiando. En algún momento incluso invocó a su madre. *Mamá, todo está a punto de cambiar.*

—¿Alguna vez has tenido esa sensación? —me preguntó de pronto Mohammad con los ojos abiertísimos y brillantes—. ¿La sensación de que todo lo que conoces está a punto de desaparecer y de que eres como un ciego incapaz de ver lo que vendrá a reemplazarlo? —El amigo de Jeff hizo un burdo movimiento de arrastre con la mano. *Se fue todo.*

3. Rayos de sol y mandíbulas caninas

—Oh, sí —dije mirándolo sin parpadear—, estoy muy familiarizada con ese sentimiento.

—No podía entenderlo —dijo—. Todo estaba bien en ese momento.

Mohammad acababa de abrir un negocio en su pueblo natal con un amigo. Iba bien, estaba haciendo dinero. Pero después de esa noche, el antiguo sueño de la infancia de recorrer el mundo en bicicleta empezó a resurgir con un nuevo impulso. El viajero quería sentir las llantas contra el pavimento, plantar un rastro de árboles a lo largo de su camino. No era precisamente un plan de vida práctico pero, tras un año de entrenamiento como ciclista y de tomar clases de inglés, el llamado del camino empezó a pesar más que la certeza de que debería mantenerse quieto.

—Un día estaba flotando en un lago y le pedí a la tierra que me diera una señal —me contó—, y entonces sentí que el sol y el mar se reían de mí como una madre se ríe del hijo temeroso de emprender algo nuevo y diferente. La risa significaba: *No te preocupes, no pasa nada malo, estoy aquí contigo*. Así que me lancé. Dejé mi empresa, vendí todo y me preparé para el viaje.

—¿Y luego qué sucedió? —pregunté.

Mohammad arqueó las cejas en un travieso gesto.

—¡Todo se vino abajo! No había patrocinadores para el viaje, no había dinero y mi novia me dejó. Además me rompí la mano y tuve una lesión en el hombro. Casi perdí la esperanza.

—Pero a veces así comienza todo —dije.

—Sí, exacto —añadió Mohammad, recargándose en su banquito—. Derrumbarme fue lo que me condujo a dar el *verdadero* salto: comenzar el viaje sin dinero, sin saber cómo me mantendría. Pero sólo me dejé ir y decidí que no necesitaría nada más que escuchar y seguir. El universo me proveería el resto.

¿Tuviste miedo? —le pregunté con una emoción familiar que seguía creciendo en mi pecho.

—¡Por supuesto! —dijo entre risas—. Al principio estaba aterrado pero ya llevo diez años viajando por el mundo. He plantado 957 árboles en cuarenta países, y todo me ha llegado solo. —Mohammad sonrió como si supiera un secreto—. La vida depende de la confianza. Nada sucede sino hasta que das el primero paso y sales. El universo no da nada a quienes no confían.

・・・

Lo primero que distinguí en el temprano resplandor de la mañana fue una pulcra hilera de ropa recién lavada secándose junto a una bandera turca sobre el alféizar de una ventana. Calcetines a rayas, dos piezas de ropa interior y un vestido verde. Ni siquiera recordaba haber colgado la ropa la noche anterior para que secara, aunque sí tenía noción de que tallé las axilas del vestido con agua jabonosa en el lavabo del baño mientras pensaba: *Bueno, esto no está tan mal*. El agotamiento y el *jet lag* del viaje habían borrado el resto. No podía recordar cuándo oscureció, ni el viaje en autobús hasta el departamento, ni las dos escaleras que subimos, y mucho menos, el colapso que, rodeada por las ventanas de la sala de un desconocido, tuve en cuanto percibí la comodidad del ruidoso plástico del colchón inflable. Ni siquiera recordaba dónde había conseguido la sábana color anaranjado fluorescente que ahora envolvía con holgura mi desnudo torso como si fuera una toga.

Después de haber escuchado la historia de Mohammad, de pronto la toga improvisada y la breve hilera de ropa lavada me resultaron abrumadoras. Jeff y yo íbamos a viajar sin equipaje ni planes durante sólo tres semanas, y Mohammad, en cambio, había dedicado toda su existencia a sostener una relación descabellada con la incertidumbre. La suma total de sus bienes materiales cabía en la parte trasera de su bicicleta, y sólo contaba con cincuenta dólares sin importar la situación. Al regresar a su lugar de origen no encontraría una casa llena de comodidades, y tampoco tenía una tarjeta de crédito para enfrentar los tiempos de vacas flacas.

Nosotros éramos solamente norteamericanos blancos de clase media que habían elegido probar lo desconocido, pero había enormes cantidades de personas de la población mundial sin activos, sin posesiones y sin certidumbre, viviendo en condiciones que no eran parte de una elección deliberada y temporal, sino que les habían sido impuestas y eran un hecho permanente en su existencia. Asimismo, las salas de la historia están decoradas con figuras ilustres que mantuvieron un estilo

3. Rayos de sol y mandíbulas caninas

de vida ultra mínimo por mucho más de tres semanas. De hecho, que los sabios vivieran sin nada, era una práctica de rigor. Cuando Gandhi dio su último respiro tenía menos de diez objetos como posesiones, y entre ellos se encontraban sus gafas y sus sandalias. Buda renunció a todos los ornamentos mundanos cuando abandonó su palacio para ir a observar el sufrimiento del mundo. Y se cuenta que el profeta Mahoma vivió en una humilde casa de arcilla con un catre y una almohada rellena de hojas de palma.

Y luego está Jesús, el salvador que mis padres me enseñaron a venerar cuando era niña. Jesús se destacó por pedirles a perfectos extraños que dejaran atrás todo lo que poseían para seguirlo. «No se preocupen por su vida —les advirtió a sus discípulos—, ni por lo que comerán, ni por el cuerpo ni con qué lo cubrirán. La vida es algo más que alimento y el cuerpo es algo más que vestimenta». Jesús era justo el tipo de personaje que no habría tenido ningún recelo en cruzar el Aeropuerto de Atatürk con tan sólo un emparedado de atún y la túnica que llevaba puesta.

Cuando Jeff empezó a moverse a mi lado, el crujiente plástico del colchón inflable hizo ruido. Me sorprendió lo distinto que se veía sin sus lentes de grueso armazón. *Es como despertar con un extraño*, le decía a veces, y para molestarme, él contestaba: ¿Y qué sabes tú sobre despertar con extraños?

—¿En qué estás pensando? —preguntó, al mismo tiempo que volteaba para mirarme con los ojos entrecerrados.

—En nada —mentí.

—Mentirosa —dijo—, conozco es mirada. La rueeeeeda está dando vueltas.

Su cuerpo se hundió en un valle de plástico y yo rodé, me levanté del colchón inflable y tomé de la ventana mis pantaletas negras con lunares blancos. Todavía estaban frescas por el aire matinal, y el algodón seguía un poco húmedo, pero me las puse de todas maneras.

—No sé —añadí—, estando en el aeropuerto, todo este asunto de «no llevar maletas», parecía un acto demasiado arriesgado y temerario. Toda la gente en estados Unidos nos trató como si fuéramos a intentar un aterrizaje lunar. *¿Eso es todo lo que traen? Ay, por Dios, cuídense mucho.* Y ahora, no sé, me pregunto si vamos a tener una especie de anticlímax. Sólo tenemos que enjabonar un poco la ropa, pasarla por debajo del chorro del agua y ponerla a secar, lo que, claro, es un poco inconveniente pero no tan radical como escalar el Kilimanjaro o pescar con lanzas para cenar. Sólo es *lavar ropa*. Desde el punto de vista minimalista, básicamente somos norteamericanos lavando su ropa en el extranjero.

—Bueno, los seres humanos han lavado su ropa desde que existían los taparrabos —dijo Jeff, interrumpiendo mi tren de ideas—. Tal vez lo radical es el anticlímax, no andar por ahí sin maletas.

—Quizá —dije—. ¡Corte informativo! ¡El mundo no se sale de su eje si uno no tiene un armario del tamaño de una recámara y lleno de objetos!

Jeff trató de pescar sus lentes, que estaban en el suelo.

—Oye, pero el viaje apenas comienza: todavía queda suficiente tiempo para que el mundo se salga de su eje —dijo. Luego levantó los brazos y yo le aventé los bóxers—. ¿Quieres vestirte e ir a conocer Santa Sofía?

...

Entramos a la cocina de paneles de madera, buscamos café, dejamos una nota para Mohammad que aún dormía, y luego volvimos sobre nuestros pasos por la ciudad: un retacado autobús urbano, un paseo en transbordador que nos agitó el cabello y nos llevó al otro lado del Bósforo, y una breve caminata en las zigzagueantes y antiguas calles de Sultanahmet. No fue difícil encontrar el camino. Santa Sofía se puede ver a kilómetros de distancia con su elegante cascada de altísimos contrafuertes, domos abovedados, medios domos, y alminares que parecen pliegues del vestido de una emperatriz. Si los edificios tuvieran raíces, las de Ayasofya serían profundas, se extenderían desde las negruzcas fachadas de coral, seguirían a través de los viejos pisos de piedra y luego bajarían aún más hasta llegar a la tierra: el mismo terreno en que han descansado sus cimientos desde 537 D.C. Durante más de mil años, Santa Sofía —*Santa Sabiduría*—, fue la iglesia más grande de toda el cristiandad, y sede de la Iglesia Ortodoxa Oriental. Los otomanos también reconocieron su peculiar belleza desde que tomaron la ciudad en 1453. Las reliquias cayeron, se erigieron los alminares y la basílica se convirtió en mezquita.

3. Rayos de sol y mandíbulas caninas

Ahora que es un museo, Santa Sofía atrae a millones de viajeros, peregrinos y devotos, lo cual es una oportunidad perfecta para los vendedores de excursiones y de guías turísticas que se apiñan alrededor de la entrada con la esperanza de sacar provecho del asombro. En cuanto los turistas se acercaron, los vendedores les lanzaron bienvenidas calculadas. *Guten tag! Hallo! Privet! Parlez-vous français?* Un vendedor de baja estatura y mirada entusiasta nos interceptó en la fila para comprar los boletos.

—Excuse me, where are you from?

—No English —contestó Jeff, quien consideraba a todos los vendedores, integrantes de la misma tribu a la que él pertenecía: bromistas, coyotes y juglares de la corte cuyas campanas y silbatos ocultaban una mirada estratégica, y como tal, eran un blanco al que estaba justificado evadir.

—¿Alemán? —El vendedor volvió a intentarlo.

—Nein —dijo Jeff, con solemnidad.

—¿Francés?

—Non.

—¿Ruso?

—Nyet.

—¿De dónde son, amigo mío? —El vendedor miró el sombrero de vaquero de Jeff con suspicacia.

Jeff frunció las cejas y, luego, con un grueso acento, anunció: «*Transnistria*». Al ver esto, el vendedor se rindió, volteó a ver a una pareja coreana que vestía camisas polo iguales, y por fin nos dejó atravesar en paz la imponente Puerta Imperial.

De inmediato se hizo evidente que Santa Sofía aún conserva su presencia a pesar del paso de todos estos siglos, de la larga procesión de emperadores, patriarcas y sultanes, y de la nueva ola de turistas sosteniendo teléfonos inteligentes sobre sus cabezas en lugar de velas y antorchas. El vasto baldaquín de la basílica interior —que parece una naranja bañada en oro y cortada por la mitad—, todavía les exige a sus visitantes un asombro a su altura, con todo y boca abierta.

Al terso suelo de piedra lo iluminan candelabros colgantes del tamaño de gigantescas ruedas de vagones de tren. En el techo hay un mosaico de la Virgen María con el niño en brazos, quien mira pasar desde ahí a las multitudes de turistas que caminan debajo de una serie de gigantes banderines en donde se ven escritos en caligrafía y pintura dorada el nombre de Alá y de sus califatos. Sí, Santa Sofía es refrescantemente grande, lo suficiente para que dos deidades cohabiten en paz. Y en una encantadora mezcla de lo sagrado y lo profano, una banda de gatos de la basílica se ha convertido en el centro de atención entre las piedras sobre las que alguna vez caminaron los emperadores. Uno de los mininos destaca en particular, se trata de un devoto gato bizco y atigrado llamado Gli, que tiene cuantiosos seguidores en Twitter, y al que con frecuencia se le puede ver posando para los turistas y calentando sus patas frente a las lámparas del altar.

Dejé a Jeff bajo las sombras de los candelabros colgantes para que siguiera dibujando el suelo de la coronación en su cuaderno de notas, y caminé sola por la arcada de piedra para expresar mi respeto a la tenacidad pura de un lugar hueco que todavía perdura a pesar de llevar más de un milenio sufriendo colapsos intermitentes. Derrumbarse forma parte de la identidad de Santa Sofía tanto como todo lo demás. Sus domos han ardido y colapsado; los temblores han sacudido sus cimientos; ha sido saqueada y desvalijada; todos —de los cruzados católico-romanos a los jenízaros otomanos— han tenido que atrancar sus puertas. Incluso en ese momento, la mitad del ala sur estaba cubierta de andamios de fierro que tenían el propósito de brindar apoyo a los costados que se habían vuelto a combar. Y a pesar de esa fuerte tendencia a venirse abajo, esta basílica sigue siendo una fuerza que se debe respetar.

Santa Sofía me encantó porque siempre he podido reconocer un espíritu similar al mío con sólo verlo.

• • •

¿Por qué te *derrumbaste*? Todo mundo quería saberlo: el doctor canoso, el terapeuta que me convenció de respirar desde el vientre, mis resignados pero preocupados padres... Pero no había humo tangible de ninguna pistola. No había líneas de fallas geológicas ni invasores cruzados a quienes pudiera señalar y decir: *ahí está el culpable*. Las únicas señales de advertencia fueron las delgadas grietas mentales que aparecieron después de que me gradué de la universidad. Me acababa de

3. Rayos de sol y mandíbulas caninas

despedir de la escuela siendo la mejor de la clase, y poco después ya me encontraba trastabillando en medio de la crisis habitacional en la que también estaba inmersa la mayoría de mis compañeros; fue una epifanía temprana de que nada estaba garantizado, ni siquiera para las chicas lindas que obedecían todas las reglas.

Quizás fui presa del retorcido excepcionalismo estadounidense que inconscientemente asume que, de manera natural, la vida debe ser un cómodo asunto que tiende a mejorar; y que debe permanecer libre de ansiedad, arrugas en la frente y evaluaciones crediticias desfavorables. De cierta forma, derrumbarse fue una perturbadora reacción al hecho de que comprendí que la vida no era una resistente e invencible fuerza que moldeaba con dulzura al trabajo duro y la voluntad humana tanto como a sí misma. El tejido de la vida es frágil desde la médula, y eso fue algo que noté en la suavidad del cráneo de los bebés, la delgadez de la muñeca de mi bisabuela, y en la languidez de las flores cortadas. Incluso el aire que yo misma respiraba era un frágil coctel de gases.

Todo está a un tijeretazo, a un pinchazo, a una puñalada, a sólo unos cuantos grados de la aniquilación, y nada de esto resulta del todo lógico. De pronto puedes terminar asesinado en una guerra por unos viscosos y negros remanentes de plancton, o debido a una bomba detonada en nombre de dioses que nadie ha visto, o a una violenta rebelión de tus propios tejidos y células. Somos solamente una chispa de viveza en una jaula temporal de huesos. Nada es seguro, nada permanece estable el tiempo suficiente para darle vuelta entre tus manos y estrujarlo contra tu corazón. El universo entero, de las células a las estrellas, es una maraña de agitadas e infinitas olas de cambio.

La mayoría de los miembros de la población humana son capaces de procesar de forma racional estas verdades evidentes y continuar sorbiendo sus *lattes chai* helados con cierta paz. Pero yo no era así. A mí me resultaba imposible resolver la pregunta de cómo y por qué debía actuar frente al caos mortal usando tan sólo un libro de texto de filosofía o una receta de Valium. Para mí era una pregunta física que había construido su nido en mi caja torácica y envuelto mis entrañas con sus manos. Era como estar poseída; y me hacía sentir como Mohammad paralizado en la montaña, incapaz de dar un paso más.

También era vergonzoso. Cuando alguien me preguntaba: «¿Por qué te estás derrumbando?», me era imposible admitir que estaba lidiando con una enfermedad mental. Ni siquiera tenía los términos adecuados para describir que me era imposible controlar mi propio cuerpo. No podía nada más contestar: «Ah, es que me siento paralizada por la condición humana, y lo único que se me ocurre hacer es acurrucarme y hacerme bolita como cochinilla temblorosa».

¿Por qué todos los demás lograban seguirle el paso a la vida a pesar de esa persistente punzadita del miedo a la muerte? Como la mujer blanca estadounidense que era, tenía privilegios de los que otros carecían. No tenía que enfrentar, por ejemplo, ni el racismo ni el fanatismo, y tampoco estaba obligada a casarme en contra de mi voluntad ni trabajar durante extenuantes horas en condiciones infrahumanas. Tenía un seguro médico y contaba con mis padres, quienes representaban un colchón de seguridad sobre el que siempre podía caer. Pero entonces, ¿por qué estaba sentada en estado de coma en el patio trasero de mis padres, envuelta en cobijas y con la mirada perdida frente a la cerca? De cierta forma, sufrir un colapso debido al peso de una crisis existencial significaba padecer una enfermedad de opulencia, es decir, darme el relativo lujo de sucumbir al pánico que me provocaba mi propia existencia.

Por todo esto, cuando los amigos me preguntaban: «¿Por qué te derrumbaste?», era más sencillo nada más encogerme de hombros y decir: «No tengo la menor idea».

• • •

—Tenemos compañía —dijo Jeff.

Gracias a mi insistencia, estábamos comiendo prétzels recargados en un árbol, sobre el soleado paseo de césped que se extendía entre Santa Sofía y la Mezquita Azul, que ya no quedaba muy lejos de ahí. Un perro callejero semisalvaje venía cruzando el césped y se dirigía directamente a nosotros. Era un kangal fornido con el pelaje mojado y la mandíbula llena de afilados incisivos. Los perros kangal semisalvajes tenían un reconocible pelaje pálido y aterciopeladas máscaras negras, y deambulaban con libertad en los muchos parques y avenidas de Estambul. Eran descendientes de una antigua raza de ovejeros anatolios y parecían amigables en

3. Rayos de sol y mandíbulas caninas

general, pero Jeff y yo ya habíamos visto a algunos enfrentarse a los recolectores de basura de Santa Sofía en algo que daba la impresión de ser una enemistad de mucho tiempo atrás.

—Tal vez quiere una mordidita de prétzel —dije, cada vez más nerviosa de verlo dar esas amplias zancadas hacia nosotros con la lengua colgando a un lado. Pero me equivoqué, al kangal no le interesaban los prétzels en absoluto: sólo olisqueó la mano de Jeff y se enroscó en una franja de pasto junto a sus piernas. No había pasado todavía un minuto cuando otro perro se acercó para unirse al grupito, y luego llegó un tercero, un labrador negro que metió ruidosamente su cabeza debajo del brazo de Jeff como suplicando que lo rascara. Ni siquiera me miraron, era evidente que el que les interesaba era Jeff.

Era como si se hubiera propagado entre las filas el rumor de que un viejo amigo había vuelto al pueblo. Para cuando se terminó la última migaja de prétzel, ya nos rodeaba un sarnoso circo de media docena de perros callejeros. Algunos se encontraban estirados en estado catatónico bajo el sol; otros mordisqueaban con sus afilados dientes al aire, tratando de cazar a las moscas que les picaban los tobillos; y otros rodaban sobre el pasto, contoneando sus apelmazados vientres para llamar la atención. Los turistas pasaban y se quedaban boquiabiertos. Alguien tomó una fotografía, y un chico turco con los ojos bien abiertos pasó caminando y gritó: «¡Tengan cuidado!».

No estaba segura si aquella escena alumbrada por la luz del sol y llena de mandíbulas caninas cerrándose de golpe era mágica o alarmante, pero ya me estaba acostumbrando porque me había sucedido con frecuencia últimamente. Era el tipo de escena surrealista que sólo se materializaba cuando Jeff y yo estábamos juntos. Él jamás se habría detenido el tiempo suficiente para sentarse debajo de un árbol, y yo jamás habría atraído una jauría de perros callejeros.

—¿Y tú quién eres, eh? ¿Jack London? —le pregunté a Jeff resollando—. Esto es rarísimo.

Jeff encogió los hombros y le rascó las orejas al labrador negro.

—¿Qué te puedo decir? Los perros callejeros reconocen a un camarada en cuanto lo ven. Estoy sucio, como todo lo que se me atraviesa, no me importa dónde duermo, leo a los extraños de forma intuitiva y vivo el momento sin vergüenza.

Doce orejitas aterciopeladas de kangal se aguzaron en cuanto levanté la mano para pasar mis dedos por entre el sucio cabello de Jeff.

—Oye, ¿tú crees que sea cierto lo que estaba diciendo Mohammad anoche?, ¿qué si te arriesgas y te diriges hacia aquello a lo que te sientes atraído, el «universo» o «Dios» o como quiera que le llames, colabora de alguna manera?

Jeff se quedó pensando un rato.

—Bueno, no es posible probar empíricamente la existencia de un universo colaborativo, pero a mí no me importa si es verdad o no, porque la vida es más interesante cuando te dejas llevar y permites que las cosas te sucedan incluso si no parecen tener mucho sentido. No sé, ¿tú qué piensas?

—Algo así —dije—. No me puedo librar de la idea de que el asombro está vinculado de manera inexorable con el riesgo, como está sucediendo ahora mismo: tenemos a todos estos perros alrededor de nosotros y es un momento mágico, pero no completamente libre de riesgos. Me refiero a las alegres lenguas de kangal que siempre se mecen rodeadas de afilados dientes.

—¿Y qué es lo que siempre nos atrae con tanta fuerza al asombro? —preguntó Jeff.

—Creo que es esa sensación que te hace parar en seco ante lo desconocido —dije, en tono de reflexión—. Es como cuando te encuentras cara a cara con algo impenetrable que trasciende de manera fundamental lo que sabes acerca del mundo.

—Mmm —sonrió—. Desconocido e impenetrable: los rasgos clásicos del riesgo. Pero no me hagas caso, no tengo experiencia en ello.

—Ay, sí, claro, no tienes experiencia porque eres el Señor Siempre Seguro, ¿verdad? —dije, al mismo tiempo que le daba un codazo en las costillas—. No obstante, creo que la yuxtaposición siempre está presente.

—Estoy seguro de que esto es a lo que se refería Mohammad —agregó Jeff—. La magia sucede cuando te diriges sin miramientos a lo desconocido, blandiendo el asombro con la mano derecha y el terror con la izquierda.

4. El espacio entre nosotros

Desde la parte superior de la pañoleta de seda para la cabeza de su *hijab*, hasta la bastilla de su vestido de encaje, la novia era una visión de diáfano algodón de azúcar rosado. Con la mano izquierda levantó hacia el cielo de Estambul un buqué de globos con los colores del arcoíris: rojo, naranja, amarillo, verde y azul. El novio, vestido con traje y corbata, resplandecía a su lado, y con su brazo rodeaba la cintura de ella para mantenerla cerca de sí. Podría decirse que salieron de un cuento de hadas... excepto por el detalle del penetrante olor a pescado.

Jeff y yo estábamos parados en el puente Galata con Mohammad y dos amigos suyos. Ali, un alto y tímido iraní, y su novia Leyla, una mujer azerbaijana con una tempestad de rizos oscuros que casi se tragaban los lentes de sol que llevaba en la cabeza. El puente Galata era el famoso lugar en donde se cruzaba del Viejo Estambul al nuevo barrio de Beyoglu, ubicado al norte, a través de las aguas del Cuerno de Oro. Sin embargo, en una ciudad tan vieja como Estambul, el adjetivo «nuevo» debe matizarse: Beyoglu se convirtió en un moderno suburbio de Estambul en el siglo cinco, cuando el arado de la tierra apenas se empezaba a popularizar.

A lo largo del barandal del puente, en el borde, había varios ancianos reunidos con cañas de pescar, lanzando sus sedales al fondo del Cuerno de Oro que, haciendo honor a su reputación, empezaba a formar ondas doradas bajo la luz de la tarde. Cada uno de sus bloques de cemento estaba saturado con un penetrante olor a pescado, a nerviosa carnada liberada, humeante macarela frita y sardinas recién pescadas. Los taxistas mascullaban en el tráfico entre los topes, y los turistas se inclinaban en ángulos caprichosos alrededor de las cubetas de carnada para conseguir fotos panorámicas de Estambul. El asombroso telón de fondo también atraía a los recién casados que jamás volverían a oler un sándwich de macarela en sus vidas sin pensar en sus fotografías de boda.

Jeff vio a la mágica novia de algodón de azúcar justamente como yo, y sus ojos se iluminaron.

—¡Vaya! Deberíamos preguntar si nos dejarían tomarnos una fotografía con ellos.

—Ay, sí, ¿podemos? —dije en tono de súplica porque odiaba la idea de imponerme en la vida de otras personas, particularmente el día de su boda.

—No perdemos nada con preguntar —dijo Jeff que, ciertamente, tenía menos recelo respecto a entrometerse en el ambiente inmediato. Leyla le evitó la molestia: pasó junto a nosotros, nos rodeó y se acercó a la pareja. Después de conversar unos instantes, la novia asintió y Jeff me condujo al frente, prestándole muy poca atención a mis reclamos por las manchas de pescado en la acera—. No hay problema, ¡te aseguro que a ellos no les molesta!

Sin siquiera darnos cuenta, Jeff y yo nos pasábamos el tiempo jalándonos el uno al otro y obligándonos a cruzar de ida y vuelta las fronteras de la comodidad y el hábito. Él me sacaba a la fuerza de mi segura torre de observación y me obligaba a bajar al centelleante caos del mundo, y cuando el caos llegaba demasiado lejos, yo lo jalaba hacia arriba para que apreciara la vista desde mi torre. Era una negociación perpetua, un delicado acto de equilibrio. Éramos dos seres caminando sobre la cuerda floja con los brazos extendidos, aprendiendo los ritmos del otro mientras nos balanceábamos sobre una tensa soga que se estremecía con cada paso. Cuando alcanzábamos el equilibrio, surgía la magia, y cuando nos inclinábamos demasiado a nuestros extremos respectivos, todo se iba al demonio.

Pero debo admitir que en este caso el resultado fue *mágico* de verdad. La novia y el novio sonreían en medio, con el arcoíris de globos cerniéndose sobre ellos. Jeff y yo nos paramos a sus costados como apoyos para libros. Anteriormente ya nos habíamos tomado una fotografía similar en la terminal de salidas de Houston por puro capricho. Estábamos uno al lado del otro, pero separados como por metro y medio de distancia. Ambos pegamos bien los pies, enderezamos la espalda, y miramos al frente como estatuas. La composición de la fotografía, que contenía toda la extravagante precisión de un video perdido de Wes Anderson, se convirtió en nuestro *sello personal* de inmediato. Repetimos la pose con los ciclistas iraníes frente a Santa Sofía, en la cubierta de un transbordador del Bósforo, y junto al individuo que vendía banderines rojos Atatürk en Kadıköy.

Si alguien nos preguntaba por qué nos habíamos parado tan alejados, Jeff explicaba que era una declaración *hipster* o bromeaba diciendo que había olvidado

4. El espacio entre nosotros

ponerse desodorante esa mañana. A mí me era imposible negar que nuestras fotografías en posición equidistante con el vestido verde y los pantalones rojos, eran deslumbrantes en el aspecto visual, pero también tenía la sospecha de que el espacio que dejábamos entre nosotros tenía un innombrable propósito secundario que no tenía nada que ver ni con el desodorante ni con la estética *hipster*. Desde la primera cita, Jeff y yo equilibramos nuestra intimidad inmediata con una estricta falta de definición.

Jeff estaba obsesionado con la libertad de movimiento, de la misma manera que muchas personas lo estaban con las alineaciones del futbol de fantasía o el jugo verde orgánico. «No sé qué es esto ni cuánto va a durar, pero no quiero encasillarlo», me dijo la semana que nos conocimos. No le apenaba expresar un afecto furioso, pero siempre en el entendido de que nuestro vínculo era una entidad viva, sin nombre, que respiraba y sucedía *en el ahora*, sin garantía de que seguiría existiendo de la misma forma al día, o al minuto siguiente siquiera.

Jamás conocí a alguien tan comprometido con existir sin responsabilidades en el momento presente. Jeff llevaba su pasaporte consigo todo el tiempo, por si acaso. Rara vez mencionaba algo que fuera más allá de las siguientes veinticuatro horas, incluso si se refería a su carrera como académico o a la manera en que visualizaba cómo sería meter una casa a la fuerza en un contenedor de basura. Si se le presionaba para que hablara de planes específicos, invariablemente evitaba responder con un «ya veremos», como si la mera mención de sucesos posibles en el futuro pudiera reducir las opciones disponibles de alguna forma, lo cual era un pecado capital en su biblia. En las noches que se quedaba en mi departamento, obedecía el credo del lobezno Scout, y no dejaba rastro suyo en la mañana. En su mente, incluso un barato cepillo de dientes Crest, era una atadura, un objeto simbólico que lo vinculaba a mí y que, por lo tanto, ejercía una presión infinitesimal de obligación.

Pero Jeff no siempre había sido así. Antes de su matrimonio fue un monógamo serial con una sarta de novias formales que se extendía hasta sus días de preparatoria. Aunque siempre fue independiente, su actual compulsión por la libertad era un fenómeno más bien nuevo, una variación sobre el tema de la típica crisis de la edad mediana. Jeff era un péndulo que se mecía y se alejaba de los anillos de boda y los pagos de hipotecas para acercarse a los ámbitos de la exploración. Nuestra decisión de iniciar una relación experimental gobernada por un solo estatuto —hacer exclusivamente lo que en verdad quisiéramos hacer—, no era un territorio nuevo solamente para mí: Jeff también era un novato en este asunto.

La situación nos colocó con firmeza en las filas de una nueva generación de románticos que han rechazado el cortejo formal de los días del pasado y lo han sustituido con una especie de «andar juntos» con menores riesgos, constituido por encuentros casuales que no son citas y que probablemente tendrán lugar acompañados de un manojo de otros intereses casuales que se ciernen sobre el trasfondo digital. Este nuevo y ambiguo entorno ofrece libertad y opciones inusitadas a pesar de que también implica un nivel de cuestionamientos sin precedente. No es nada raro encontrar románticos modernos revisando mensajes de texto, tuits y muros de Facebook en busca de cualquier indicio que les permita saber en qué lugar se encuentran en medio del turbio y eliminar espacio que hay entre ser un «amigo», o ser «novia» o «novio». A la palabra con «M» —matrimonio—, se le reserva generalmente para gestos irónicos porque sentar cabeza es *tan* de mediados de siglo...

Para Jeff, el salto a viajar sin equipaje ni planes, en realidad era minúsculo. Nuestro libre experimento de viaje era nada más una versión ligeramente más extrema de su vida en casa. Viajar sólo con un par de bóxers color cereza no era algo radical, el verdadero acto radical de Jeff era viajar *conmigo*: un compromiso menor, una posible atadura, otro cuerpo con opiniones, necesidades y deseos que tendrían que tomarse en cuenta.

La única otra persona en el universo que podía hacer un reclamo legítimo en contra de la libertad de Jeff, era Sibel, su hija de cinco años. Ella era la única que había escuchado las palabras «te amo» salir de sus labios. Jeff compartía la custodia con su exesposa, lo que significaba que cada dos fines de semana dejaba en blanco su agenda y manejaba siete horas de Brownsville a College Station para pasar algunos días con Sibel. A pesar de que a veces le costaba trabajo navegar en el mar de las responsabilidades que implicaba la paternidad de medio tiempo, Jeff la protegía mucho. De hecho, yo fui la única novia que Jeff le presentó a Sibel, aunque no sin un dejo de nerviosismo. Cuando uno transporta a una niña de cinco años, no puede simplemente cambiar de velocidad sin previo aviso.

4. El espacio entre nosotros

Por mi parte, podría decir que disfruté mucho los dos fines de semana que pasé con la pequeña en la granja de los padres de Jeff. El hecho de que fuera padre jamás me había molestado, tampoco su preocupación por la libertad, o al menos, no al principio. Después de una separación de dos años de la sociedad, estaba abierta a casi todo. Mi único objetivo era traducir la expansión de mi recuperación interna al exterior, al mundo físico, y Jeff era justamente el boleto que buscaba. Nuestra apertura era un desafío exhilarante. Y por si eso fuera poco, sus huellas digitales coincidían con el documento secreto llamado «Lo que busco en un hombre» que tenía escondido en mi disco duro.

Al igual que las de él, todas mis relaciones anteriores habían seguido el molde tradicional: monogamia estricta, «Te amo», sigamos juntos (tal vez) para siempre. Y todas habían fenecido lenta y penosamente debido, en parte, a que yo era joven, y a que la idea de despertar junto a la misma persona toda la vida, me aterraba. Si un vínculo me parecía demasiado restrictivo o limitante, abandonaba el barco o proponía una relación *avant-garde* abierta, la cual exigía tambaleantes malabares como *casi* terminar la relación al mismo tiempo que *casi* salíamos juntos y *casi* salíamos con otras personas. Y la verdad es que ambas rutas siempre condujeron de manera inevitable al mismo fracaso absoluto al final.

Con Jeff, en cambio, tenía toda la apertura que podía manejar, e incluso más. La misma libertad que exigía para sí mismo, se la concedía a todos los demás con rigor, incluso a mí. Él en realidad quería que yo hiciera lo que me viniera en gana, sin importar si eso significaba abandonar el barco o salir todos los días de la semana con un tipo diferente de los que podía conocer en OkCupid. No había definición, sólo teníamos que probar y ver qué pasaba.

• • •

Cuando llegamos al otro lado del Puente Galata, las gaviotas se cernieron sobre nuestro pequeño grupo. Leyla nos guió en el recorrido a partir de ahí porque Beyoglu era su barrio. Vivía cerca de ahí en un departamento que compartía con doce gatos que había rescatado.

—Por aquí —dijo, pastoreándonos con autoridad a través de una bulliciosa intersección hacia la estación del tranvía subterráneo en donde abordamos el histórico carro Tünel, cuyo único propósito era transportar a los peatones a la cima y las faldas de una empinada colina de seiscientos metros. Leyla tenía treinta y tantos años, uñas barnizadas en rojo que uno estaba obligado a tomar en serio, y un bolso gigantesco con la frase «Deja que te amen» repujada en pintura dorada. Con su novio Ali, sin embargo —un chico alto y moreno con bíceps que amenazaban con hacer estallar las mangas de su camiseta— era más bien tímida. Él también era reservado con ella. De pronto lo sorprendí estudiándola con fervor, como si aún no hubiera memorizado del todo la trayectoria de sus salvajes rizos o la forma en que fruncía los labios detrás de su sonrisa precavida. En el tranvía iban parados uno al lado del otro, como si fuera su segunda cita.

—Ésta es Istiklal Caddesi —anunció Leyla cuando salimos de la estación del tranvía en la cima de la colina—. Es una calle muy famosa. ¿Cómo se dice? ¿Millones? Sí, millones de gente. Noche y día. —La estación desembocaba a una amplia e iluminada avenida peatonal flanqueada por antiguos edificios neoclásicos que ahora albergaban una frenética serie de boutiques, cafés, pastelerías, librerías y clubes nocturnos, que parecía no tener fin. Altivos maniquíes de lujo miraban al mar de peatones que llevaban sus compras en bolsas o que saboreaban conos de helado mientras daban la vuelta por ahí. Y todo eso me hizo pensar que a Estados Unidos le hacía falta esta tradición del paseo en el que la gente no camina para comprar o hacer mandados, sino nada más para disfrutar del animado espectáculo de la ciudad.

Dos semanas antes, la calle se había llenado con 10,000 personas que se manifestaron pacíficamente en contra de la restricción de los derechos democráticos, la censura de los medios, la corrupción y la violencia policíaca. Leyla nos contó que la neblina del gas lacrimógeno había inundado su calle, y poco después pasamos caminando frente a un escaparate de The Gap con el vidrio astillado. También vimos a un grupo de manifestantes pacíficos alrededor de un monumento iluminado con veladoras para las personas que habían sido lastimadas y asesinadas recientemente. Yo me quedé parada con firmeza para solidarizarme con los manifestantes, pero

4. El espacio entre nosotros

tuve mis dudas respecto a pasear por un espacio cosmopolita que acababa de ser el escenario de violentas medidas policíacas de control.

Leyla, en cambio, no lo dudó ni un instante. Éste era su barrio y, aunque tal vez las manifestaciones habían sacudido a la ciudad, no le restaron el orgullo. La joven quería mostrarnos sus calles y yo me sentía afortunada de ver Istiklal a través de sus ojos, aunque también me estaba distrayendo un agudo dolor que me empezó a aquejar mientras caminábamos sobre los adoquines. Después de dos insignificantes días de caminata, la parte baja de mi espalda ya estaba sufriendo bastante. El tema de mi calzado parecía demasiado trivial para mencionarlo después de nuestra profunda discusión sobre las manifestaciones, pero no había manera de eludir el hecho de que me había equivocado al elegir para el viaje aquellas sandalias color durazno con cintas. Estaba segura de que Leyla sabría dónde conseguir un par de zapatos más prácticos.

Finalmente hablé con ella discretamente, y se puso en acción de inmediato. Para empezar, se deshizo en un santiamén de Ali, Mohammad y Jeff.

—Conozco un lugar —me aseguró, y la forma en que lo hizo me instó a pensar que incluso ya había elegido el par perfecto y que éste nos esperaba junto a la caja registradora. Pocos minutos después, ya nos encontrábamos en medio de una deslumbrante zapatería de dos pisos. Mientras peinábamos los pasillos y Leyla sostenía un par de sandalias que le parecía que combinaban con mi vestido, aproveché la oportunidad para entrometerme un poco.

—¿Hace cuánto tiempo conoces a Ali?

Leyla se ruborizó.

—Nos conocimos hace un mes en el tranvía.

—En verdad le gustas —dije—, qué lindo.

—Sí, es una relación bonita —agregó ella—, pero también muy difícil. Ali no habla turco y yo no hablo persa, así que... practicamos juntos nuestro inglés.

—Espera —la interrumpí incrédula—, entonces cuando se conocieron, ¿no hablaban el mismo idioma?

—Así es —contestó ella, al mismo tiempo que levantaba un par de sandalias de cuña para que yo les echara un vistazo—. Tomamos clases por internet y practicamos por teléfono. ¿Sabes?, el amor es buen maestro.

Prácticamente me fui de espaldas. Salir con alguien que hablaba el mismo idioma que uno ya era un laberinto suficientemente complicado, así que no podía imaginarme tener que navegar entre las sutilezas de la atracción utilizando un vocabulario de principiante. ¿Cómo estás? ¿Dónde está el baño? Hace mucho calor hoy (con lo que en realidad quiero decir: *Cuando te veo caminando hacia mí, el corazón se me atora en la garganta y hasta se me olvida mi nombre*).

Jeff y yo teníamos la suerte de hablar el mismo idioma pero habíamos usado una estrategia distinta para encontrarnos. Las citas por internet no eran para gente débil, en especial en Austin, Texas, en donde salir con gente es prácticamente un deporte no oficial. En un lugar en donde la mitad de la población está conformada por solteros, y en el que, en ciertas zonas postales todos suelen lucir como atractivos veinteañeros (aunque recuerden a la perfección la administración de Carter), el amor competitivo es inevitable.

Los estudiantes universitarios de mirada fresca se hacen amigos comiendo ensaladas de tofu y quinoa en la matriz de Whole Foods. Los decoradores de los cafés cuelgan series de suaves y difusas luces a una altura calculada científicamente para realzar los rasgos faciales. Uno puede girar con los ojos cerrados y, sin importar cuando se detenga, al abrirlos verá, inevitablemente, un estrafalario lugar donde tener una cita con karaokes con música de los ochenta o cocteles preparados con absenta y clara de huevo. La ciudad prácticamente te suplica que te enamores o que, si estás cerrado a eso, por lo menos vayas a ver un espectáculo con un intrigante desconocido al que acabas de conocer a través de Internet. En Austin, abrir una cuenta en un sitio de citas es el rito de iniciación obligado de los solteros. Los contendientes serios acuden a Match o eHarmony; los amantes que quieren apostar menos gravitan hacia OkCupid; y la multitud que sólo quiere ligar rápido va a Tinder o Grindr.

Dado que mis últimos dos años se habían limitado a un lento y disfuncional caminar entre mi diminuto estudio, el diván de mi terapeuta y el empleo de medio tiempo en el que tenía que archivar cosas y fingía estar cuerda, me pareció prudente seguir la ruta casual del cortejo. Por eso le vendí mi alma a OkCupid con la esperanza de encontrar, no a mi alma gemela, sino nada más una razón decente para pintarme los labios.

4. El espacio entre nosotros

Pero debido a que era una persona dañada, diseñar el perfil perfecto para un sitio de citas fue como manipular un currículum para ocultar un prolongado vacío de desempleo... lo cual también tuve que hacer, por cierto. Cuando tuve que describir mis intereses, me apegué a las teteras japonesas, pintar con acuarela y jugar backgammon en lugar de divulgar mi gusto por los foros en línea sobre la ansiedad, los libros de autoayuda y la contemplación de la naturaleza universal del ser. Luego cargué la única *selfie* tomada después de mi recuperación en la que no parecía fantasma con ojos huecos; y en la pregunta «¿Cuál es la información más privada que estás dispuesta a admitir?», evité mencionar el cercano encuentro que había tenido con las instituciones mentales. Para cuando terminé, Clara Bensen casi parecía el tipo de chica con la que querrías coquetear mientras bebes cocteles de la época de la Prohibición.

Después de terminar mi perfil, le di clic nerviosamente al botón de «Busca propuestas» y OkCupid me preguntó «¿Qué buscas?». Aunque no tenía un hombre ideal en mente, empecé a ver una lista de perfiles de académicos maduros, profesores en particular. Me dio curiosidad y decidí restringir los parámetros de búsqueda a hombres heterosexuales solteros con doctorado entre 32 y 50 años. Con tan sólo un *clic*, tuve frente a mí un catálogo de cientos de hombres, y noté que las prolijas filas de fotografías de perfiles tenían un espeluznante parecido con las de los sitios de compras por internet. Le di clic a mi primer perfil al azar. «Mac-Dave» era un científico de cabello oscuro con gafas de sol italianas y aspecto relajado. Su libro favorito era *Ángulos y demonios* (sic) de Dan Brown, y su confesión más privada: «Soy un robusto centauro mítico griego». Puse los ojos en blanco. ¿Los «ángulos» serían agudos u obtusos? *Mmm, no, me temo que no puedo salir contigo, centaurito.*

El siguiente era «WinterNight», un atractivo hombre de treinta y nueve años con cabello empolvado y agitado por el viento, expresión pensativa y un doctorado en filosofía. El corazón se me aceleró. ¿Acaso podríamos discutir las ideas de Kierkegaard sobre el *angst* alguna noche ya tarde? O tal vez no. Le eché un vistazo al resumen de su chica ideal, el cual tenía más palabras que su más reciente tesis completa. La chica soñada de WinterNight estaba en buena forma, era sexy, inteligente, curiosa en el aspecto intelectual, honesta, divertida, dulce, sensual, culta, cosmopolita y capaz de tener una estimulante conversación filosófica y luego un masaje... en la cama.

Por último noté que «Colapso nervioso de enormes proporciones» no aparecía en la lista de las cualidades que solicitaba, así que, *Querido WinterNight, me temo que no se va a poder.* Le di clic otra vez a los resultados de mi búsqueda y seguí peinando con espíritu voyerista las hileras de académicos hasta que mi mouse se cernió sobre «one_man_tent», un astuto y sonriente Waldo en medio de una multitud de rostros estudiosos. Incluso tenía los requeridos lentes de armazón negro y una corbata de mariachi mexicano adornada con rayas como las de los bastones de caramelo. One_man_tent parecía más un bromista que un académico. Entre sus habilidades principales había incluido el senderismo y el baile de dos tiempos, y declaraba pasar las noches del viernes «deambulando en el caos y manifestando el vacío», lo que parecía un pasatiempo de fin de semana bastante ambicioso. Admiraba a Diógenes el Cínico y se pasaba el tiempo pensando en la coincidencia, la mortalidad y el continuo espacio-temporal. *Me gusta la gente extraña*, escribió, *la gente libre. La gente que no coincide con los arquetipos. La gente con pasados únicos. La gente que está buscando algo DIFERENTE.*

Por fin había encontrado un hombre que hablaba mi idioma, y lo mejor de todo era que no tendría que convertirme en una de las dulces y sensuales participantes del concurso *La soltera* de WinterNight para poder iniciar un intercambio de correos electrónicos. *La gente con pasados «únicos» también podía participar.* Mandé un mensajito de inmediato:

Querido Tent Man,

Diógenes es mi griego favorito de la antigüedad. Me sería imposible no admirar a un filósofo con agallas suficientes para renunciar a todos sus bienes mundanos y mudarse a un enorme barril en el centro de Atenas. Estoy segura de que se necesitó de mucho valor para burlarse de Alejandro Magno en su cara. ¡Opa! Es agradable saber que algunos todavía podemos hacer carrera venciendo las normas sociales. Bueno, sólo quería decirte que yo también

4. El espacio entre nosotros

paso mucho tiempo pensando en la mortalidad, la coincidencia y el espacio continuo-temporal, así que... sí, me llamo Clara. He dicho.

Pero en cuanto envié el mensaje entré en pánico. ¿Había seguido el protocolo de coqueteo adecuado? ¿Por qué empecé hablando de un griego muerto? ¿Quién, además de Neil deGrasse Tyson, menciona el continuo espacio-temporal en un primer mensaje en un sitio de citas?

Por suerte, el pánico era injustificado. One_man_tent me contestó a las 11:06 de la mañana siguiente. Su nombre era Jeff, tenía una «situación» de vivienda similar a la de Diógenes, y se preguntaba si estaba interesada en agitar el perol de la conformidad social.

• • •

Leyla terminó la velada conduciéndonos a los cinco a un pequeño café ubicado justo al borde de una inclinada colina desde la que se podía ver todo el horizonte de Estambul. Las luces de las mezquitas parpadeaban en el rutilante paisaje nocturno de la ciudad y los lejanos botes se deslizaban sobre el agua como peces fosforescentes. Era un sitio imponente que jamás habríamos encontrado por nosotros mismos. Leyla nos llevó hasta una mesa y sonrió.

—¿Les gusta? —preguntó.

Nos sentamos en las sillas y bebimos con veneración el çay de las tacitas como si nos acabaran de entregar boletos exclusivos para admirar el espectáculo de la ciudad. Debajo de la mesa estaban mis pies cubiertos por un nuevo par de suaves sandalias de piel; el par original lo dejé en Istiklal como regalo para un viajero que tuviera menos millas que recorrer delante de sí.

En el extremo de la mesa estaban Mohammad y Ali poniéndose al día en un farsi susurrado, mientras Leyla, que estaba sentada frente a mí, me mostraba las fotografías que tenía en su teléfono de sus doce gatos. («Estos son Koposh y Bobik. Estos son Noor y Findik debajo de su cobija. A Caco lo encontré en la calle.») Jeff me lanzó una sonrisa furtiva. Estaba sentando en silencio junto a mí pero nuestros cuerpos no alcanzaban a tocarse.

A ambos nos venía bien la independencia, pero Jeff la disfrutaba particularmente. Incluso su nombre de usuario en OkCupid —*One_man_tent*—, era indicio de su deseo por tener espacio. Todos los aspectos de su vida estaban diseñados para dificultarles a los otros salir en la fotografía: su casa en un contenedor de basura, vivir ilegalmente en su oficina, los vertiginosos viajes alrededor del mundo—, y sin embargo, ahí estábamos juntos, tratando de llevar a cabo un arriesgado acto en la cuerda floja, sin expectativas sobre cuánto tiempo duraría el vínculo. Estábamos probando si era posible amar sin asir; permitir que hubiera espacio entre dos cuerpos sin estirarnos para reforzar el vacío ni empujar para aumentarlo; quedarse sin nada; ofrecer de manera total nuestro amor, nuestras horas o nuestras extremidades sin la garantía de que mañana el amor tendría la misma forma que tuvo hoy. Queríamos abrazarnos ligeramente pero con firmeza.

5. Un anillo rosa

Toma casi doce horas llegar de Estambul a la ciudad de Esmirna, una metrópolis extensa y soleada en la costa oeste de Turquía. Primero tomas un transbordador de tres horas por el Bósforo hasta el pueblo costero de Bandirma, en donde sales apresuradamente del puerto y vas al lugar de shawarma más cercano para comer un improvisado almuerzo que te mantenga vivo durante el trayecto de ocho horas en tren a Esmirna. Viéndolo en retrospectiva, es fácil olvidar cuánto tiempo del viaje se te va en la contemplación, no de monumentos imponentes o exhibiciones en museos, sino de polvosas ventanas de barcos, autobuses, aviones y trenes. Viajar es, más que nada, un estado constante de suspensión en espacios que no son ni *aquí* ni *allá*, sólo *entre*.

De estos monótonos y largos tramos de movimiento se puede decir tanto como de los destinos mismos, en especial si se habla de trenes, en donde los acres de llamativas tierras de cultivo, el grave y repiqueteante vals del vagón, y el borroso espejismo de tu propio reflejo en la ventana, conspiran para arrullarte y llevarte a un estado hipnótico de reflexión dispersa que rara vez se presenta en la rutinaria vida diaria. En sus diarios personales, Sylvia Plath comparó el lenguaje de las ruedas de un tren a un ritmo mental «que resume momentos de la mente como el canto de un disco rayado: Dios está muerto, Dios está muerto. Vamos, vamos, vamos. Y el mero gozo de esto, el erótico balanceo del vagón».

A mí me hizo feliz que el erótico balanceo del vagón me arrullara durante las ocho horas del viaje, pero las cosas no fueron igual para Jeff, quien forzosamente tenía que desplazarse dentro del movimiento mismo del tren. El asiento junto a mí con frecuencia estaba vacío, y en esos momentos lo imaginaba nadando, dando vueltas a lo largo de cada vagón, analizando a los pasajeros con la esperanza de que surgiera una razón para empezar a conversar. A veces abría los ojos y encontraba un pequeño obsequio junto a mi asiento, algo que habría podido traer un pajarito: un paquete incompleto de galletas de chocolate, un bote de jugo o un maltrecho vaso de papel del que alguien ya había sorbido un poco de café. Como era costumbre, Jeff se mantenía perfectamente sereno a pesar de que llegaríamos a Esmirna a las 10 p.m. y no tendríamos un lugar dónde dormir. «Ya veremos, ya veremos», era lo único que decía.

La decisión de ir a Esmirna la tomamos mientras comíamos un tradicional desayuno turco de pan sin levadura, tomates, pepino y queso de cabra. Elegimos el lugar simplemente porque se veía bien en el mapa que Jeff llevaba en su bolsillo: una metrópolis amplia y soleada, ubicada en una zona elevada de la costa oeste de Turquía. Poco importaba que la descripción «una metrópolis amplia y soleada» abarcara la suma total de lo que sabíamos sobre el lugar, ni que hubiéramos lanzado por internet algunas solicitudes en Couchsurfing para tratar de localizar a posibles anfitriones en Esmirna pero que no nos hubiéramos quedado en Estambul el tiempo suficiente para revisar nuestro correo electrónico y ver si había respuesta. Una vez más, el final del trayecto era desconocido y la sensación era igual de perturbadora que la ocasión anterior.

Cuando el tren se detuvo en la estación, la oscuridad era total y la plataforma del tren estaba desierta. Jeff y yo nos quedamos de pie, envueltos por la luz que emitía un poste, y nos miramos sin siquiera tomarnos la molestia de preguntar, ¿Y ahora qué? Pero entonces, como respuesta a una especie de indicación teatral, de entre las sombras surgió una bicicleta que pasó al lado nuestro deslizándose en el escenario de la izquierda. La ciclista dio vuelta en U y regresó. Era una salvaje chica con apariencia de hadita sobre ruedas.

—Usted debe ser Jeff —dijo, señalando el sombrero Stetson de mi acompañante—. Reconozco el sombrero porque lo vi en su perfil de Couchsurfing.

Jeff abrió los ojos tanto como yo. En realidad no sabíamos bien quién era la chica, no podíamos ubicarla entre los varios anfitriones a quienes les habíamos enviado correos electrónicos, ni sabíamos cómo había intuido la hora exacta en que llegaríamos a la estación porque ni siquiera nosotros estábamos seguros de ello.

—Me llamo Ezgi —dijo, en tono afable—. Recibí su solicitud en Couchsurfing. Se pueden quedar en mi sofá.

Y eso fue todo. Ya no estábamos perdidos.

Ezgi era una hadita con cabello oscuro y rizos que saltaban como resortes de alambre alrededor de su cara. Sus enormes ojos cafés como de búho nos observaron

5. Un anillo rosa

por encima de los manubrios de su bicicleta. Apenas tenía veintitantos, pero los pantalones psicodélicos con flores y la llamativa joyería de plástico le otorgaban el aura de una niña hippie con alma vieja.

—¡Fiebre de sábado por la noche! —cacareó—. ¡Vámonos!

Seguimos a la chica a través de plazas vacías y bulevares, saltando de un poste de luz a otro como si fueran islas doradas en la oscuridad. Se detuvo en una miscelánea para comprar un par de cervezas y luego nos condujo hasta nuestro destino final: un amplio paseo cubierto de pasto a lo largo del Egeo. El paseo estaba repleto de amantes entrelazados, adivinas vendiendo pronósticos y hermandades de chiquillos esparcidos sobre el prado veraniego: según Ezgi, Esmirna era el equivalente turco de Venice Beach.

Sus amigos estaban en uno de los animados montículos de césped del paseo. Los encontramos en medio de una partida de Go, un antiguo juego chino de estrategia que yo solía relacionar con viejitos barbudos, no con sofisticados muchachitos turcos. Nos incorporamos al ritmo del grupo sin problema: cerveza, planes para el fin de semana y delgadas semillitas de girasol desvainadas entre los dientes. Fue agradable, informal.

El arrullo de las olas del Egeo y la agria malta de la cerveza turca hicieron que Jeff entrara en un estado particularmente relajado. Después de una hora o dos, y ya un poco ebrio, se inclinó hacia Ezgi y le pidió que le prestara uno de sus anillos de plástico; era una enorme chuchería rosada y brillante que parecía sacada directamente de un alhajero de Barbie. Con el estridente anillo en la mano, se puso de pie y me atrajo hacia él. Estaba a punto de dar un espectáculo, lo intuí.

Pero jamás esperé que se inclinara y se arrodillara sobre una pierna.

Ezgi y sus amigos saltaron cuando, con un dramático movimiento, Jeff se arrodilló y deslizó el anillo rosa en mi dedo. ¿Te casarías conmigo? Evidentemente era un teatrito. Una actuación. Otro acto más para complacer al público. Y sin embargo, cuando dije sí y él me meció hacia atrás y me plantó y profundo y embriagado beso en los labios, me sorprendí sintiendo la chispa de algo que no era del todo fingido. Era una ternura que rayaba en anhelo. Pero eso no estaba permitido, así que me lo sacudí como si fuera una obstinada tela de araña. *Ni pienses que voy a usar tu apellido, cariño*. Una broma a cambio de otra. Embriagados por el cálido aire del mar y la cerveza turca con sabor a malta, todos reímos.

• • •

El brillante anillo rosa seguía en mi dedo cuando desperté sobre un sofá en la sala del departamento de Ezgi a la mañana siguiente. Llevaba puesta una de sus camisetas; un enorme saco color mandarina que combinaba a la perfección con el psicodélico escándalo del entorno: era como si un grupo de niños de kínder hubiera decorado el lugar. El sofá plegable estaba cubierto con llamativas sábanas retro de flores; y desde la pared, el adormecido koala de un mural gigante observaba el panorama de la sala, en donde los soldados de todo un ejército de figuritas de juguete de plástico habían sido cuidadosamente colocados sobre toda superficie plana. Los otros dos elementos decorativos notables eran: un enorme póster de Bob Esponja exhibido con descaro y un alienígena fluorescente con máscara antigás.

La camiseta color mandarina también iba bien con el anillo. Cuando lo vi, retorcí su chillona forma como de gelatina alrededor de mi dedo. La escena de compromiso de la noche anterior había sido una broma de ebriedad. Sí, fue un acontecimiento sorprendente, dada la manera en que ambos evadíamos cualquier cosa que semejara, aunque vagamente, cualquier tipo de compromiso, pero al final, no pasó de ser una broma. Ninguno de los dos estaba interesado en recorrer la nave de una iglesia, ni con el otro ni con nadie más. Ya lo habíamos dejado claro, y sin embargo, esa mañana volví a sentir el mismo arrebato de anhelo de la noche anterior. Obviamente no fue un anhelo por el «Hasta que la muerte nos separe», sino por un trocito de lo que representaba el anillo. Unos cuantos y delgados límites en el interior de nuestra indefinida expansión; la esperanza de compañía constante; la intención compartida de mantenernos unidos más allá de los siguientes cinco minutos.

Estás rompiendo las reglas, me dije. *Se supone que no debes desear esto.*

De pronto escuché a Jeff golpeando cacerolas en la cocina; era incapaz de preparar una simple taza de café sin generar el mismo ruido de una cocina industrial. Sus pantalones rojos seguían tirados en el suelo, lo que significaba que

5. Un anillo rosa

había apostado que el café herviría antes de que Ezgi se despertara en el veraniego colchón que tenía en el balcón. Naturalmente, salió de la cocina medio desnudo con una taza de Nescafé frente a su ombligo. Lo vi mirar el anillo. Tenía ojos de halcón. Su radar del compromiso comenzó a girar y a emitir brillantes flashes de color carmesí. *Alerta roja. Alerta roja.*

—Todavía tienes puesta la joyita chillona, ¿eh?

Me cachó.

—Ah —dije, despreocupadamente—. Debo haberme quedado dormida con ella. —Con toda naturalidad me quité el anillo y lo coloqué junto a la pila de cajas vacías de pizza Domino's que Ezgi había ordenado a las tres de la mañana.

Jeff levantó el anillo, aún caliente por haber pasado toda la noche en mi dedo, y lo hizo dar ligeras piruetas sobre su palma.

—Juré que jamás volvería a casarme, y sin embargo, ahora estoy en la costa de Turquía, comprometido con una mujer que no se ha cambiado de ropa en cinco días. —Otra broma. Me reí incómodamente.

—Entonces, ¿crees que debamos cambiar nuestro estatus de relación en Facebook a «Comprometidos»?

No contestó nada. Yo tampoco hablé. La habitación estaba en silencio, excepto por el grave zumbido del tráfico urbano que entraba por la ventana abierta. Bajo la sobria luz matinal, resultaba más bien difícil manejar nuestro falso compromiso. El anillo era un símbolo, y los símbolos conllevan peso, incluso si están cubiertos de brillantitos rosados. El mero hecho de mirar aquella fruslería le enervaba a Jeff porque la veía como un ancla cubierta de joyas, como una rienda.

—Mira, prácticamente hemos vivido como gemelos siameses desde que salimos —dije, tratando de encontrar una salida—. ¿No crees que sería bueno separarnos un poco?

—Qué gran idea —dijo él, tal vez con demasiada premura.

Su respuesta fue una constatación incómoda, un fuerte jalón de riendas. Éramos como gatos tímidos moviéndonos vacilantes hacia la intimidad para luego saltar de golpe y correr a escondernos debajo de la cama al primer ruido inesperado.

...

No pasó mucho tiempo antes de que la brisa marina de la mañana se calentara. Los hombros se me empezaron a quemar mientras caminaba a lo largo del paseo oceánico. Era un animal regresando al borde del agua, o tal vez, sólo un ser goloso con ganas de volver a ser castigado. Salí del departamento de Ezgi y terminé justo en el mismo lugar del paseo de césped donde había estado la noche anterior, pero se veía un poco distinto bajo la implacable luz solar. Sobre la ardiente acera se cocinaban algas y cáscaras vacías de semillas de girasol acomodadas en montículos abstractos. El paseo entablado de la rambla estaba casi vacío en medio de la perezosa inmovilidad del inicio de la tarde. Había viejitos adormilados en sus sillas, y las mujeres se abanicaban en las puertas de sus casas, en busca de un mejor ángulo para recibir cualquier indicio de brisa. Me cubrí los hombros con la mascada sin lavar que llevaba y continué caminando hacia el punto en donde el paseo desembocaba en un tosco muelle industrial.

Caminar solo es muy distinto a caminar con un acompañante o un grupo. Cuando se es un caminante solitario y anónimo, uno se vuelve guía y observador al mismo tiempo, uno es el responsable de marcar su propia ruta, paso y orientación en medio de las posibilidades ilimitadas del paisaje urbano. Y si el caminante solitario tiene una orientación distinta de la ciudad, ésta responde de la misma manera con el caminante. Cualquier viajero experimentado sabe que la probabilidad de sostener conversaciones espontáneas con desconocidos es mucho más alta cuando se encuentra a un peatón solitario, que cuando la gente aparece en el interior de la casi impenetrable burbuja que se forma con un par de personas o un grupo, ya que en estos contextos, cualquier charla improvisada se puede interpretar como una interrupción.

Por ejemplo, si Jeff y yo hubiéramos ido caminando juntos, dudo que el nervudo y viejo pescador sentado debajo de aquellos árboles cubiertos de maleza y golpeados por el océano, hubiera desplegado una silla de plástico y me hubiera invitado a compartir su triangulito de sombra. Además, las posibilidades que se abren para una mujer que camina sola, suelen invitar a experiencias distintas a las que se viven como hombre, sin importar si se pasea en Austin, Texas; o en Esmirna, en Turquía.

5. Un anillo rosa

Al principio fui cuidadosa; estaba consciente de que me encontraba sola en un muelle vacío. El protocolo indicaba que debía evitar el contacto visual y que debería seguir caminando, pero por alguna razón miré al pescador a los ojos y descubrí que eran honestos. También eché un vistazo a sus manos y no me pareció que fueran de las que gustan de toquetear. Fue cuestión de instinto: decidí sentarme con él.

No nos presentamos de nombre. De hecho, para mi deleite, nos saltamos las banalidades de la plática trivial y nos lanzamos de lleno y sin rodeos a una discusión profunda. El pescador era trilingüe y, entre otras cosas, manejaba muy bien el inglés que había aprendido en el Reino Unido, en donde él y su ahora ex esposa trabajaron durante varios años. «Era una *bruja*», dijo, al mismo tiempo que escupía amargamente a la hierba marchita a un lado de sus hieleras de carnada.

—¿ESTO. ES. PESCADO? —En realidad era un artista de Broadway imitando a los paseantes con un canturreo—. Malditos turistas, siempre me hacen preguntas estúpidas en inglés, y yo finjo que sólo soy un pescador y que no entiendo sus bromas, pero al final les digo, «¿Can I help you with anything else?» —me contó, carcajeándose como un chiquillo—. Ver a los turistas boquiabiertos es ya el único entretenimiento que me puedo costear.

Las historias salieron disparadas de su boca como los salvajes saltos de un juego de avioncito. Sin siquiera esforzarse, podía narrar con dulzura y articular agudas y, hasta cierto punto, profundas aseveraciones sobre la naturaleza de la vida, y luego proferir crudos epítetos de su ex esposa. Cada oración, ya fuera santa o profana, estaba entrelazada con una deslumbrante hélice de *maldita sea* y *puta madre*. «Estás en mi *puta* casa justo ahora», me dijo cuando le pregunté dónde vivía.

En las mañanas, el pescador y su compañero de trabajo buceaban para sacar carnada del suelo del océano; por las tardes preparaba los sedales, y en la noche desenrollaba su colchoneta y la extendía bajo la sombra de los árboles. Todas sus pertenencias estaban empacadas en una ordenada pila detrás de las hieleras de carnada y de la sala, conformada por la silla de plástico. Técnicamente, el pescador estaba viviendo en ese lugar de manera ilegal, pero ya tenía un acuerdo con la policía. Sobrevivía pero no era fácil, sus arrugas comenzaban a acumularse.

A veces dejaba a los peces e iba a la mezquita a dar clases de árabe a los turcos que querían leer el Corán en su idioma original.

—Me importa un bledo si eres musulmán, protestante o católico —gruñó, dirigiéndose al paseo entablado como si fuera un profeta ejerciendo su ministerio frente a un público invisible—. Estamos hablando del mismo Dios. No importa a quién le reces, lo importante es que lo hagas. Por eso siempre digo: «Lo mejor es rezar y que lo demás se vaya a volar» —añadió.

—Creo que yo podría ejercer esa misma política —dije, entre risas.

—¿Qué estás haciendo en Esmirna?— me preguntó, dando un abrupto salto en el avioncito para abordar un nuevo tema. Le expliqué lo esencial del experimento pero me salté la parte sobre que conocí a Jeff en un sitio de citas y que teníamos una relación abstracta. Él respondió con un escepticismo irreverente. —¿Por qué una chica como tú querría viajar sin una maldita maleta? —*Una chica como tú, blanca, adinerada. Alguien que no tiene que enrollar y guardar su cama debajo de un árbol abrumado por la maleza.* Tenía razón. Sentí una oleada de vergüenza. Mi compañero sin nombre vivía de gusanos que usaba como carnada y de comer pescado debajo de un árbol; su futuro era incierto todo el tiempo. Mientras que yo estaba familiarizada con cierto tipo de extrañeza pero no de esta manera, no a ese nivel tan precario y corporal.

La idea no me inspiró a regresar a casa y bloguear santurronamente sobre cómo cambié para siempre gracias a un breve roce que tuve con la pobreza. No pensaba escribir el rancio tropo que le sugiere a la gente contar sus bendiciones, ni luego declarar lo agradecida que estaba de *no* ser aquel miserable pescador a quien jamás volvería a ver. Si yo hubiera podido hablar con la libertad que él lo hizo, habría dicho: *No tengo idea de por qué ando vagando por ahí sin una maldita maleta, pero estoy tratando de escuchar profundamente, de observar con cuidado y, de alguna manera, reunir los pequeños fragmentos de lo que significa ser humano; y usted, con sus fervientes oraciones, sus obscenidades en serie y los chapuzones matutinos en los que peina el suelo del océano con sus propios dedos en busca de suficientes gusanos viscosos para poder llegar al final de un día más, me está dando pequeños indicios de lo que busco.*

5. Un anillo rosa

• • •

Las corrientes de sudor descendieron y recorrieron mis corvas cuando me quedé parada sola en el candente terreno con columnas de piedra y arcos desmoronándose. Sentía la piel pegajosa, pero sufrir el aletargante calor de la tarde a cambio de tener una amplia ágora romana solamente para mí, bien valía la pena. Esa mañana divisé las columnas romanas desde el autobús cuando salí del departamento de Ezgi —era un grupo de pilares jónicos que, en un descuido anacrónico, habían quedado ubicados entre varios edificios de oficinas color beige—, y de inmediato decidí que haría un peregrinaje sola hasta las ruinas.

Siendo niña agoté el catálogo de arqueología de la biblioteca. Pasé muchas noches debajo de mis cobijas con una linternita, y ahí me sumergí en las legendarias profundidades de Troya, me atreví a mirar el cadáver de Tutankamón envuelto en trapos y estudié los pechos escandalosamente expuestos de la moda femenina minoica, siempre preocupada de que Dios se fuera a enterar. Después, cuando me convertí en escritora, las ruinas siguieron atrayéndome porque eran como contornos burdos que suplicaban ser desenterrados con todo y su humeante aroma a fogatas, sus antiguos triángulos amorosos y sus horripilantes plagas.

Aunque de una forma más bien mórbida, las ruinas también atraían a mi vena existencial porque ofrecían una noción destructiva de lo que representa la dimensión cuando se tiene al tiempo mismo como telón de fondo. ¿Qué mejor recordatorio de la mortalidad y la conclusión final de todo el esfuerzo humano, que sentarse entre las moronas de civilizaciones que alguna vez ejercieron su hegemonía sobre otras? El filósofo Alain de Botton escribió: «Al contemplar piedras antiguas podemos sentir cómo nuestras ansiedades —y la falta de ellas— se debilitan frente a nuestros logros. En cualquier caso, todo está destinado a desaparecer. Si lo juzgamos tomando en cuenta la eternidad, muy poco de lo que nos preocupa hace una diferencia».

Encontrar las ruinas del ágora no fue difícil, sólo seguí el burdo mapa de Esmirna que Ezgi me hizo; partí de la casita debajo de los árboles del pescador y caminé por las calles que, si bien no eran increíblemente memorables, al menos sí eran apacibles. El pescador prometió invitarme un café si regresaba algún día. *Tal vez sea pobre pero puedo darme el lujo de invitarte una maldita taza de café*. Estreché su mano y le dije que había sido un puto placer conocerlo. Una hora después, sentí una oleada de satisfacción al entregarle mis cinco liras a la bajita y canosa mujer de la taquilla del ágora: no había necesitado a Jeff para guiarme y tampoco necesitaba anillos rosas con brillantitos.

Mis oídos se aguzaron cuando serpenteé por los dentados remanentes del ágora que habían sido colocados en toda la zona como bloques de Lego. En algún lugar se escuchaba agua corriendo por entre las piedras, el sonido era débil pero cercano. Seguí el murmullo hasta una escalinata de piedra que llevaba hacia abajo, a un lugar alejado del agobiante sol en donde comenzaba un sótano laberíntico con arcos mohosos y estrechos conductos de donde se desbordaba el agua. Ahora no sólo tenía un ágora para mí sola, también me había hecho de un acueducto romano de dos mil años de antigüedad.

Me quité las sandalias, empapé mi nuca con agua, me extendí sobre el musgo y decidí quedarme ahí sentada toda la tarde. Sentarse en silencio era parte de la tradición turca. En Estambul los tenderos se quedaban contemplando la distancia lánguidamente, nadie se movía para extender una hoja de papel o revisar un celular. El día anterior, desde el tren, vi a un anciano de pie con las manos en la espalda, iba solo en los vacíos caminos del campo, estudiando meditabundo el horizonte sin un (ay, Dios no lo permita)... propósito aparente. La contemplación pública era un acontecimiento raro para mi visión estadounidense, y se limitaba exclusivamente a las paradas de autobuses, los museos de arte y las esquinas pobladas de indigentes.

Yo era toda una experta de la contemplación solitaria pero no necesariamente en el estilo Zen de volverme uno con el universo. De hecho no podía recordar alguna vez que no hubiera contemplado con furia y con enormes y tempestuosos ciclones de pensamiento. Los míos eran monzones mentales, violentos vendavales de reflexión.

Cuando fui niña, deliberé sobre la única cosa sobre la que de verdad estaba informada: los misterios teológicos. ¿Por qué mi papá tenía una línea directa para hablar con Dios y yo jamás había escuchado ni un silbidito? ¿Qué les sucedió a las remotas tribus amazónicas que jamás tuvieron la oportunidad de aprender la

5. Un anillo rosa

plegaria de salvación? Si Dios era un individuo tan *recto*, *¿por qué estaba enviando a todos los vecinos al infierno?*

Mi primera crisis existencial me llegó de golpe a los diez años, y me hizo abandonar abruptamente la fe que tenía en Dios tras llegar a la conclusión de que su creación, el mundo, era bastante desagradable en muchos casos. El escepticismo era una transgresión muy seria para una niña pensativa y religiosa que rezaba antes de las comidas, pasaba los veranos en campamentos de la iglesia con temas militares, y adoraba a su creador desde los reclinatorios cada tercer día. Durante meses llevé conmigo la angustia de un mundo sin Dios, e intuí que mis padres no iban a poder llevar el pan a la mesa para los cinco niños que estaban educando en casa, y al mismo tiempo lidiar con complejas dudas metafísicas y mantener vivo un matrimonio tenso de por sí. Por eso preferí soltar algunos indicios a la hora de irme a la cama con preguntas casuales como: «Papi, ¿cómo sabemos que Dios es real?», que en realidad se traducían a: «Papi, ¿cómo sabemos que no somos nada más criaturas solitarias sin un Dios, que luchan ciegamente a través de una vida incierta destinada a terminar en la muerte?».

Mis padres se esforzaron en explicarme los puntos más delicados de la teología evangélica, pero la narrativa bíblica estándar siempre exigía cierto grado de fe ciega que me resultaba ofensivo. Para mí era como una investigación criminal, y por eso necesitaba tener evidencia contundente para poder cerrar el caso. Alguien me dio un libro de apologética cristiana en el que se decía que la prueba de la existencia de Dios se basaba en los surcos fosilizados de cuadrigas en el Mar Rojo y en unos antiguos pergaminos hebreos encontrados en una cueva. Pero por desgracia, incluso a los diez años sospechaba que los registros arqueológicos no eran contundentes en relación con las preguntas de lo divino, y por eso exigí arcoíris como el de Noé y maná cómo el de Moisés. Quería sentir la eternidad subiendo disparada por mi columna vertebral.

En ese momento no lo sabía, pero mis padres no podían aquietar mis dudas existenciales, porque primero tenían que lidiar con las suyas. Digamos que, el hecho total de estar viva, se lo debía a una obra francesa existencialista escrita en 1944. Mi padre era un joven estudiante de arquitectura en UCLA cuando leyó *A puerta cerrada*, la famosa obra de un acto de Sartre en la que tres almas condenadas están encerradas en una habitación por toda la eternidad. La idea de que la vida era una interminable serie de interacciones miserables y sin sentido («El infierno es la otra gente», como lo expresó Sartre tan victoriosamente), perturbó tanto a mi padre que lo hizo dejar a un lado el libro e ir directo a la iglesia evangélica más cercana para inscribirse en el cielo.

Fue ahí, en Los Ángeles, donde conoció a mi madre: una socialista desilusionada que también estaba en busca de esperanza en la casa de Dios. Después de dar a luz a mi hermana Anna, mi madre pasó los siguientes años trabajando como terapeuta; daba masajes para mantenerse a ella misma y a su bebé, y vivía en un departamentito en Venice Beach. Extrañamente, ella también se había unido a la iglesia a través de Sartre (en su caso, lo que motivó el terror fue su novela *La nausea*). Se casaron en una ceremonia modesta, y mi madre usó un sombrero blanco de paja con flores. Mi padre, unas gafas grandes.

Yo nací un año después en Portland, Oregón. Fui una bebé ansiosa y propensa al cólico que llegó al mundo gracias a la retorcida mente de un filósofo existencialista. A veces digo en broma que cuando nací lloré porque ya sabía que tendría que comenzar en el punto donde se quedaron mis progenitores. Sé que todos los padres pasan proclividades genéticas de varios rasgos (como los ojos verdes, la depresión clínica o los problemas de colon en la edad mediana), pero en mi caso, el derecho a nacer resultó ser una carga de duda existencial.

...

—Hay otro estadounidense en el café y se pregunta si te gustaría reunirte con él para tomar algo —dijo Ezgi.

Yo estaba sentada en el bohemio café español en donde ella trabajaba y Jeff había quedado en encontrarse ahí conmigo como a la hora de la cena. Pero al parecer, la hora de la cena para la gente de Esmirna era mucho más tarde, y por eso casi todas las mesas rústicas de madera estaban vacías. ¿Dónde estaría ese misterioso estadounidense? No lo puedes ver desde aquí —explicó Ezgi—, está sentado en la esquina —exclamó, y luego parpadeó con sus ojos de búho. ¡Vamos!

5. Un anillo rosa

—Está bien —asentí—, ¿pero cómo sabe siquiera que estoy aquí?

Enfundada en sus pantalones negros tipo harem, Ezgi se deslizó ágilmente sin responderme, y yo sólo seguí con mirada curiosa la estela de poliéster. Hoy era un día para aceptar invitaciones.

Giré en la esquina y ahí estaba Jeff con una sonrisa traviesa.

—¿Te dejo sola un par de horas y ya estás aceptando beber con desconocidos? —Por supuesto que él era el estadounidense, debí saberlo. Ezgi se rio cuando lo vio jalarme hacia él en la mesa—. Te extrañé —susurró sin rastro alguno de la incomodidad que sufrimos en la mañana.

Así era Jeff. A la tensión siempre le seguía una grieta de silencio, y luego aparecía él unas horas después como si hubiera olvidado por completo el ofensivo incidente. Hablar y expresar abiertamente las preocupaciones —es decir, otorgarles peso y sonido—, era un acto de vulnerabilidad. Lo mejor y más seguro era sólo saltarse el asunto y seguir como si nada porque, si se abría para mí, corría el riesgo de que yo hiciera lo mismo con él. ¿Y entonces en qué situación nos encontraríamos? Sin embargo, «mantener las cosas simples» no sería tan sencillo si nos atrevíamos a ser vulnerables.

—¿Escuchas eso? —Agucé los oídos hacia la calle para escuchar lo que parecía un canto lejano. Ezgi pasó flotando por ahí con una jarra y nos dijo que se trataba de una manifestación a unas cuadras de ahí. Pero Estambul no era el único lugar que estaba siendo sepultado en protestas políticas: siete millones de personas en más de cuarenta ciudades turcas ya habían realizado manifestaciones en contra del autoritarismo en el último mes, y entre esas ciudades estaba Esmirna.

—Tenemos que ver esto —dijo Jeff.

—Pero siempre y cuando nos mantengamos fuera del camino —le advertí, recordando la fotografía que apareció en repetidas ocasiones en las cadenas televisivas una semana antes de que partiéramos. Era la imagen de un guardia antimotines disparándole gas lacrimógeno a una mujer turca con un vestido rojo. En la fotografía, la mujer sostenía un bolso de manera casual y miraba hacia abajo con una postura digna y relajada como si acabara de notar que se le había caído una moneda al suelo justo cuando el gas hizo que el cabello se le agitara y saliera disparado hacia el cielo.

Antes de que Jeff y yo saliéramos de viaje, mis padres nos expresaron su preocupación. Hasta unos cuantos meses antes, yo había sido una asustada ermitaña que sobrevivía con una dieta de licuados de proteína y sándwiches de jalea y crema de cacahuate. De hecho mi madre llegó a admitir que aún respiraba hondo cada vez que veía el número de mi celular en su identificador de llamadas. La idea de que volaría por el mundo con alguien a quien apenas acababa de conocer, la ponía nerviosa a ella y también a mi padre, pero los encabezados que gritaban «Centro de Estambul convertido en zona de batalla» y «Miles de personas se manifiestan en contra del estilo autocrático de Erdogan en todo Turquía», hacían que la propuesta del viaje en general fuera todavía más difícil de aceptar. Debo admitir, sin embargo, que mi madre se guardaba casi todas sus preocupaciones. «Sólo ten cuidado. Tal vez tener cinco hijos nómadas es parte de mi carga kármica por haberme ido de mi casa a los dieciocho», me dijo con un suspiro.

Pero las cosas no eran muy distintas en el caso de Jeff, quien en varias ocasiones también había puesto nerviosos a sus padres con los destinos de viaje que elegía. Entre otras cosas, una vez tuvo un tenso encuentro con una patrulla fronteriza en Kirguistán; estuvo en un campamento en la remota Wadi Rum, en el sur de Jordania; atravesó caminando un rudo vecindario en Cape Town; y participó en una persecución de veinte minutos en un auto rentado a lo largo del desierto de Kalahari, en el norte de Namibia. En su perfil de Facebook había una foto de él parado frente al Mar de Galilea con cuatro sonrientes judíos jasídicos que portaban sus sombreros negros de ala ancha y tenían los pulgares levantados.

—Estaban viajando de aventón en el West Bank y yo les di un *ride* —contaba Jeff—; dijeron que Dios nos protegería.

Y su padre siempre salía con:

—Hijo, tal vez este año podrías ir a Hawái.

Yo no le tenía miedo al activismo político, de hecho, había marchado con activistas de Occupy en Dallas y estudié el colonialismo y la historia de las luchas en los países en vías de desarrollo, sin embargo, las protestas en Turquía tenían mayor magnitud y no me pareció apropiado insertarme en el movimiento de alguien más. Si acaso tenía un papel que desempeñar ahí, sólo me mantendría de pie en un silencio

5. Un anillo rosa

solidario con los cientos de manifestantes que caminaban por el corredor principal con los puños dirigidos al cielo y las banderas turcas cerniéndose sobre sus cabezas.

Nos acercamos; el volumen de los cantos aumentó con cada paso que dimos. La disensión colectiva captaba profundamente mi atención. Escuchar y percibir de manera física un grupo de voces gritando las mismas consignas al aire una y otra vez, era una experiencia demasiado peculiar y estruendosa. Yo ya había escuchado voces unidas en coros de iglesias y en un concierto de Radiohead, pero jamás había presenciado un clamor comunitario de este calibre; nunca con tanta fuerza y necesidad.

Me volteé para compartir el momento con Jeff pero él se había ido ya. La multitud se lo había tragado con todo y su cámara en acción. Todo parecía indicar que ese «deambular por el caos» que mencionó en su perfil de OkCupid, era bastante literal. Estaba sola de nuevo, y más que sentir miedo, estaba enojada, pero no había nada que hacer excepto caminar a lo largo de la frontera que marcaban los manifestantes vestidos de rojo y buscar el sombrero Stetson en la distancia, permitiendo que la muchedumbre me arrastrara cuadra tras cuadra. Más adelante, el sol ya empezaba a ponerse sobre el Egeo. ¡Demonios! Era la tercera vez en veinticuatro horas que me movía hacia el paseo al lado del mar, que volvía a ese mismo lugarcito de césped vapuleado por el amor.

Para cuando la manifestación llegó al mar, empecé a sentirme francamente irritada porque no veía el Stetson por ningún lado. ¿Acaso Jeff no estaba consciente de nadie que no fuera él? Me negué a buscar a alguien que podía desaparecer así nada más sin avisar. Yo no era cazadora de hombres, así que no iba a dejar que me importara. Pero entonces, cuando ya había decidido darme por vencida y regresar al café de Ezgi, lo vi en la cola de la manifestación. Venía hacia mí con ojos preocupados.

—¿Qué pasó? ¡Desapareciste! —le dije justo en la cara. Estaba muy enfadada y los ojos me centelleaban.

—¡No sé! Primero te vi y luego ya no estabas ahí. Llevo media hora buscándote —dijo, en tono de disculpa.

—¿Ah sí? —repuse con sarcasmo.

Jeff estiró los brazos y apoyó las manos en mis hombros. Me miró a los ojos.

—*Pues sí.* ¿De verdad creíste que te había dejado ahí solita?

Sí, de hecho. Di por sentado que era capaz de irse nada más. La incertidumbre entre nosotros estaba tan protegida, que no me habría sorprendido del todo verlo arrojar el brillante anillito rosado al Egeo e irse solo bajo el cálido brillo del atardecer de Esmirna sin mirar atrás. Y sin embargo, ahora me contemplaba con ternura como si el mágico acto de desaparición fuera tan improbable como enseñarles a los pingüinos a volar.

En un giro de 360 grados a la nerviosa huida gatuna de la mañana, Jeff acababa de salir de debajo de la cama y ahora se frotaba contra mis piernas y ronroneaba con afecto. Una vez más, se comportaba como un péndulo que ondulaba de ida y vuelta entre la libertad y el deseo. Y aunque yo me esforzaba lo más posible por seguirle el paso al vaivén —por hacerle lugar a sus movimientos e identificar en qué parte del espectro me encontraba—, sabía que no podría lidiar con la vacilación indefinidamente. En algún momento él tendría que decidir lo que deseaba... y yo también.

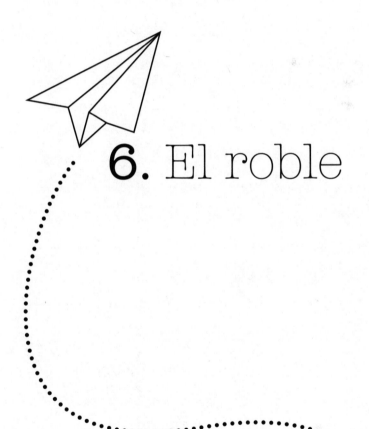

6. El roble

Fue un momento en cámara lenta: Jeff se estiró para tomar el prétzel de ajonjolí que estaba en la mesa frente a nosotros. Arrancó un trozo de una mordida y masticó con habilidad. De pronto pude ver el horror que se avecinaba pero me fue imposible evitar que sus muelas se movieran de arriba hacia abajo y molieran el pan hasta desbaratarlo. Yo tenía los ojos abiertos como platos pero sólo pude darle un codazo en las costillas.

El prétzel no era nuestro.

Le pertenecía a la diminuta abuelita turca que estaba sentada frente a nosotros en el tren a Éfeso. La señora llevaba una mascada floral anudada a la altura de su arrugada barbilla, y junto a ella iban sentadas sus dos nietas con las manos pulcramente dobladas debajo de la mesa y los ojos tan abiertos como los míos. Nadie dijo nada, sólo nos quedamos mirando conmocionadas como si acabáramos de presenciar un robo en el que el ladrón ni siquiera se había tomado la molestia de correr.

Jeff siempre estaba mordisqueando algo. En los restaurantes se estiraba para alcanzar una porción de guacamole, un puñado furtivo de papas a la francesa, o una probadita del hummus. En una ocasión, en Austin, tras una despedida de soltera en un restaurant, una de las mesas quedó todavía llena de croquetas a medio comer, champán y platos de carnes frías. Sin traza alguna de vergüenza, Jeff se llevó cada botella y cada plato a nuestra mesa diciendo que íbamos a «reciclar con eficiencia» («¡Es cuestión de reputación!» exclamó. «¿Cómo puedo permitir que me llamen «El profesor que vive en la basura» y dejar que todo esto se desperdicie?»).

Furiosa, volví a darle un codazo.

—Ay, por *Dios*. Jeff, ¡acabas de comerte el prétzel de la señora justo frente a ella! Ahora somos los opresores estadounidenses que le arrebatan el pan a los ancianitos.

—Mierda, ¡pensé que era el prétzel que *tú* habías comprado! —susurró, tratando de no reírse. Luego volteó y se inclinó frente a la abuelita en un gesto apologético seguido por una profusa súplica para ser perdonado. Pero sin decir una sola palabra, la señora deslizó el prétzel robado hasta su lado de la mesa como pieza de ajedrez sobre el tablero. Me quedé paralizada, en espera de algún tipo de regaño público, pero en lugar de eso, la abuelita sólo arrancó un segundo trozo del panecillo y se lo ofreció a Jeff con un gesto ceremonioso, al mismo tiempo que su rostro se fragmentaba en arrugados rayos de sol. La famosa hospitalidad turca había absuelto a Jeff de su pecado del prétzel robado. Acto seguido, las dos chiquillas rieron tímidamente cuando él se metió el segundo trozo a la boca y le dio un golpecito a su sombrero en señal de agradecimiento a la abuela.

—¿Qué estereotipo estadounidense vas a representar ahora? —susurré—. ¿El de pantaloncillos kaki con cangurera a la cintura?

Aquel día salimos temprano del departamento de Ezgi en Esmirna, y ahora íbamos camino a las antiguas ruinas de Éfeso. La dejamos dormida en su nido al aire libre en el balcón, hasta donde Jeff tuvo que entrar de puntitas poco antes para recuperar nuestra ropa del tendedero donde la colocamos después de haberla lavado formalmente por primera vez desde que iniciamos el viaje. Antes de partir, los amigos nos preguntaron qué planeábamos usar cuando nuestra ropa se estuviera secando, y tuvimos que admitir que no teníamos idea pero, como con todo lo demás, planeábamos improvisar. En este caso, la improvisación consistía en que Jeff se enrollara una vieja toalla alrededor de la parte inferior del cuerpo. Yo, casi desnuda, me había puesto en cuclillas en la ventana para fotografiarlo tratando de enfundarse en sus bóxers rojos sin dejar caer la toalla y cegar a toda Esmirna con la imagen de sus cojones al vuelo impulsados por la brisa.

Ésta es la peculiar intimidad de Couchsurfing, una tribu digital que te anima a entrar y salir flotando de las vidas de desconocidos... que a veces sólo traen puesta su ropa interior. Los viajeros más conservadores suelen alejarse del temerario acto que podría poner en peligro su vida: entrar a un sitio de Internet, buscar en un catálogo de anfitriones locales y enviar unos seis correos electrónicos solicitando que un perfecto desconocido te permita roncar gratuitamente en su sofá. Hay dispositivos de seguridad, por supuesto; tanto los anfitriones como los viajeros son estudiados, evaluados y calificados (para filtrar con eficacia a los sociópatas). Pero más allá de eso, Couchsurfing suele ser más bien una herramienta para que la gente seleccione

6. El roble

por sí misma, ya que solamente cierto tipo de alma genial está dispuesta a abrirle su hogar a extraños. Asimismo, sólo cierto tipo de viajero está preparado para refugiarse en el sofá de un desconocido y arriesgarse a incómodos encontronazos de personalidad, entregas de pizza a medianoche, paredes delgadas y sofás que apestan ligeramente a gato.

No obstante, el sacrificio de la privacidad se ve recompensado por la peculiar oportunidad de vivir un lugar extranjero a través de la mirada de alguien que no lo considera ajeno en absoluto, alguien que conoce los atajos, la jerga local, los miradores secretos, los cafés económicos pero sustanciosos y las mejores frases para brindar ya embriagado en los bares locales. Con un anfitrión de Couchsurfing rara vez terminas en la Torre Eiffel, la Estatua de la Libertad o cualquier otro sitio de interés turístico con un exhibidor de postales, y si acaso lo haces, por lo general es para observar algo tras bambalinas.

Couchsurfing es como echar un vistazo a las ventanas iluminadas en la noche; te da una visión íntima del interior de alguien más. Es distante pero personal al mismo tiempo. Yo no sabía nada sobre la ciudad donde creció Ezgi, si su papá tenía mal genio o no, ni lo que ella anhelaba en secreto cada noche al irse a dormir. Sin embargo, ya había dormido usando su piyama, me había bebido el suministro mundial de cerveza con su grupo de amigos, y me había deleitado con el fluorescente resplandor del ajeno mural pintado en su puerta del frente.

Invitar a un desconocido a tu espacio más privado es un acto radical de confianza, un acto que tiende a comprimir los arcos tradicionales de una relación, en un período ultra concentrado de un par de días. Algunos anfitriones prefieren la amable plática superficial, pero también es muy común saltarse las amabilidades triviales y zambullirse sin reserva en los temas que las guías de viajeros te recomiendan evitar a toda costa, es decir, principalmente los ámbitos tabú como la política, la religión y el sexo. Sin preámbulo alguno, las conversaciones de Couchsurfing pueden versar sobre la política local, los íntimos recuerdos familiares, y las crónicas de candentes ligues en tierras lejanas. En una ocasión, por ejemplo, Jeff conoció a una viajera de Couchsurfing que podía contar con los dedos de las manos y los pies todos los países en donde había tenido sexo... y tenía que contar cada mano y cada pie dos veces.

El sofá de Ezgi encarnaba la experiencia Couchsurfing: una vivencia local breve pero de inmersión absoluta. No había itinerario programado, no había recepcionista de hotel, y tampoco guías de turistas con banderitas, sólo un sofá rojo debajo de un desmesurado mural de un koala. Y una lavadora, gracias a Dios.

• • •

Llegando a las colosales ruinas de Éfeso vimos compensada la falta de guías de turistas con banderitas en nuestro viaje. Surgieron de la nada, o más bien, se materializaron detrás de cada columna ceremonial y placa conmemorativa de las ruinas para explicar la historia grecorromana a las multitudes jadeantes cuya piel brillaba gracias a la mezcla de sudor y bloqueador solar.

Éfeso era imponente; era una vasta selva de mármol con templos, baños y anfiteatros desperdigados a todo lo ancho de acres completos de colinas salpicadas de eucaliptos y palmeras. Efes, como le llaman los turcos, fue originalmente un próspero puesto de avanzada griego hasta que aparecieron los romanos y trajeron sus baños, acueductos y gladiadores que, a su vez, dieron paso a cruces, apóstoles y creyentes conforme las mareas religiosas cambiaron a lo largo de los siglos. De hecho, Éfeso es una de las siete iglesias de Asia que se mencionan en el Nuevo Testamento, y fue visitado por muchos de los discípulos de Jesús.

A diferencia de algunos sitios históricos estadounidenses, en Éfeso hay pocos cordones que separen las huellas dactilares de los turistas, de los tesoros culturales. Casi ninguna de las ruinas tiene límites. Yo trepé alrededor del lugar donde el Apóstol Pablo escribió su carta a los Corintios, por ejemplo, y hasta la única columna que queda del templo de Artemisa, una de las Siete Maravillas del Mundo Antiguo. Me agazapé en el interior de una de las asombrosas cúpulas de la Biblioteca de Celso, la cual alguna vez tuvo gradas y aparadores en los que se guardaron unos 12,000 pergaminos que, finalmente, azuzaron el gran incendio de la biblioteca en 262 d. C.

Como era de esperarse, Jeff y yo nos separamos de manera natural en cuanto llegamos al sitio. Fue mejor así porque él podía darle tres vueltas a todo

6. El roble

el complejo en el mismo tiempo que a mí me tomaba absorber por completo un solo templo. Por un rato seguí a un grupo de turistas chinos y luego me separé de la multitud en el bulevar principal y seguí un tranquilo sendero lateral, en cuyos costados había cámaras de piedra dilapidada. Entré agachada a una cámara con muros de losa, y me sorprendió que los turistas tuvieran acceso a ella. Alguien había dejado una cajetilla de cigarros vacía. Pasé mis dedos sobre las piedras e imaginé quién habría tallado aquella habitación veinte siglos atrás.

Turquía estaba llena de sitios bíblicos de importancia que yo había estudiado cuando era niña. Para empezar, los ríos Tigris y Éufrates estaban vinculados con el Jardín del Edén; en el este se rumoraba que tras el Gran Diluvio los restos del Arca de Noé terminaron en el Monte Arara; y muchos de los libros del Nuevo Testamento eran cartas escritas, ya sea a, o por, comunidades cristianas en Turquía. Sin embargo, cuando toqué las piedras me fue difícil imaginar la conexión entre las ruinas de mármol de Éfeso y la vena de cristiandad que conocía.

Mi hermano, mis hermanas y yo crecimos en Portland, durante el renacimiento Pentecostal de los noventa. Los servicios religiosos eran acontecimientos apabullantes que con frecuencia duraban hasta ya muy tarde por la noche. Los ministros invocaban al Espíritu Santo y colocaban las manos sobre las filas de feligreses que sucumbían a su poder como fichas de dominó, y no era raro ver a miembros de la congregación retorciéndose en el suelo en éxtasis o rezando en lenguas extranjeras mientras corrían por los pasillos.

Cuando mi familia se mudó a Fort Worth nos unimos a una iglesia monumental que estaba relacionada con un popular telepredicador. Aunque el entorno era diferente, no dejaba de ser surrealista. Organizaban *rallies*, conferencias en estadios retacados con miles de seguidores, y también tenían mucho dinero. El pastor poseía jets, motocicletas y trajes de lujo. Había equipos de televisión que se dedicaban a transmitir los sermones en todo el mundo. Sentíamos como si perteneciéramos a algo grande de verdad.

Pero la celebridad también resultaba confusa. Cuando era adolescente y pertenecía a la banda juvenil de alabanza, con frecuencia me preguntaba qué pensaría Jesús de toda esa llamativa pompa y circunstancia. ¿No le sorprendería al carpintero de Nazaret ver las complejas estructuras religiosas que reclamaron sus enseñanzas religiosas para sí? ¿Era éste el mensaje del evangelio?

    La iglesia evangélica ya no era parte de mi mundo pero, ahora, con la distancia, no podía negar el hecho de que había sido parte de mi formación. Mi crianza fue una peculiar ventana a la investigación y el deseo, y me lanzó en una trayectoria poco común. Crecí observando a una comunidad de creyentes que luchaban fervientemente por vincularse con algo más grande que ellos mismos. A menudo la ejecución era dogmática y tenía fallas profundas, pero el deseo individual de alcanzar la comunión divina era legítimo. Además de un punto de apoyo de certidumbre en medio de un «mundo en desgracia», la iglesia ofrecía un Dios a quién lanzarle alaridos; reglas firmes a las cuales apegarse; y la promesa del fin del sufrimiento. Y entre todos, yo más que nadie podía ver el atractivo de la oferta, incluso si ya había dejado de ser creyente.

• • •

Después de mi meditación en las ruinas encontré a Jeff en el Gran Teatro, un anfiteatro ciclópeo extendido sobre el costado de una colina. Como era de esperarse, estaba en el escenario, en el epicentro del casi vacío teatro de 25,000 asientos en donde los gladiadores romanos alguna vez se aporrearon hasta convertirse en pulpa. Me senté varias filas atrás y me preparé para cualquiera que fuera el tipo de entretenimiento que Jeff estaba preparando; pero al menos estaba segura de que no incluiría carnicerías.

—Muchachos, en la clase de hoy vamos a discutir la variabilidad espacial de la contaminación ambiental de partículas intraurbanas —vociferó. Su voz hizo eco en todo el estadio. Una pareja de turistas en la fila del frente lo miró perplejo desde la sombra que les proporcionaba su sombrilla. ¿*Será una especie de reconstrucción histórica?*, parecían preguntarse.

—O, al menos, éste sería el crucial tema que estaríamos discutiendo si alguno de ustedes, flojonazos, hubiera tenido suficiente disciplina para presentarse en clase esta mañana. ¿Acaso son mis cátedras *tan* aburridas que 24,900 personas

6. El roble

prefirieron quedarse en cama y asistir a la clase de la TARDE? Voy a quitarle un punto completo a todos los que no tengan el trasero en su asiento. Tampoco se aceptan excusas. Estoy seguro de que su «abuelita» no sigue «atrapada» debajo de un maldito derrumbe de columnas. Si alguien tiene alguna pregunta, estaré en disponible en horas de oficina en el Templo de Adriano.

Era un espectáculo ridículo pero me reí de todas maneras. Jeff podía sacarme una sonrisa más rápido que ninguna otra persona. Mis amigos se preguntaban, con franqueza y en voz alta, cómo era posible que alguien con mi temperamento pudiera lidiar con su desenfado y su desvergonzado salvajismo, y qué sacaría yo al participar en esta relación experimental. Y yo sólo batallaba para explicarles que, aunque la situación desafiaba toda lógica, la alegre locura de Jeff era lo que con frecuencia me calmaba. Era un rápido antídoto para mi ansiedad, y yo lo aprovechaba, mas no sin algunas dudas.

—Por lo que he visto, Jeff está genuinamente feliz el 98% del tiempo —le decía a mi madre por teléfono—. Jamás había conocido a nadie así.

Cuando yo despertaba con una maraña en la cabeza, él rara vez trataba de diseccionar mi intangible preocupación; en lugar de eso sólo me envolvía en un capullo de cobijas, me sentaba a horcajadas sobre sus rodillas y me mecía hacia atrás y hacia adelante con una contagiosa sonrisa en el rostro. Después de mecerme varios minutos, mi ansiedad inevitablemente desaparecía en medio de un ataque de risa. Jeff tenía la extraña habilidad de sacarme de cualquier aterrador y ficticio futuro, y llevarme de vuelta al mundo físico del *justo ahora*, un espacio que siempre resultaba manejable.

• • •

—¿Conoces la leyenda de los siete durmientes? —le pregunté después de que caímos como fardos debajo de la puntiaguda sombra de un pino. Para ese momento ya habíamos visto suficiente mármol labrado como para llenar unos doce museos.

—Nop —contestó, enjugando las perlas de sudor de su frente—. ¿De qué se trata?

—Bueno, incluye una buena dosis de viaje en el tiempo. Escuché a un guía contando la historia. Al parecer, los efesios estaban más adelantados que Dr. Who.

Según el folclor local, en 250 d. C., un grupo de siete jóvenes cristianos huyeron a una cueva en las colinas por encima de Éfeso para escapar de la persecución en el tiempo antes de que Constantino convirtiera al Imperio Romano al cristianismo. Después de la primera noche que durmieron en la caverna, los durmientes enviaron a uno de ellos de vuelta a la ciudad en una misión de reconocimiento y para que consiguiera pan. El durmiente descubrió con extrañeza que, a pesar de ser anticristiana, la ciudad había sido decorada con cruces durante la noche. Entonces le preguntó al tendero local por qué, y éste le dijo que ya no era 250 d. C., sino principios del siglo cinco, y el Imperio Romano había sido convertido al cristianismo. Los siete durmientes no habían dormido solamente una noche, durmieron 180 años. El giro de la historia fue tan traumático, que los durmientes sufrieron un colapso.

—Dios mío, eso sería tan surrealista —agregué—. Para nosotros equivaldría a ir a dormir antes de la Guerra Civil y luego despertar en la era de los teléfonos inteligentes, las pizzas congeladas y las tetas de silicón. El tiempo es algo de verdad extraño.

—Yo no creo en el tiempo —declaró Jeff, como si el tiempo fuera una teoría de conspiración de Internet—. O, al menos, no creo en él en la forma en que lo entendemos: como una línea recta como flecha. Yo creo que el tiempo es fluido y que las dimensiones se cruzan, pero todavía no hemos averiguado cómo convertirlo en un modelo.

—Por eso estás tan obsesionado con las coincidencias.

—Sí, las coincidencias son como diminutos agujeros por los que se puede ver la causalidad y las conexiones entre las cosas. Casi todo mundo experimenta la coincidencia, esas pequeñas y peculiares sincronicidades. A veces también hay sincronicidades notables: son una peculiar confluencia de factores que son difíciles de explicar de manera razonable.

—Correcto —interrumpí—, pero si puedes formular la hipótesis de que el tiempo no es necesariamente unidireccional y que la causalidad podría ser capaz de ir hacia atrás y trabajar en reversa...

Jeff terminó mi idea.

—...entonces acabas con toda una nueva serie de explicaciones probables para cómo y por qué los objetos se intersectan en el tiempo y el espacio.

6. El roble

—Como el roble.
—Sí —sonrió—: como el roble.

• • •

El roble apareció a la mañana siguiente, después de nuestra primera cita en el Capitolio. Fue el primer sábado de abril. Los escandalosos árboles del amor habían derrocado al acuoso guiso de la paleta del invierno. El acre aroma como a cebolla de los bulbos del narciso flotaban por la calle arrastrados por el viento, era un recordatorio de que ésta era la única época del año en que uno podía caminar descalzo sobre la hierba sin miedo a una escaramuza con las hormigas rojas o con el cadillo. Las puertas y las ventanas estaban ligera o desenfadadamente abiertas, y toda la población de Austin huía en parvadas al exterior para apreciar la rara aparición de un clima templado.

Todavía atolondrada por la noche anterior, yo también me sentí obligada a desenterrar mis sandalias de algún lugar en el fondo del clóset. Abandoné mi estudio y manejé hasta la Franja Verde: un exuberante tramo de casi trece kilómetros de bosque de caliza en el borde occidental más lejano de Austin. En los dos años que llevaba viviendo en esa ciudad, sólo había visitado la Franja Verde en una ocasión. La primera vez que estuve ahí, el arroyo estaba seco, pero esta vez lo encontré desbordante e hinchado por la luz primaveral. Me metí hasta las pantorrillas y di un alarido al mismo tiempo que los dedos de los pies se me adormecieron y el vello de los brazos se me erizó por completo.

Salí del agua y avancé a tropezones por el sendero como un borracho que camina sin dirigirse a ningún lugar en especial. Todavía seguía delirante por haber conocido a Jeff y por el agitado arroyo y las brillantes explosiones verdes que manaban de cada bifurcación y cada grieta.

Vi el árbol a dos o tres kilómetros. Me hizo parar en seco. Era un roble descomunal en un claro un poco alejado del sendero. El tronco era tan grueso como el mástil de una carabela y muy antiguo, tenía por lo menos un siglo. Sus ramas serpenteaban hacia el cielo como una especie de bestia animada que con sus gestos me invitaba a acercarme más. El árbol me empezó a jalar a su órbita. Yo me desabroché las sandalias y me acerqué a las enmarañadas raíces y di una vuelta completa alrededor de la base mientras tocaba la corteza con mis dedos en busca de apoyo. Estaba a punto de trepar un árbol, pero se sentía más como una orden que como una elección.

Yo ya no era la adolescente machorruda de antes, pero después de varias arremetidas calculadas y una rodilla raspada, ya estaba arriba, acunada en la catedral que formaban las ramas. Respiré. Corteza en mi piel. Lodo entre los dedos de mis pies, bajo las uñas de mis manos. Nadie a la vista. Un momento sagrado.

Volví a casa en auto y dejé de pensar en el asunto. Jeff fue a verme a la mañana siguiente. Fue nuestra segunda cita. Yo no le había dicho cuál de las dieciséis entradas del edificio de departamentos era la mía, pero él caminó con paso firme hasta mi puerta y entró como si hubiera vivido ahí toda su vida. Según me dijo, lo que me delató fue el montón de destartaladas conchas de mar.

Jeff vestía un mono color verde olivo de 1942 de la Fuerza Aérea. Lo había rescatado de un basurero detrás de una tienda de artículos de segunda mano en la frontera mexicana (como muchas de sus historias, ésta sonaba a relato fantástico texano, pero lo más probable es que fuera algo muy cercano a la realidad). El mono resultaba un atuendo completamente intolerable en un profesor de ciencias —bueno, en realidad era intolerable en cualquier persona que no formara parte de la Fuerza Aérea—, pero Jeff estaba muy orgulloso de él. Y a mí me fue imposible negar que le iba bien cuando lo observé mientras nos estirábamos sobre mi alfombra y nos analizábamos el uno al otro, tratando de averiguar si la magia de dos noches atrás seguía ahí a pesar de la ausencia del tequila. Jeff sacó su celular.

—¿Quieres ir a pasear? Ayer encontré un lugar increíble que quiero que veas —exclamó—. Creo que te va a gustar mucho.

—Claro —contesté, sonriendo—. ¿En dónde está?

—Es en este lugar llamado la Franja Verde. ¿Has ido alguna vez?

Titubeé un poco y luego contesté:

—De hecho... estuve ahí ayer.

—¿En serio? Bueno, yo sólo había ido una vez antes y casi no me acordaba porque fue en medio de una fiesta en la que nadamos desnudos a las 3 de la

6. El roble

mañana después de beber mucha cerveza. Vaya, de cualquier forma, esta vez un amigo y yo caminamos por un largo rato y luego encontramos un roble gigante en el bosque. Tienes que verlo. Es una *locura*. O sea, prácticamente estiró sus ramas y me agarró. —Jeff estiró los brazos sobre mi alfombra para imitar a las ramas.

Entonces me senté y me lo quedé viendo. ¿Sería ésta una especie de retorcida broma perpetrada por un acosador? Quizás buscar novio en internet había sido un error terrible.

—Vaya, eso es muy extraño —musité—, porque yo también encontré un árbol. Y lo trepé.

—¿Ajá? Qué raro —dijo Jeff—. Yo también trepé el árbol que encontré. ¿Quieres ver la foto? —Presionó varias veces la pantalla de su celular y luego lo colocó frente a mí. Me quedé paralizada. Ahí estaba precisamente el mismo roble con sus extremidades enmarañadas. *Mi roble*. Me quedé mirando a Jeff, incapaz de hablar y con un dejo de la misma conmoción que debieron sentir los siete durmientes cuando despertaron, 180 años después de haberse ido a dormir. ¿Sería un truco? ¿Me había seguido? ¿Estaba en un reality show? ¿En dónde estarían escondidos los camarógrafos?

—No vas a creer esto, pero éste es *exactamente* el mismo árbol que trepé ayer —susurré—. ¿Cómo es posible?

Terminar en el mismo parque un sábado por la tarde, parecía razonable, ya que, de entre los 250 parques de Austin, la Franja Verde era uno de los más populares. Caminar en la misma sección de una ruta de 13 kilómetros, también era posible, pero la secuencia comenzaba a ser menos plausible tomando en cuenta al roble mismo. ¿Cuáles eran las probabilidades de que tanto Jeff como yo gravitáramos por el mismo sendero, la misma tarde, hacia el mismo árbol? ¿Hacia uno de los cientos de robles que hay en la Franja Verde? Y luego, incluso habiendo sido atraídos al mismo árbol, ¿cómo era posible que ambos nos hubiéramos sentido obligados a *treparlo* con tan sólo unas horas de diferencia? Yo no había trepado un árbol en años. Y él tampoco.

También era muy sorprendente que el árbol lo hubiera impactado tanto como para que, llegando a mi casa a la mañana siguiente, fuera lo primero que mencionara. Yo era fanática de las plantas, pero jamás había entrado a la casa de alguien y dicho: «Ay, por Dios, no vas a creer lo que te voy a contar sobre el ciprés que encontré junto al río» ni «¿Por qué no tenemos una segunda cita junto a esta maravilla de árbol centenario que acabo de descubrir?».

Jeff y yo nos quedamos mirando. La foto del árbol quedó entre nosotros sobre la alfombra como un arma cargada.

—¿Qué significa esto? —pregunté.

—No lo sé —contestó con cautela—. Que signifique algo, de alguna forma implica que alguien o algo por ahí está orquestando sucesos de manera consciente, pero no creo que la causalidad funcione de esa manera. —Jeff recorrió mi brazo con su dedo y jugó a unir los puntos con mis pecas—. Por otra parte, definitivamente está sucediendo algo inusual. Creo que la aparición de estas sincronicidades inexplicables es un recordatorio de que debemos prestar mucha atención a lo que quiera que sea que esté sucediendo.

—Mira, hace dos noches que nos conocimos, sentí como si... —comencé a decir, pero de pronto me detuve. Titubeé. No sabía si debía ser tan franca con alguien a quien acababa de conocer. Estaba segura de que todos los columnistas contratados por *Cosmo*, *Glamour* y *Marie Claire* habrían expresado un voto unánime en contra de lo que yo quería decir.

—¿Como si qué? —insistió—. Sólo dilo.

—Sentí como si algo se hubiera suscitado —expliqué—. Como si algo colosal se hubiera despertado o puesto en marcha.

—Bueno, yo definitivamente puedo confirmar eso —agregó, mirando hacia abajo con un guiño travieso.

—Ay, dejemos a un lado las bromas sobre tu palpitante masculinidad, ¿de acuerdo? La sensación ni siquiera fue particularmente romántica. Cuando nos conocimos, mmm, no sé, sentí como si una nube de probabilidades hubiese sido liberada de repente. Como si nuestro encuentro hubiera activado no sé qué. Sí, ya sé que suena a acontecimiento sobrenatural, pero creo que hay algo entre nosotros, algo mágico —expliqué.

Pero en lugar de parecer alarmado, Jeff sonrió.

—Creo que podrías tener razón. Además, ¡demonios!, claro que me encanta la idea de una mujer a la que no le da miedo empezar una segunda cita declarando la existencia de una conexión cósmica.

7. Expectativas griegas

En el momento en que Jeff y yo estuvimos de acuerdo en decirles *gulë gulë* a nuestras ruinas efesias y «zarpar» a Atenas en un transbordador nocturno de diesel, de inmediato conjuré por lo menos seis escenas de la primera parte de *Titanic*: olas iluminadas por la luna, delfines en la proa vista desde estribor, y una intensa brisa marina que vigorizaba los pulmones sin agitar demasiado el cabello (en pocas palabras, imaginé toda la opulencia y desaparecí el iceberg). No sé por qué lo hice. De hecho, al fantasear respecto a un lugar lejano antes de llegar, ya estaba rompiendo mi propia regla de viaje. La realidad rara vez —o quizás nunca— coincidía con mi delirante imaginación, por eso me parecía mejor no crearme expectativas ni tener esperanza en absoluto, sino sólo aferrarme al elemento sorpresa. «A menudo, la expectativa traiciona, y más a menudo, cuando promete», nos advirtió William Shakespeare.

Las expectativas totalmente satisfechas exigen, o un extraordinario grado de control sobre las situaciones, o un extraordinario grado de suerte, y ni el uno ni el otro se pueden garantizar cuando uno viaja ni en ninguna otra situación en la vida. Y por si fuera poco, además de ser poco probables desde el punto de vista estadístico, las expectativas totalmente satisfechas son aburridísimas. Los humanos damos por hecho que, gracias a nuestra infinita sabiduría, siempre somos capaces de imaginar lo mejor, los resultados óptimos para nosotros. Sin embargo, lo que de verdad nos fuerza a ser independientes y capaces, es muy a menudo la desbocada realidad y las desviaciones inesperadas.

A pesar de saber todo lo anterior, nuestra *tendencia a esperar algo* —a predecir, conjeturar o pronosticar—, es muy fuerte. Podría decirse que está arraigada en nuestro ADN. Y claro, no hay nada de malo con pronosticar el futuro —es evidente que la predicción tiene un lugar importante en el ámbito de lo práctico, como es el caso de la programación ferroviaria, las condiciones climatológicas de los huracanes y los portafolios 401(k) para el retiro—, pero el salto mental entre lo práctico y lo fantástico es escandalosamente corto. En cierto momento te encuentras planeando lo que vas a plantar en tu huerto en el verano, y al minuto siguiente ya estás fantaseando con transbordadores de lujo o lo que tendrás que hacer cuando la empresa para la que trabajas empiece a subcontratar gente en Chennai para cubrir tu puesto, y tu novio huya con esa coqueta camarera tatuada del bar y tú sucumbas a una rara forma de cáncer sobre la que has estado leyendo durante días en los foros de médicos de WebMD.

La mente humana nunca deja de sorprendernos por su habilidad para construir sucesos, gente y experiencias que —para bien o para mal—, literalmente no existen en ningún lugar excepto en una red de sinapsis. Pondré un ejemplo. Mi fantasía del transbordador de finales del siglo diecinueve se desmoronó en cuanto subimos caminando por la rampa de abordaje de una embarcación cuyo interior parecía más un Boeing 747, que un crucero oceánico de nivel olímpico. En el barco había hileras de asientos como de aerolínea, con brazos tapizados en colores apagados, y baños en estrechos cubículos con botes de basura rebosantes y pisos pegajosos de tanta cosa indecible que se había acumulado en ellos. En nuestro transbordador nunca encontré la Gran Escalinata de pulidas balaustradas ni las coquetas literas *vintage* con cortinitas para mayor privacidad del Titanic.

Efectivamente, el transbordador nocturno ofrecía una serie de cubiertas al aire libre para entretenimiento de los viajeros, pero no como ésas en las que puedes pararte detrás del timón y extender los brazos mientras Leonardo DiCaprio te susurra al oído: «De acuerdo, abre los ojos». De hecho, lo único que podías ver si abrías los ojos eran grupúsculos de fumadores en cadena apagando colillas usadas a capirotazos sobre los barandales. Y si las cubiertas bañadas en humo de tabaco no eran lo tuyo, también tenías la opción de relajarte frente a las docenas de televisiones colgadas del techo en las que estaban ofreciendo una telenovela griega a un volumen que, evidentemente, era para satisfacer a los sordos. En el episodio de esa noche aparecía un hombre de negocios griego como esculpido por los dioses reprimiendo a una llorosa actriz primeriza con ríos de lágrimas mezcladas con mascara que le recorrían el rostro (tal vez los griegos inventaron la tragedia, pero ahí fue evidente que las sorpresas en sus tramas habían bajado mucho de calidad desde el tiempo en que el dramaturgo Sófocles casó a Edipo con su propia madre). Nos

7. Expectativas griegas

sentamos en los asientos que nos asignaron y sólo pude suspirar. La probabilidad de alcanzar el estado MOR durante mi sueño en el transbordador era más o menos la misma de que divisara un delfín iluminado por la luna en la proa a estribor.

Jeff y yo estábamos un poquito ebrios. Habíamos bebido una cantidad respetable de cerveza mientras esperábamos en el muelle, y la combinación de alcohol y cansancio provocaron que la noche se sintiera mucho más divertida de lo que en realidad estaba siendo. Jeff sacó su libreta y trazó una metódica serie de renglones y cuadritos por palomear a lo largo de toda la hoja.

—¡Llegó la hora de evaluar la primera parte del experimento!

—¿Cómo? ¿Ahora? ¡Es medianoche!

—Precisamente —contestó, con un acento golpeadito como de comentarista de la BBC—. Ahora, si pudiera usted por favor prestar atención a la siguiente encuesta... ¿Ha adquirido algún artículo nuevo desde el inicio del experimento?

—Supongo que... solamente las sandalias que compré en Estambul.

—De acuerdo. ¿Última vez que lavó su ropa?

—Ayer, en el departamento de Ezgi.

—Muy bien. ¿Número total de lavadas desde que inició el experimento?

—Una.

—¿Estado presente de higiene corporal?

—Un poco lodosa pero no como en el metro francés en julio o algo parecido.

—*Ex*-celente. ¿Número total de veces que se ha enjuagado externamente?

—Mmm, ¿duchas? Todos los días. Pero no podría decir lo mismo de ti.

Jeff se olió la axila.

—Está empezando a oler un poco mal, ¿verdad? Pero bueno, vayamos al punto final de nuestra encuesta. ¿Hay algún artículo que no posea en este momento pero que haya descubierto que le gustaría tener?

—Delfines, tapones para los oídos como los de los operadores aeroportuarios y un terapeuta para el imbécil de la telenovela.

—Permítame ser más claro. Hablo de objetos que *requiera*, no que desee.

—¿Honestamente? Lo único que necesito en este momento es un tubo de pasta dental.

Cuando estuvimos en casa de Jaime, en Houston, Jeff insistió en que no necesitábamos desperdiciar el crucial espacio en nuestros bolsillos con algo tan superfluo como la pasta dental. Todo mundo tenía pasta dental, insistió. Según él, prácticamente crecía en los árboles, flotaba como leche fresca y miel en las calles. Y luego siguió defendiendo su teoría, incluso cuando no encontramos ni un tubito de pasta en el departamento de Mohammad en Estambul. Quizás en el psicodélico hogar de Ezgi había pasta dental, pero nos fue imposible distinguirla entre el montón de tubitos y recipientes en su baño. El riesgo de cepillarnos las muelas con crema para pies parecía alto, así que, una vez más, nos cepillamos con agua y nos besamos con los labios firmemente cerrados y la esperanza que los tufos remanentes del *doner kebab* no le dieran un final con sabor a cebolla a nuestro naciente romance.

Pero, haciendo a un lado el Escándalo de la Pasta Dental, las dificultades de nuestro viaje minimalista tampoco habían sido tan notables como esperaba. Mientras mi ropa no tuviera olor penetrante, casi ni notaba que había estado usando la misma prenda una y otra vez. Eso sí, me duchaba todos los días; las axilas me olían a lavanda y mi ropa interior estaba limpia. En pocas palabras, me encontraba muy lejos de ser la sudorosa vagabunda bañada en suciedad y con manchas de cerveza en la que pronostiqué que me convertiría cuando Jeff mencionó por primera vez la idea de viajar «ligero».

La verdad es que no estaba sufriendo en absoluto. De todos los artículos del mundo, lo único que deseaba era un tubito de pasta para viaje. Ni siquiera pensé en los suéteres para las noches frescas, los rompevientos Gore-Tex, el atuendo elegante para una salida formal, las botas de excursionista, los tacones de marca ni la media docena de faldas que siempre empacaba pero rara vez llegaba a usar cuando viajaba.

Es muy raro entrar a esa extraordinaria ligereza que implica no desear nada. A pesar de tener más recursos físicos en mi estudio de 35 metros cuadrados que cualquiera de mis ancestros desde el inicio de la humanidad, la cantidad de veces que había podido asegurar que me sentía satisfecha con la suma total de mis posesiones, era alarmantemente baja. El deseo de comprar cosas era una insaciable bestia de consumo, sin embargo, al eliminar la posibilidad de adquirir más objetos desde el principio, pude entrar en un sorpresivo estado de satisfacción con tan sólo

7. Expectativas griegas

lo básico: alimentos y refugio compartidos con alguien que hacía que mi corazón palpitara un poco más rápido. De cierta forma, éste era un proceso de alquimia: al renunciar al anhelo de comprar, cualquier vasito barato de papel con Nescafé, la cobija tejida sobre el sofá de un desconocido y mi ropa interior limpia, de pronto se transformaron en inesperados milagritos de generosidad.

• • •

Ya había roto mi regla de viajera cuando me imaginé el transbordador nocturno, y volví a hacerlo cuando me imaginé a Atenas como un moderno retroceso a la Época de Oro en que Sócrates esculpió los cimientos de la filosofía occidental. Imaginé con vaguedad montones de túnicas largas, habitantes del Olimpo con prominentes músculos abdominales, coronas de ramas de olivo y columnas de mármol en cada esquina.

Pero evidentemente, me había equivocado. La verdad es que no esperaba que la tripulación del transbordador nos entregara coronas de oliva como si fueran guirnaldas hawaianas, pero todas mis expectativas románticas se desmoronaron cuando, todavía somnolientos, bajamos a tropezones por la rampa e ingresamos al pululante Puerto ateneo de El Pireo con sus grúas portuarias en picada, el grumoso chacoteo metálico de cadenas y el grave zumbido industrial del motor de las embarcaciones, y como fondo, la niebla en el cielo de la mañana tardía. No, no vi abdominales olímpicos por ningún lado.

El peligro de basar nuestras impresiones de destinos famosos en las imágenes de las postales y los folletos (o en mi caso, de la cerámica helénica), es que las postales no muestran el contexto alrededor, y éste puede ser pintoresco, crudo o espantosamente mundano. Uno puede tener una imponente vista de la Gran Pirámide de Giza desde un Pizza Hut cercano (construido encima de una sucursal de Kentucky Fried Chicken), y también puede admirar las curvas color marfil del Taj Mahal desde la cima de un montón de basura. Asimismo, la Mona Lisa no es esa impresionante obra de arte que imaginamos del tamaño de una cobija, sino un modesto retrato de 77 x 53 cm. al que nunca se le encontrará rodeado por otra cosa que unos 300 turistas agitando los brazos. La icónica Acrópolis ateniense está en el epicentro de una ciudad mundial contaminada, repleta de una agobiante mancha de paradas de metro, muros grafiteados y peatones urbanos.

Para ser franca, yo no estaba preparada para la vertiginosa sensación de desorientación que viví cuando cubrimos tan sólo unas cuantas cuadras grises entre el Puerto de El Pireo y la estación de metro más cercana. En cambio Jeff, en toda su gloria narcoléptica, se había desmayado en el transbordador nocturno a pesar de que iba sentado en medio de los siete círculos del infierno de las telenovelas griegas. Pero yo no tuve tanta suerte.

Atracamos en Grecia justo cuando empezaba a acostumbrarme a Turquía. Ya había descifrado todas las letras en espiral del alfabeto turco; podía ordenar un café turco con *poquito azúcar* en lugar de *muy dulce*; y sabía cómo agradecerle al conductor del autobús diciendo *teşekkür ederim* sin sonar a gato ahogándose con una bola de pelo. Pero ahora, justo cuando acababa de tomar un poco de aliento, el juego iba a empezar otra vez en una nueva metrópolis con un sistema de metro distinto, un idioma diferente y otro tipo de letras que, frente a mis cansados ojos estadounidenses, parecían más fórmulas de cálculo que palabras. La desorientación era agotadora, y sin embargo, aun adormilada me forcé a recordar que eso era para lo que habíamos ido ahí.

Estando todavía en Esmirna, Jeff contactó a una anfitriona de Couchsurfing en Atenas. Veroniki nos abrió con un timbrazo la puerta, y subimos hasta su departamento en el tercer piso. El lugar era amplio y soleado, y consistía en varias habitaciones y un balcón rodeado de plantas desde donde se podía admirar la Acrópolis a la distancia. Ella tenía treinta y tantos años, y unos ojos oscuros y meditabundos que combinaban con la larga trenza que llevaba de lado. Su expresión alternaba entre cierta calidez y una reserva distante. Cuando reía, de su risa saltaba un toque de melancolía. Jeff también lo notó, me di cuenta de ello.

Caímos rendidos en su minimalista sofá de color melón chino y Veroniki se acomodó en una silla como si fuera un pajarito. Primero cubrimos los temas preliminares: por dónde habíamos viajado hasta ese momento, qué fue lo que se apoderó de la mente de Jeff y lo obligó a vivir en un contenedor de basura, si a ella le agradaba trabajar como traductora del inglés al griego, y cómo le estaba yendo en medio del colapso de la economía griega. Luego Veroniki atendió las ojeras que

7. Expectativas griegas

rodeaban nuestros ojos con *freddos*. El *freddo* era un pariente lejano del capuchino, servido en un vaso transparente alto, y preparado con hielo molido, azúcar y... cafeína, claro. Varias cargas de una oscura mezcla recién elaborada.

—Beban con calma —nos advirtió—, está bastante cargado.

Y sí: sólo tuve que sorber un par de veces antes de sentir que mi pulso golpeaba con fuerza en zonas de mi cuerpo que no lo había hecho nunca antes. En las yemas de los dedos, en las rodillas. En la punta de los lóbulos de mis orejas.

—Por lo general voy a una clase de danza moderna los jueves por la tarde —explicó Veroniki—, si no están demasiado cansados, están invitados a venir conmigo.

—Me temo que mis habilidades no van más allá del vals y del baile de dos tiempos del Este de Texas —dijo Jeff—, pero a Clara le encanta bailar, en especial esos bailes modernos en que giras en el piso como si fueras un gusano, un gorila o qué se yo.

—Jeff, no sé si... —dije, al mismo tiempo que sentía que los dedos de los pies me empezaban a temblar—. Suena divertido pero el viaje en transbordador me agotó.

En Austin yo practicaba una especie de baile moderno, pero era en una bodega con un DJ y con unos cien bailarines más de algo parecido al New Age que jugueteaban y giraban sin restricciones durante dos sudorosas horas con aroma a aceites esenciales, para luego sentarse en círculo y hacer una meditación «*om*» como cierre. Yo no podía distinguir un chacra de otro, pero me gustaba la energía primigenia de bailar colectivamente sin seguir ninguna coreografía excepto la mía. Además, la falta de una coreografía formal era fundamental para alguien que con trabajo podía lidiar con el Hokey Pokey. —Soy muy mala bailarina —les advertí.

—¡Vamos! ¡Los malos bailarines no existen! —dijo Veroniki jugueteando con la punta de su trenza.

Bebí un poco más del *freddo* y le sonreí nerviosa.

—Bueno... está bien, ¿por qué diablos no?

—¡Genial! —exclamó—. Te va a encantar.

El estudio de baile estaba como en el segundo piso de un edificio con vista a una extensa zona de edificios de departamentos color beige. A lo lejos alcancé a ver un anuncio espectacular de celulares griegos. Veroniki me entregó un par de pantalones de baile elásticos y una camiseta color berenjena.

—No le diré a nadie que hiciste trampa y te quitaste el vestido verde por un rato —dijo, sonriendo.

Jeff se había ido. Dio solamente un par de vueltas por el estudio antes de dejarme e irse a vagar solo por el vecindario. Cuando Veroniki me condujo hasta la pista de baile y me presentó al grupo, sentí una oleada de alivio. Me dio gusto que Jeff no estuviera ahí para presenciar mi inminente humillación. El grupo estaba conformado por unas seis chicas; todas ellas se veían fuertes y vigorosas, como si pudieran hacer piruetas por toda la Acrópolis sin siquiera empezar a sudar. El instructor —un hombre enjuto, con cabello rizado y ojos que miraban en dos direcciones distintas a la vez—, casi no hablaba inglés pero me aseguró con tranquilidad que el baile era un lenguaje universal. Yo asentí como si estuviera de acuerdo, pero al mismo tiempo traté de identificar en dónde se encontraban todas las salidas del estudio.

Al principio no fue tan malo. Estiramos las piernas con todo lujo, respiramos hasta el centro de nuestro cuerpo y rodamos como troncos para familiarizarnos con el suelo. Sin embargo, todo indicio de supervivencia se extinguió para mí en cuanto el instructor nos hizo saltar como gacelas. En tan sólo unos segundos se hizo evidente que yo tenía mucho más en común con un perezoso disléxico drogado con opio, que con una graciosa gacela. El profesor nos dio instrucciones a gritos pero nunca estuve segura si su ojo estrábico se dirigía a mí o a Veroniki, quien estaba saltando con elegancia cerca de la ventana. Fue aterrador. *Pero, no importa*. Tiré mi orgullo al pulido piso y continué jadeando mientras hacía las elaboradas vueltas y me deslizaba girando. La clave de mi éxito fue moverme de una forma que semejaba vagamente lo que hacía el resto del grupo, es decir, sólo traté de no caer muerta al piso mientras las demás hacían *chassé* por todo el estudio.

Después de una eternidad brutal, por fin tomamos un descanso. Veroniki, que era una bailarina experimentada, se inclinó preocupada y me dijo:

—Ése fue el calentamiento. La clase va a empezar ahora.

Si yo hubiera sido una caricatura, la barbilla me habría temblado y una lágrima gigante se habría deslizado por mi mejilla hasta el suelo. El *freddo* había empezado a inducir palpitaciones en mi pecho; el ejercicio en que nos enroscamos me permitió conocer ciertos músculos abdominales que no sabía que tenía el *homo*

7. Expectativas griegas

sapiens y, para colmo, estaba muy cerca de vomitar por todos lados la bebida con cafeína que acababa de tomar.

—Creo que voy a tener que sentarme y descansar mientras ustedes bailan —susurré.

• • •

Veroniki me tranquilizó y me dijo que no había problema en que me abstuviera de bailar. Cuando salimos del estudio para encontrarnos con Jeff, soportó con paciencia mi incómodo parloteo sobre lo mucho que me costaba distinguir la izquierda de la derecha, los problemas que tenía para calcular el espacio, la forma en que casi arruiné el final de mi baile de séptimo grado porque rodeé la cintura pubescente de mi compañero y dominé el *dos-à-dos*.

—No te preocupes —insistió ella con su triste sonrisa.

Si acaso existía una cura para mi dañado orgullo, era justamente la tradicional crema griega para untar que Veroniki ordenó en el café donde nos encontramos con Jeff. Todavía era temprano por la noche y el sol apenas empezaba a ocultarse. Casi todas las mesas del patio cubiertas con manteles de cuadros rojos estaban vacías, excepto la nuestra, que se desbordaba divinamente con costillas picantes de cordero con limón, ensalada de pepino, aceitunas Kalamata de penetrante sabor, vino y suficiente pan caliente para alimentar un ejército.

Entre uno y otro bocado, Veroniki nos pintó un desalentador retrato de la Atenas moderna.

—No van a creerlo —dijo—, pero el estado acaba de despedir a todos los guardias de seguridad que no tienen maestría o doctorado. Debe ser una broma.

Grecia estaba paralizada debido a una especie de asfixia económica. Las medidas de austeridad implicaban que la bancarrota, el desempleo y los impuestos rigurosos se convertirían en cosa de todos los días. A diferencia de la mitad de las generaciones más jóvenes que ni siquiera tenían trabajo, Veroniki había corrido con suerte porque seguía recibiendo un flujo constante de trabajo de traducción. Pero la verdad era que no había trabajo para todos. Los graduados universitarios se estaban marchitando en las casas de sus padres en lugar de seguir los ritos de iniciación tradicionales para convertirse en adultos. La fase más productiva de la vida estaba ahora en una pausa indefinida, y el retraso estaba deprimiendo la psique de los jóvenes griegos tanto como sus cuentas de ahorro.

Ya conocía yo esa sensación. A un año de mi graduación de la universidad, todo el optimismo que había logrado acumular durante mi Chernóbil existencial, se perdió. Para ser más exacta, fue cuando desempaqué mi ropa en la casa de mis padres en los suburbios y me encontré de nuevo en mi cuarto de adolescente, frente al tocador laminado lleno de mellas en donde solía guardar mi colección de barnices de uñas.

No quiero quedar como malagradecida —de hecho, el apoyo familiar me proporcionó gran alivio—, sin embargo, también me estaba obligando a cruzar una línea definitiva en la arena, y a unirme a las filas de la Generación Perdida, etiqueta que los artículos periodísticos nacionales de reflexión le habían asignado a la banda de *millennials* en bancarrota y endeudados que estaban acampando en los sótanos de sus padres, sirviendo capuchinos desbordantes a pesar de tener doctorados en antropología, y merodeando sin pausa en Craigslist en busca de un empleo como asistente personal principiante, empleo para el que otros mil solicitantes calificados ya se estaban preparando también.

Pero más que nada, me sentí traicionada. Mis expectativas dejaron de ser optimistas ensoñaciones para convertirse en un vergonzoso altero de residuos de lápices recién afilados. Ni siquiera puedo decir cuáles eran mis expectativas específicas, pero sé que tenían que ver con tener éxito fácilmente, de la misma forma que... siempre había tenido éxito fácilmente. O como decían en los artículos periodísticos, sentirme *poseedora de derechos inexorables*. Uno de los artículos más diseminados fue escrito por Paul Harvey, un profesor de la Universidad de New Hampshire que opinaba que los *millennials* «...han sido obligados a creer —tal vez gracias a apasionados ejercicios para la construcción de la autoestima en la juventud—, que son especiales por alguna razón. Sin embargo, a menudo carecen de una justificación real que respalde esta creencia».

Si los ochenta millones de miembros de mi generación en verdad son culpables de sentirse poseedores de derechos inexorables, se debe en parte a que

7. Expectativas griegas

tuvimos la delirante valentía de creer los mensajes culturales con los que nos han alimentado desde que nacimos: ¡*Eres único*! ¡*Busca tu felicidad*! Yo me reconfortaba con la idea de que, al menos, la exagerada percepción que tenía de que era especial, tenía una inclinación altruista. Sí, yo era una idealista soñadora que había salido del vientre materno con un intrínseco complejo de salvadora. Estando en la universidad me inscribí en un curso de desarrollo internacional porque tenía el superficial plan de repartir paz, amor y medicinas contra la malaria en campos de refugiados destrozados por la guerra. Porque, ¡maldita sea! ¡Yo sí voy a hacer un cambio! Pero luego estalló la burbuja del mercado inmobiliario y el único empleo que pude conseguir después de graduarme fue en un taller de joyería en donde lo único que entregaba eran pinzas de lujo para manipular alambre, a jubilados adinerados en busca de un nuevo pasatiempo. El suministro de paz y amor era más bien reducido, y si apenas podía salvarme a mí misma, iba a ser difícil que salvara a alguien más.

El hecho de que todas las aspiraciones hubiesen culminado en manejar pincitas de joyería, no le resultó de mucha ayuda a mi ya de por sí decadente relación con la realidad. Durante el día soñaba que buscaba y quemaba todos los posters que alguna vez fueron impresos con la frase «Haz lo que amas. Ama lo que haces». ¿Cuál era ese universo perfecto en el que todo mundo podía simplemente abandonar su miserable empleo y sobrevivir con una dieta de sueños y frases motivacionales escritas sobre imágenes de playas tropicales? Vamos, intenten decirle a la fatigada señora sin seguro médico que trabaja en una caja registradora de Walmart: «Haz lo que amas», y verán. Yo quería meterme a escondidas en los hogares como sacados de catálogos de Pottery Barn de gente desconocida, y reemplazar con sadismo sus posters enmarcados de «Vive, Ríe, Ama», con la opinión de la vida de Cornel West: «Somos seres que tienden a la muerte, criaturas de dos patas con conciencia lingüística, nacidas entre orina y heces fecales cuyo cuerpo algún día será el deleite culinario de los gusanos de tierra».

Creo que me habría ahorrado muchos dolores de cabeza si alguien me hubiera informado que la vida no era una escalada teleológica lineal que culmina en alguna meseta última, sino que, en general, se parece más a los matojos rodantes que el viento empuja y lleva hasta acantilados de arroyos o deja atrapados entre el alambre con púas de las vallas para ganado, y que otras veces sólo ruedan con suavidad por las carreteras. Me gustaría haber sabido cuántas fuerzas están completamente fuera de nuestro control y con cuánta frecuencia fracasamos en obtener lo que en verdad deseamos (así como la decepción que a veces se apodera de nosotros incluso después de *sí* haber obtenido lo que deseábamos). Ojalá hubiera sabido cómo permitir que todo fuera un poco más relajado; ojalá hubiera tenido mayor aceptación para las millones de formas desordenadas y gloriosas que una sola vida puede adoptar; me habría gustado dejar de actuar como si la experiencia humana fuera una ecuación geométrica con una respuesta *correcta* y bien establecida. Y, ¡demonios!, también me habría gustado saber que es perfectamente aceptable divertirse un poco con todo este asunto de estar vivo.

Pero no, no me informaron de esto, no le informaron a nadie. La directriz cultural prevaleciente era: permanece en la escuela, sigue las reglas (y tus sueños), conviértete en esclavo con un préstamo de 40,000 dólares para tus estudios, y llega al otro lado con un futuro brillante y una canasta llena de estrellitas doradas. Las expectativas eran altas, y por ende, también la decepción.

•••

Veroniki dijo que tomaríamos la ruta escénica para volver a casa del restaurante. Con el estómago lleno y el estado de ánimo suavizado por el vino, vagamos por una pasarela peatonal repleta de turistas, familias y vendedores de chucherías. El antiguo barrio de Plaka —un ondulante laberinto de escaleras empedradas, plazas y callejones estrechos—, estaba en la base del alto y escarpado promontorio donde yacía el Partenón, lugar desde donde se podía ver a Atenas como una corona resplandeciente con el cielo azul violáceo de fondo.

—Este lugar se llama «Barrio de los Dioses» —dijo Veroniki.

En medio del silencio de la noche, sentí como si los dioses hubieran prohibido la fatiga y los retorcidos saltos de gacela para por fin atraernos a la cruda tierra soñada de Atenas. Las buganvilias rosadas y las vides con sus rizos verdes como filigrana viajaban a lo largo de las terrazas como si fueran un encaje bordado y con

7. Expectativas griegas

vida propia, y hacían eco al tintineo de las copas de vino, pasando por encima de tiendas de baratijas con bustos de terracota, y de muros blancos y postigos brillantes.

El pasado y el presente estaban mezclados. Por cada taberna actual en donde se servían aceitunas y *dolmades* —arroz y carne envueltos en hojas de parra—, había una antigua columna de ágora que sobresalía en medio de una zona con pasto descuidado. De los lugares de *souvlaki* barato manaba la programación pop de la radio, justo frente a sitios arqueológicos a medio excavar. Por eso miré alrededor medio esperando ver a Dionisio salir corriendo de un bar *raki* con una botella de vino y acompañado por una muchedumbre de hedonistas desnudos.

Jeff deslizó su brazo alrededor de mi cintura y me jaló hacia él como diciendo: ¿no te parece que esto es como magia?

Veroniki nos lanzó una mirada.

—Ustedes son demasiado —exclamó, y aunque lo dijo en tono de broma, en sus ojos pude ver esa misma tristeza de antes. Y volvió a emerger en el departamento cuando le entregó a Jeff unos bóxers y una camiseta que decía «Coca-Cola» para que los usara mientras se lavaba nuestra ropa. Jeff se rio con esa risita como de preparatoriana mientras metía la cabeza en la camiseta, y yo sólo alcancé a ver su ombligo asomándose; los bóxers apenas contenían su cintura.

—¡Ay, por Dios! ¡Parezco Winnie the Pooh! —exclamó.

—Eran de mi ex novio —explicó Veroniki desde la cocina—. Era delgado.

Jeff me miró. ¿*El piyama del ex novio?* Luego la presionó un poco más porque no resistía la tentación de armar el rompecabezas. Así descubrimos que Veroniki y su novio habían estado juntos seis años y en realidad no tenían ningún problema fundamental. Las cosas sólo no funcionaron.

—Lo amaba —musitó con un suspiro frente a nosotros, ligeramente perdida en su propia sala. Pero la forma en que lo dijo me llegó directo al corazón. *Lo amaba.* Estaba totalmente expuesta, con ternura pero resignada.

Le deseamos buenas noches y luego nos acurrucamos en el sofá desplegable color melón. Jeff apagó la lámpara y empezó a roncar casi de inmediato pero yo permanecí despierta, preguntándome si las palabras de Veroniki saldrían algún día de mi boca. Jamás había pensado en la posibilidad de *extrañar* mucho a alguien.

Yo era de esas personas que se iban, un espíritu libre que saltaba de una relación a otra incluso cuando era abrumadoramente obvio que la siguiente no duraría. Las opciones eran infinitas, ¿no?

Pero Jeff me ponía nerviosa. De todos los hombres con los que habría podido intercambiar mensajes en OkCupid, ¿era él —el impredecible comodín—, con el que realmente me quería quedar? Mis sentimientos se habían transformado en algo que tenía un peligroso parecido con la palabra prohibida de cuatro letras, pero a pesar de mis temores, mi amor estaba construido con elementos fundamentales: Jeff me aceptaba por completo; era gentil, jamás rechazaba nada ni a nadie, y podía preparar margaritas para morirse. Los detalles importaban tanto como lo demás; me encantaba por ejemplo, cuando se despertaba en la madrugada y me susurraba adormecido al oído: «¿En qué estás pensando?». Adoraba que siempre reservara para mí el último bocadito que quedaba en el plato; que recortara con sus propias manos corazoncitos de papel reciclable y los dejara acomodados junto al lavabo...

Jeff estaba acumulando razones para hacerme quererlo, pero eso no significaba que yo me sintiera segura con él: amarlo era un riesgo. Y desear que se quedara, también, porque los deseos son parientes cercanos de las expectativas, y ya todos sabemos a dónde conducen éstas.

8. ¡Se busca! Los bandoleros

El rústico tangueo de Merle Haggard y Willie Nelson nos despertó como serenata en medio de la oscura sala de Veroniki antes del amanecer. La noche anterior Jeff había programado su alarma para que nos despertara al ritmo de «Pancho and Lefty», que era mi balada favorita de bandoleros... pero no a las 5 de la mañana.

Desde debajo de la almohada que me había puesto sobre la cabeza, le gruñí a Jeff.

—¿Me estás despertando así de temprano porque asesiné a una camada de gatitos huérfanos en una vida anterior?

—Confía en mí —dijo Jeff, que ya estaba descolgando nuestra ropa limpia del tendedero en el balcón—. La única forma de vivir la *verdadera* esencia de la Acrópolis, o de cualquier meca turística, es estando ahí en cuanto amanece. Créeme que las cosas son muy distintas cuando los cruceros atracan y 3,000 turistas bajan de ellos para tratar de tomar la misma fotografía de una columna dórica y subirla a Instagram.

—Sí sabes que el Partenón está lleno de grúas industriales, ¿verdad? ¿No te preocupa que los andamios transgredan tu esencia purista?

—¡Por favor! Te prometo que valdrá la pena —continuó diciendo, al mismo tiempo que dejaba caer con gozo un altero de ropa mojada sobre la cobija que me cubría—. Lo siento, todavía está húmeda pero te apuesto que para cuando les ganemos a todos y lleguemos primero a la cima de la Acrópolis, ya se habrá secado.

—Por ahí leí que la palabra «Acrópolis» se traduce como «La ciudad más alta», lo que, extrañamente, en griego antiguo también se puede interpretar como «¡No pienso subir corriendo una montaña de piedra de 150 metros de altura antes de que amanezca por ninguna maldita razón!».

Jeff no se inmutó ni un poquito.

—De acuerdo, entonces sólo te veré en la cima.

La taquilla de la Acrópolis abrió justo cuando la luz se volvió de un color entre gris y dorado con un toque ahumado. La escena era apacible, había algunos empleados de mantenimiento revisando los botes de basura y rellenando las máquinas expendedoras con agua embotellada. El operador de la taquilla nos entregó adormilado los boletos y señaló la entrada, en donde unos cuantos pajaritos madrugadores más ya estaban esperando que abrieran las puertas. Jeff estiró las piernas como si estuviera entrenando para un triatlón. Cuando por fin abrieron el lugar, pasó disparado al lado de una sorprendida familia estadounidense, caminó por el sendero, y se convirtió en una mojada mancha roja que desapareció entre los olivos.

Lo seguí pero continué negándome a escalar las escarpadas piedras más rápido de lo que una caminata enérgica exigiría, y creo que fue lo mejor porque, al final, ambos llegamos a la escalinata que conducía a las monumentales columnatas de los Propileos justo al mismo tiempo, y es que caminar sobre un empinado sendero de piedra caliza desgastado por seis milenios de sandalias pasando por ahí, exigía más habilidad de la que ambos esperábamos.

Los griegos sí sabían cómo construir una entrada. La inmensa escalinata de piedra se eleva para unirse a imponentes muros y un bosquecillo de altísimas columnas que son tan gruesas, que incluso sus sombras parecen cargar peso. La enorme cantidad de escalones les daba a los visitantes bastante tiempo para meditar sobre su propia pequeñez antes de siquiera pasar por debajo de los Propileos y entrar a la Acrópolis.

La Acrópolis resulta igual de asombrosa por sí misma —es una meseta negruzca de mármol en donde los templos saltan de la piedra—, sin embargo, la gente viene a ver el Partenón. A pesar de que parece un esqueleto con todo el andamiaje que envuelve sus enormes huesos dóricos, el Partenón domina los terrenos de la Acrópolis, y qué decir de Atenas, que rodea al saliente promontorio en todas direcciones con su océano de techos parpadeando bajo la diáfana luz del sol de la mañana.

Para proteger las acanaladas columnas del Partenón de los terremotos, los constructores las inclinaron un poco hacia adentro, por lo que, si continuaran, en algún momento chocarían en el cielo, como a poco más de kilómetro y medio de distancia; fue una previsión afortunada. Los griegos construyeron el templo en tan sólo nueve años pero su estructura era una obra maestra de la arquitectura, y nosotros estábamos ahí, contemplándola solos. Jeff se paró sobre uno de los

8. ¡Se busca! Los bandoleros

puntiagudos triángulos de luz que se filtraba a través de las columnas del Partenón. Estaba lleno de júbilo.

—¿No crees que valió la pena? —asentí, pero no estaba preparada del todo para admitir que la vista era espectacular ni que, por lo menos por unos minutos, en verdad tuvimos toda la Acrópolis para nosotros nada más.

—Es increíble —admití—. Me cuesta trabajo creer que sólo nos tomó un par de semanas pasar de OkCupid a Platón.

—Bueno, ¡yo pagué la cuenta Premium! —dijo Jeff, al mismo tiempo que deslizaba su brazo a través del mío.

Nos quedamos de pie en la terraza frontal del Partenón, contemplando asombrados los frisos jónicos (¿En dónde estábamos? ¿Cómo llegamos ahí? ¿Adónde nos llevaría aquello?).

Pero como sucede con todos los buenos momentos, éste no duró. El sol estaba siendo inclemente con nuestros rostros a pesar de que nos habíamos volteado hacia el lado contrario. Jeff empezó a jugar con la cámara de su celular. El estado mágico de asombro fue abrumadoramente fugaz. Los antiguos frisos de piedra sólo pueden competir con las exigencias del momento presente por un período muy breve porque, tarde o temprano, un estómago estruendoso, una ampolla en el talón, o el deseo de tener un globo de nieve del Partenón, termina ganando.

—Es gracioso —dije entre risas—: Primero te encuentras pensando, *Dios mío, podría contemplar este bloque de mármol toda la eternidad y nunca llegar a apreciarlo de verdad.* Y un instante después ya estás pensando, *Vaya, qué bien me vendría ir a comer un hot dog.*

—Parece que no somos los únicos que pensamos así —comentó Jeff.

La frescura de la mañana se transformó muy pronto en sofocante calor de verano. La meseta de pálido mármol refractaba el calor contra los grupos de turistas que jadeaban entre los Propileos con sus bastones, botellas de agua y pesadas cámaras Nikon. Al terminar nuestro breve recorrido guiado por nosotros mismos, Jeff y yo nos sentamos en una banca debajo de uno de los únicos árboles de la zona. Él sacó los bóxers rojos todavía mojados que traía en el bolsillo y los puso a secar mientras nos preparábamos para nuestra segunda ronda de entretenimiento.

—Un punto por cada persona que veamos tomando una fotografía de un gato, paloma o ardilla estando en la cuna de la filosofía occidental —propuse.

—¡Ya van como cinco! —dijo Jeff.

—Dos puntos por cada niño al que no le importe un cacahuate el método socrático y prefiera jugar en el lodo.

—Cinco puntos por cada padre iracundo que les eche un vistazo a las muchachitas rusas en shorts cortitos cuando su mujer no lo esté viendo —propuso él.

—Dos puntos por todos los que confundieron el Partenón con el Panteón.

—Cuatro puntos para las *selfies* con boquita de pato, más un punto como premio si se la toman con un palo para *selfies*.

—Un punto por todos los turistas que sólo vivirán la Acrópolis a través de la lente de sus teléfonos inteligentes.

Cuando ambos alcanzamos los veinte puntos, Jeff se levantó de la banca para caminar por ahí. Lo vi desaparecer entre la multitud con los bóxers mojados colgando de su bolsillo trasero. Yo me conformé con quedarme sentada, flojeando sola en la banca con los ojos a medio cerrar y las piernas calentándose al sol. Fue la gloria... aunque sólo por un rato. No habían pasado ni diez minutos cuando una alarma interna me despertó de la pestañita involuntaria. De pronto vi al Stetson descender casi hasta el piso, a unos cincuenta metros de distancia. Jeff estaba en cuclillas detrás de una losa de mármol, lidiando con un asunto frente al Partenón. Era evidente que había encontrado algo. Dejé la banca desde donde observaba, zigzagueé hasta el sombrero y ahí encontré a Jeff nervioso pero resplandeciente frente a una valla de alambre no muy alta. Me quedé boquiabierta: había convertido el alambre en un tendedero improvisado, y ahora sus bóxers color cereza se estaban secando justo frente a la entrada al Partenón, que ya se podía divisar un poco más adelante.

—¿Qué *demonios* estás haciendo? —pregunté horrorizada.

—Perfecto, llegaste justo a tiempo —dijo, fingiendo no notar mi conmoción—. ¿Podrías tomar una fotografía de mí poniendo mis bóxers a secar en el Partenón? Tenemos que hacerlo rápido porque hay guardias por todos lados.

—¡Jesús santo!, eres un desvergonzado.

8. ¡Se busca! Los bandoleros

—Y ésa es la razón por la que te gusto. Pronto, toma la foto. Cien puntos por ésta —dijo, al mismo tiempo que me colocaba su iPhone en las manos.

Con la esperanza de evitarnos una escenita, lo complací de mala gana. Pero no fui suficientemente rápida.

—¡RESPETEN! —Un guardia ondeó su radio de doble banda hacia nosotros desde una zona con varias columnas, y ahora se acercaba furioso adonde estábamos, con el rostro más rojo que la ropa interior de Jeff.

—Vas a tener que pagar una multa para que te dejen salir de la cárcel —dije.

—La ropa está seca, es hora de irnos —dijo Jeff, todavía sonriendo. Descolgó apresuradamente su ropa interior, me tomó de la mano y me jaló hacia una multitud de ancianitas francesas.

—¡Disculpen, *mademoiselles*! Pancho y Lefty van a pasar por aquí. ¡Estamos tratando de huir de los federales!

• • •

—¿En dónde está la frontera entre poner a prueba los límites y ser un completo imbécil? —pregunté mientras caminábamos de vuelta a la larga cascada de escalones del Propileo.

—¿Ahora sí mis payasadas ya son demasiado para ti, nena? —preguntó riéndose.

—Vamos, Jeff, hablo en serio.

Su sonrisa se fue apagando hasta que alcanzó un nivel adecuado de seriedad. Estaba en problemas y lo sabía bien.

—De acuerdo, a veces llego demasiado lejos, pero de lo que no se da cuenta la gente es que todo el tiempo estoy evaluando el riesgo. Me preocupan las cosas que de verdad importan, y jamás le he causado daño a nadie a propósito. *Nunca*.

—Es verdad —asentí—. No eres ni malicioso ni manipulador. Pero *sabías* bien que estabas cruzando un límite.

—Técnicamente, estaba colgando mis bóxers en la línea que marca el límite, más bien —dijo, en tono arrepentido—. Pero tal vez me dejé llevar un poquito.

—¡Dios santo, eres la reencarnación de Diógenes!—exclamé—. Y es que también podía imaginarme al filósofo griego secando su ropa interior frente al Partenón con *exactamente* la misma risita perversa en el rostro.

Jeff me sonrió con remordimiento.

—Me encanta cuando una mujer bella me compara con un tipo que ya se murió y que solía defecar en público.

Le lancé una mirada fulminante. A pesar de sus quejas, la comparación era perfectamente válida. Diógenes el Cínico fue un filósofo rebelde que también pudo haber salido huyendo de la Acrópolis en un par de ocasiones en el siglo IV A. C. El filósofo se ganó su reputación debido a peculiares (y con frecuencia obscenas) acrobacias públicas que realizaba con la intención de criticar las restricciones sociales que prevalecían en su tiempo. Diógenes favorecía la acción concreta por encima de la teoría intelectual. Vivía en un barril de cerámica en el mercado ateniense para defender la idea de tener una vida simple; y en el día paseaba con una linterna encendida, preguntando dónde podría encontrar un hombre honesto. Orinaba en sus enemigos, se masturbaba en público y, sí, defecaba en el teatro como declaración de su propia independencia del estado y la sociedad. Incluso su muerte fue una broma, un guiño: nadie sabe con exactitud como llegó a su fin, pero los rumores van de que se asfixió a sí mismo, a que se intoxicó comiendo pulpo crudo.

Pero en cuanto a las comparaciones, podría decir que Jeff tenía bastante más educación y encanto. Él nunca había orinado a sus colegas incómodos: ni a los que tenían plaza ni a los que no. Por otra parte, debo mencionar que renunció a la mayoría de sus bienes materiales para vivir en un contenedor de basura, que le deleitaba en particular hacer escenas en público, y que su objetivo en la vida también era provocar al sistema.

A la obsesión de Jeff de doblegar al sistema no la impulsaban motivos ulteriores. A él no le interesaba ni el dinero ni el prestigio (aunque hay que aclarar que tampoco le molestaban). Si acaso tenía una meta, sólo era la de hacer algo de espacio para la experimentación en el interior de la gran masa de las reglas y el orden. Él no iba en contra de las normas sociales debido a una rebelión punk-rock; presionaba porque sentía que los saltos sorprendentes tenían más probabilidad de ocurrir en estructuras

8. ¡Se busca! Los bandoleros

con ambientes abiertos y fluidos. Al igual que un niño dentro de un fuerte construido con cobijas, Jeff se veía atraído a crear mundos mágicos dentro de otros mundos. La perturbación lúdica era lo único que captaba su atención. Yo me lo imaginaba como el bufón de los mazos de cartas. Era el comodín que se podía adaptar a cualquier papel o ponerse cualquier vestimenta; era esa valiosa carta que podía convertir al perdedor en el ganador en una sola jugada. En algunos juegos, el comodín era la carta más codiciada, en otros, la más peligrosa que se podía sacar.

• • •

Jeff era el comodín pero yo era una carta que atraía mucho menos la atención; tal vez el ocho de espadas. Era igual de rebelde que él, pero a mí jamás me atraparían colgando mi ropa interior mojada en el Partenón. Yo llevaba a cabo mis rebeliones de una forma más bien callada, entre las sombras. Tras años de acumular dudas religiosas, dirigí un discreto golpe de estado en contra de la política evangélica, justo después de graduarme de la preparatoria. Disequé la historia de la cristiandad a partir del Concilio de Nicea, y luego me lavé las manos y me deslindé del asunto con un ambicioso manifiesto intitulado: «Tratado sobre las fronteras de la religión, o por qué ya no soy cristiana», pero no se lo mostré a nadie. En lugar de eso avancé a la siguiente serie de libros prohibidos como *El origen de las especies* de Darwin (después de todo, la Tierra no había sido creada en seis días), y *Harry Potter* de J. K. Rowling, que estaba catalogado como un libro de brujería.

El primer año que estudié en la universidad comunitaria, entré al baño de mis padres con un par de tijeras para actividades manuales y me corté las largas trenzas rubias que me había dejado crecer en la preparatoria. Fue una chapuza, pero cada tijeretazo que di, me produjo una oleada de satisfacción. El cabello mochado fue mi sutil escudo de armas para aventurarme en el ámbito tabú del sexo premarital. Pasé mis dedos entre la breve sedosidad de mi pelo y permití que en mi lengua se deslizaran palabrotas como *jódete*, *mierda* y *demonios*. Y cuando mi profesor de sociología preguntó quién se consideraba feminista, yo fui una de las únicas dos que levantaron la mano.

Jeff y yo transgredíamos de maneras distintas, pero cuando estábamos juntos, yo era la sigilosa florecita del papel tapiz que quedaba atrapada en la órbita de aquel mundo experimental que nosotros mismos *habíamos creado* en solamente seis días. Era surrealista. «Eres la primera persona que me hace sentir que estoy en el interior de uno de mis propios sueños», le dije pocas semanas después de que nos conocimos. En el aterradoramente breve período que pasó entre que nos conocimos en OkCupid y el viaje a Estambul, Jeff había transformado mi vida en un tornado frenético. Me costaba trabajo recuperar el aliento, pero después de haber pasado dos años mirando la pared de mi cuarto, en realidad no quería hacerlo. Ahora me moría de ansias por entrar en su caos, y quería ser bautizada en este nuevo estado de locura y salvajismo.

Otra cosa que me gustaba de Jeff era que no se podía estar quieto jamás. A mí me encantaba la forma en que mi cabello latigueaba sobre mis ojos cada vez que él encendía el coche y salíamos disparados a recorrer todos los caminos alternativos de Texas escuchando a Merle Haggard a todo volumen. Me fascinaba el hecho de que en las anteriores cinco semanas había visto más del Estado de la Estrella Solitaria que en los últimos doce años. Me gustaba que convirtiera la terraza de cemento de 2 x 3 de mi casa en una barra de bar llena de margaritas y que invitara a mi departamento sin previo aviso a toda la gente del complejo habitacional —gente a la que mayoritariamente yo no conocía— para tomarse un trago. Me gustaba esa sensación de posibilidades totalmente abiertas que Jeff siempre invocaba; esa noción de que cualquier cosa podía suceder en cualquier momento: cualquier lugar podía convertirse en un portal a la aventura: las gasolineras, los pasillos donde vendían artículos de baño en las tiendas, los bares de mala muerte con piso pegajoso...

Un fin de semana, sólo por capricho, Jeff me invitó a pasar la noche en *su casa*: la oficina de la Universidad de Texas-Brownsville en donde también vivía de forma ilegal como indigente. Estaba a cinco horas de distancia pero en Texas, a un recorrido de esa naturaleza sólo se le considera una visita rápida al pueblo de contiguo. Salimos de Austin y viajamos al sur a través de los campos de caña de azúcar y los vaporosos deltas del Valle del Río Grande.

8. ¡Se busca! Los bandoleros

Es difícil describir la magia del Valle, una tierra en donde no se siente que se está ni en Texas ni en México a pesar de que se encuentra en medio de ambos. Durante el viaje imaginé que Brownsville se parecería a su nombre, que sería un pueblo fronterizo caliente y polvoriento similar a El Paso o a Laredo, pero en realidad es muy exuberante. Es una tierra subtropical de ensueño, pletórica de palmeras y pantanos llenos de garzas anidando.

Cuando nos detuvimos y nos estacionamos en un lugar vacío del campus de la universidad, que estaba a tiro de piedra de la frontera con México, sobre nosotros pasaron volando parvadas de loros verdes.

—Quédate cerca de mí —dijo Jeff, colocando su mano en mi espalda, cerca de la cintura. Teníamos que ser discretos porque el campus estaba cerrado en la noche. Con una emoción como de adolescente, lo seguí por una enrevesada ruta que evitaba las cámaras de seguridad instaladas alrededor de su edificio. Estábamos rompiendo las reglas y alguien podría sorprendernos en cualquier momento.

—Me agrada mucho cómo tienes decorada tu casa —le dije en cuanto abandonamos el vacío corredor de Ciencias y entramos a su oficina. Las cuatro paredes estaban pintadas de color rojo sangre, lo que le daba al lugar un atractivo como de antro para fumar opio. La decoración era mínima. El enorme cuadro de su tatarabuelo suicida miraba hacia el escritorio de acero inoxidable acompañado de una silla de oficina, la cortina con *blackout* y una extensa alfombra persa que alguna vez le perteneció a la madre de Jeff. Y eso era todo.

—¿Te gusta? —preguntó en tono de broma—. El próximo mes va a aparecer en la portada de *Dwell*.

Como muchas otras universitarias obsesionadas con el estudio, yo también sufrí varios enamoramientos con profesores a lo largo de mi carrera, pero jamás fui más allá de hacer más tarea de la necesaria y visitar a los profesores en horas de oficina para hacerles preguntas innecesarias sobre la economía keynesiana. Todas mis fantasías de seducir al profesor se mantuvieron ancladas con firmeza en el ámbito de la imaginación, el lugar de donde no debían de salir nunca. Pero ahora, teniendo a mi disposición un profesor divorciado en una oficina con el cerrojo echado, me encontraba en la peculiar posición de permitirme una fantasía de colegiala. Bueno, *más o menos*.

—Dile «Hola» a mi amiguito —dijo Jeff, señalando la pintura de Abner vestido con su ropón bautismal de encaje—. Creo que le caíste bien. —De pronto sacó de su bote de reciclado una bolsa de dormir de poliéster color negro. Lo extendió sobre la alfombra persa y me hizo un gesto: *Una cama para la dama.* Luego sacó un tapete Kazakh de felpa para él y lo extendió junto a mi bolsa de dormir. Y como un romántico toque final, trajo el único libro que había en su oficina, *El libro rojo,* la colección de arte místico de Carl Jung. Acto seguido, lo abrió en la pintura de una peculiar serpiente herida a la que le manaba sangre de las patas que le habían sido cortadas. Luego colocó la pintura sobre la alfombra, justo detrás de la almohada de campamento con funda de estampado de truchas que me había dado para dormir—. No creerías el tipo de sueños que puedes tener si dejas esta cosa junto a tu cabeza —dijo, al mismo tiempo que me colocaba sobre el frío escritorio de acero y empezaba a deslizar sus labios hacia abajo sobre mi cuello, besándolo—. Parece que mi escritorio tiene la altura *perfecta* para ti —susurró. Y ésa fue la frase con la que me instó a desabotonarme la blusa y olvidarme de las serpientes con patas amputadas y las bolsas de dormir. Por primera vez en la vida, la realidad estaba a la par de mis fantasías. El sexo en la oficina del profesor fue ardiente. Fue obsceno y pornográfico, sin mencionar que también tuvo su dosis de perversión gracias al infante ancestral que nos observaba desde la pared. Por si fuera poco, la emoción creció minuto a minuto por el peligro que corríamos de ser descubiertos por los guardias de seguridad, cosa que excitaba mucho a Jeff porque le encantaba el sexo aderezado con riesgo.

Una semana antes nos habíamos metido a escondidas en el consultorio de una psicóloga freudiana, a plena luz del día. Estábamos visitando a uno de sus amigos de la preparatoria en una antigua mansión que había sido convertida en consultorios. La puerta de la psicóloga estaba justo al lado de la de su amigo, pero ella había salido a almorzar. Jeff intentó abrir la manilla y descubrió que no le habían echado llave. Entonces me jaló y ambos entramos a la oficina victoriana, donde nos sentamos en el elegante diván y manoseamos los cojines.

—Cuéntame sobre tu madre —le dije.

—Dime por qué no te has quitado los jeans aún —contestó él, deslizando poco a poco su mano sobre mi pierna hasta llegar al botón de bronce sobre el cierre de mis pantalones.

8. ¡Se busca! Los bandoleros

—De ninguna manera, Jeff. No podemos hacerlo en un diván freudiano.

—¿Por qué no? Freud nunca dejaba de hablar de sexo. Estoy seguro de que tenemos su bendición.

—¿Y qué va a pasar si la psicóloga regresa y nos encuentra fornicando en su diván?

—Le tendría que preguntar si acepta pagos a plazos. El buen Freud sabe que no me vendría mal una terapia.

Para una chica cristiana que había sido educada en casa y solía ser casta, tener sexo en un diván freudiano terminaría siendo particularmente liberador, pero ni siquiera esa experiencia pudo superar la noche en el campo cuando Jeff se detuvo y se salió de la Interestatal 37 entre Corpus Christi y San Antonio, y se estacionó justo a un lado del camino de acceso a la carretera. El lugar estaba totalmente abandonado —sólo había un semitráiler—, y del estéreo fluía *I've Always Been Crazy* de Waylon.

—Regreso enseguida. —Ésas fueron las únicas instrucciones que me dio antes de salir del auto y meterse entre los gruesos montículos morados de zacate tres barbas que tapizaban el suelo entre nuestro coche y el semitráiler. Y luego me quedé paralizada cuando lo vi trepar la cabina del otro vehículo y abrir la puerta. Éste era un estado en donde las cosas se arreglaban a balazos, y él lo sabía tan bien como yo. Meterse a una propiedad privada en Texas podía conseguirte una bala en los sesos o una descarga de perdigones directo en la cara. Contuve el aliento y sólo me quedé esperando la ráfaga de palabrotas y el inevitable *bang bang* de los balazos.

Pero pasó una eternidad sin que sucediera nada, y luego, cuando ya estaba segura de que algún camionero le había retorcido la cabeza a Jeff hasta arrancársela, divisé un brazo saludándome desde el interior de la cabina.

Quería que lo alcanzara.

En cada paso que di hacia el tráiler, mis botas se encontraron con el aroma acre de la hierba. Estábamos en medio de la nada. No había nada más que grillos y autos solitarios bajo la débil franja de la Vía Láctea. Pero había peores lugares para morir. Cuando me acerqué a las llantas del frente, una mano se estiró para jalarme y llevarme al interior. La cabina era más grande de lo que esperaba. Estaba oscuro pero alcancé a ver una rasgadura en el asiento, de donde se desparramaba espuma amarilla. En el piso había latas vacías. El olor era rancio y mohoso, como el de un hombre que ha pasado demasiado tiempo solo. Luego, antes de que pudiera ver algo más, sentí los labios de Jeff besándome con fuerza en la boca.

—Estoy demasiado nerviosa para excitarme —dije entre un beso y otro—. ¿Cómo sabes que el conductor no anda por aquí?

—Descuida —dijo en tono de broma—, estoy seguro de que este tráiler está abandonado. No hay nadie aquí excepto nosotros... y toda la carretera interestatal. —Sus manos buscaban mi cintura pero se detuvieron cuando percibieron mi rigidez. Entonces se retiró y me analizó entre los tenues destellos de los faros frontales de los autos que se dirigían al sur—. Oye, estás segura conmigo— me dijo en voz baja.

Y esas tres palabras, o más bien la forma en que las dijo —sin pretensión alguna, *estás segura conmigo*—, fue como el indicio más breve de una figura en una pintura abstracta; como un fragmento de definición que ancló la escena. Fue el pendenciero forajido dejando su revólver en la mesa por un instante. Y sin importar que el significado de «segura» seguía tan indefinible como todo lo demás en ese parque de diversiones sin límites que era nuestra relación, sus palabras bastaron para convencerme de entregarme al momento, al oscuro tráiler, al purpúreo zacate meciéndose afuera, a mis pantalones en el suelo junto a botellas de plástico y bolsas vacías de Fritos. Me entregué al placer porque me pareció que era lo correcto.

9. Conócete a ti mismo

—¿Podría indicarnos en qué dirección se encuentra la Torre Eiffel? —preguntó Jeff. Lo hizo con un inexpresivo gangueo sureño, como si tuviera un montón de tabaco masticado en la boca. Y sin esperar la respuesta, desdobló un mapa de Atenas sobre el mostrador del local de renta de automóviles—. Ya estuvimos en la Acrópolis, pero la maldita torre no aparece por ningún lado.

El empleado de cuarenta y tantos años se quedó desconcertado. Aclaró la garganta, se acomodó el saco y miró con intensidad la pantalla de su computadora.

—Señor, lamento informarle que la Torre Eiffel está... en París, o sea, a 2,953 kilómetros de distancia. ¿No le interesaría mejor elegir un período de renta un poco más prolongado?

—¡Vaya, idemonios! —exclamó Jeff—. Juraría que estaba por aquí en algún lugar. —Me miró y añadió—: Querida, ¿tu corazón quedaría devastado si dejamos Italia para nuestro siguiente viaje?

Le seguí la corriente.

—No, corazón, no tengo problema con eso.

A Jeff le divertía mucho burlarse de los estadounidenses con pocos conocimientos geográficos imitándolos, pero yo estaba cansada y no tenía muchas ganas de seguirle la corriente.

El empleado fingió toser para ocultar su sorprendida sonrisa detrás del brazo.

—Disculpe. Muy bien, señor, entonces sígame por favor. —El hombre salió de la oficina con aire acondicionado y nosotros lo seguimos hasta sentir al calor de la tarde. Ya afuera le entregó a Jeff la llave de un Citroen *hatchback* color plata oscura—. Que tenga buen viaje, señor.

Jeff le dio un golpecito a su sombrero. Yo me acomodé en el asiento del pasajero, jalé el cinturón de seguridad en diagonal y lo ceñí sobre mi pecho.

—Te reprendería por molestar a los inocentes que nos vamos encontrando pero, ¿para qué tomarme la molestia si olvidarás todo en cuanto salgamos del estacionamiento?

El tráfico ateniense era legendario. Los carriles eran meras sugerencias decorativas, las señales de tránsito con frecuencia estaban más bien ocultas (si acaso las había), y los otros conductores parecían manejar con la idea de que estaban reproduciendo una escena de *Rápido y furioso*.

Jeff conocía los hechos pero se mantenía imperterrito.

—Descuida, nena, esto será divertido. —Sus ojos se iluminaron en cuanto encendió el automóvil, metió la reversa y llevó el vehículo hasta el borde de una congestionada arteria de seis carriles.

Yo tenía los nudillos blancos de tanto apretar el mapa.

—No quisiera ser grosera pero, ¿de verdad sabes lo que estás haciendo?

—Bueno, querida, supongo que estamos a punto de averiguarlo —contestó Jeff—. Ahora dime cómo nos vamos a Delfos.

• • •

Las ruinas de Delfos, en la costa del Egeo, eran el hogar histórico del Oráculo de Delfos. En uno de nuestros primeros correos electrónicos en OkCupid, Jeff me había mencionado el Oráculo. Se trataba de una misteriosa profetiza cuyos augurios divinos ejercían una influencia inmensa en la antigua Grecia. Después de estudiar sobre ella, me sentí fuertemente atraída a su arquetipo y a su hogar, Delfos: una ciudad montañosa que los antiguos griegos consideraban el centro del universo. Aunque Jeff experimentaba la misma atracción hacia el Oráculo, no podíamos llegar tan lejos como para *planear* un viaje aparte en las afueras de Atenas; sin embargo, la debacle de la ropa interior en la Acrópolis fue razón suficiente para que decidiéramos despilfarrar en el costo de rentar un automóvil y largarnos de la ciudad durante una noche.

No recuerdo realmente en qué momento abandonamos la ciudad, en especial porque me cubrí rápidamente los ojos con las manos en cuanto Jeff salió

9. Conócete a ti mismo

del estacionamiento de la sucursal de renta de autos y se sumergió en el alboroto del tráfico. Cerrar los ojos fue tan sólo una precaución: así Jeff estaría expuesto a menos obscenidades y no se distraería del camino. Mi piloto era un excelente contendiente en el tráfico, pero saber eso no me impidió hiperventilar cada vez que un motociclista pasaba a toda velocidad junto a una hilera interminable de automóviles pegados el uno al otro, ni cuando un taxista se montó en nuestra placa trasera como si anduviéramos en carritos chocones (¡Mierda! ¡Mierda! ¡Ay, Dios mío!).

Jeff no sabía que yo había estado involucrada en un espantoso accidente automovilístico en la universidad. Fue mi culpa y los principales elementos fueron un derrame de jugo de arándano, una camisa blanca y dos segundos de distracción. Para cuando terminé de evaluar el daño de la mancha, mi auto ya estaba en medio de una volcadura que me hizo dar tres vueltas en el aire y terminar en la rampa de entrada a una vía rápida. El vehículo aterrizó con las llantas hacia arriba. Estar de cabeza, cubierta de sangre y jugo de arándano en una minivan convertida en pérdida total, me dio la gran oportunidad de reflexionar sobre la locura que representa llegar de un punto «A» a un punto «B» en una enorme mole de acero impulsada por líquido inflamable.

Años después del accidente, los automóviles siguieron desencadenando mi reacción de lucha o huida de vez en cuando: mis manos salían disparadas para aferrarse a la manija de la puerta, mis pies se estiraban con fuerza para oprimir frenos que no están ahí, y yo balaba como borrego agonizante en matadero. Era exactamente lo mismo que mi madre solía hacer en las clases de manejo que ella y mi padre nos daban en la camioneta Dodge de la familia.

Cuando Jeff empezó a entrar y salir del tráfico, la histeria oprimió mi pecho con más fuerza.

—Ay, Jeff, por Dios, me estoy convirtiendo en mi mamá. Ya sé que es algo inevitable y que, de hecho, mis padres son muy agradables, pero estoy viendo cómo sucede justo frente a mis ojos. Es decir, obviamente no está pasando *justo* frente a mis ojos porque los tengo cerrados, pero lo que trato de decir es que, para empezar, estoy oprimiendo unos frenos invisibles, ¿y luego qué sigue? ¿Pólizas de seguro de vida? ¿Cinco hijos? Por cierto, ¿cuánto cobran las niñeras hoy en día?

—¡¿Qué?! ¿De qué estás hablando? —No fue difícil notar el estrés en su voz—. ¡¿Por qué no mejor abres los ojos y revisas el mapa?! ¡No puedo manejar y traducir las señales de tráfico griegas de la carretera al mismo tiempo!

—Pero cada vez que abro los ojos termino gritando.

—De acuerdo —dijo, tratando de pensar—, entonces no mires por la ventana, sólo enfócate en el mapa. ¿Ves una carretera que va al norte y se dirige a una ciudad cuyo nombre se escribe con una *theta*, y luego... eh... algo como un huesito volteado de cabeza, una *delta*...

De pronto lo interrumpí, mi voz era más aguda con cada palabra.

—¡No conozco el alfabeto griego! No me gradué en física. Además era demasiado rara para unirme a una hermandad. ¡Ni siquiera tengo planchita para alaciar el cabello, maldita sea!

—¡Jesucristo! Necesito que mires por la ventana. Observa los señalamientos y trata de no gritar porque ya van varias veces que me asustas y pienso que estoy a punto de masacrar a un peatón pero nada más es un tipo encendiendo la direccional izquierda.

—De acuerdo, está bien —contesté, tratando de contenerme—. Odio comportarme de esta manera pero a veces me pongo... *ansiosa*. Y entonces empiezo a delirar sobre el más allá y frenos invisibles. ¿Preferirías dejarme en la carretera?

—De ninguna manera —susurró—. Te dije que no podías hacer nada que me asustara y te lo dije en serio. Además, tus ataques de locura son mejores que las series de HBO.

• • •

A pesar del pánico salimos vivos de Atenas, y después de un prolongado y enrevesado viaje por los campos de maíz y las desiertas colinas de la costa, Jeff se detuvo en un pueblecito al lado del mar en el Golfo de Corintio. La adormilada aldea de Itea no se veía muy agitada al anochecer (ni a ninguna otra hora, por cierto). Estacionamos el auto frente al único lugar que mostraba signos de vida: una tiendita de conveniencia en donde vendían artículos comunes de aseo personal y galletas de pasta de cono de helado, sabor chocolate. También tenían un mostrador de carnes frías con salami, queso y una hilera de frascos grandes de aceitunas para la venta a granel. Junto a la

9. Conócete a ti mismo

caja registradora, medio dormitando en una silla, había un hombre de proporciones pantagruélicas, cara enrojecida y ojos abultados. Yo no quería perturbarlo pero a Jeff no le importó. Caminó hasta el mostrador y le comunicó que necesitábamos un lugar dónde quedarnos, en algo que sonó a mitad inglés y mitad espectáculo mudo de Charlie Chaplin. El hombre de las mejillas enrojecidas musitó una sola palabra que al parecer significaba «espere» (o tal vez, «bailarín sonso»), y luego tomó el auricular del teléfono y lo sujeto con esos dedos tan aterradoramente parecidos a las salchichas que tenía en el mostrador de *delicatessen*.

Nos quedamos junto a la puerta esperando en suspenso a la persona que el hombre acababa de llamar, pero no pasó mucho tiempo antes de que apareciera Bob, un neerlandés alto y canoso que nos dijo que tenía una habitación que rentaba al otro lado de la calle. Era un cuarto sórdido con decoración playera desgastada que daba la impresión de haber sido instalado durante la Guerra de Vietnam. Las toallas estaban hechas jirones, y había diminutas manchas grises en todas las paredes. Me asomé y entré. También había mosquitos. El único rasgo a su favor era el exuberante patio cubierto de parras justo a la orilla del mar. Y todo por menos dinero de lo que habríamos pagado en el económico Motel 6.

—Bueno, no es precisamente el Hilton pero tiene su encanto —dijo Jeff.

—Pero entonces... ¿no estamos poniendo en riesgo el experimento al rentar una habitación? —pregunté con ansiedad. Después de una semana de dormir en las salas de desconocidos, estaba desesperada por tener un cuarto propio. Estaría feliz de compartir el cuarto de Bob con un reino entero de mosquitos si eso significaba que, al menos por una noche, me evitaría las conversaciones amables con desconocidos y las filas para entrar a baños compartidos.

Jeff se quedó pensando un segundo.

—¿Te parece que sería trampa? Nos estacionamos a diez metros de este lugar sin saber en dónde estábamos. Me parece bastante fortuito...

—Completamente fortuito —dije, asintiendo—. ¡Y el cuarto incluye jabón!

Le dimos algo de dinero a Bob y en cuanto se fue, nos pusimos a hacer el tipo de cosas que uno sólo puede hacer cuando está solo. Nos desnudamos. La ropa interior, mi sostén y los calcetines fueron directo al lavabo del baño junto con el delgadísimo jabón de obsequio que Bob nos dio. Para cubrirnos mientras lavábamos la ropa, le arrancamos a la cama las sábanas color gris telaraña y nos envolvimos con ellas. Luego salimos al patio y nos quedamos sentados como pálidos fantasmas sin decir una palabra, sólo bebíamos la cerveza barata que habíamos comprado en la tienda de conveniencia y contamos las olas que podíamos escuchar pero no ver.

Jeff me miró.

—Oye —dijo en voz baja—, no estaba seguro de cómo iba a salir esto, pero me da gusto que estés aquí. Este viaje es mucho mejor de lo que habría sido si hubiera venido solo. Tú ves cosas que yo no.

—Viniendo del señor one_man_tent, lo que acabas de expresar significa mucho —dije.

—Ajá —dijo, haciendo chocar su lata de cerveza con la mía—. Supongo que así es.

• • •

Pero todo fue distinto al amanecer. Fue la primera vez que sentí que realmente descansé desde aquella noche en que no pude dormir en el transbordador griego, pero Jeff estaba enfadado porque me había quedado dormida, y no sólo un ratito. Para cuando salimos del cubil lleno de mosquitos de Bob y nos dirigimos a las laderas del Monte Parnaso, en donde nos esperaba Delfos, ya era más de mediodía. Jeff había planeado hacer su típica visita al amanecer porque, de todos los sitios arqueológicos que ansiaba ver bajo el primer rayo del sol de la mañana, Delfos encabezaba la lista. Pero había perdido su oportunidad.

En tanto que yo solía expresar mi frustración a través de repentinas cascadas de flujo de conciencia, Jeff sólo se quedaba callado como tumba y me forzaba a interpretar su frustración a través de otros detalles como, en ese caso, la fuerza innecesaria con que dejó caer la tapa de la cafetera de cortesía de Bob, la forma grosera en que encajó las piernas en los pantalones y sus golpeadas y recortadas respuestas (*no, ajá, vámonos*).

Ya después de interpretar todo su discurso, entendí que el punto esencial de sus gruñidos monosilábicos y del golpeteo de objetos indicaba que yo lo estaba

9. Conócete a ti mismo

retrasando. Porque Jeff *nunca* se quedaba dormido cuando viajaba solo. De no haber sido por mi letargo, para ese momento él ya habría llegado a Delfos y estaría sentado observando las ruinas sagradas cubiertas por la luz del sol matinal, lo que me hizo preguntarme: si se había perdido ese amanecer, ¿qué otras cosas se había perdido también? ¿Acaso le preocupaba haber puesto en riesgo su estilo de vida al traerme? ¿Estaría imaginando que esta concesión podría convertirse fácilmente en otra?, ¿que para cuando nuestro viaje acabara yo trataría de convencerlo de usar cuatro abultadas maletas, reservar en el London Savoy y darme un anillo de compromiso de Tiffany's?

Mientras me cepillaba los dientes frente al rayado espejo del baño, sentí una punzadita de culpa, pero la indignación la reemplazó casi de inmediato porque ¡dejarme dormir un ratito más no implicaba que luego tendría que hacer reservaciones en un hotel de lujo! Restregué con fuerza mis muelas con el cepillo, y luego salí resoplando del baño. Me dirigí a la mesa de la cocineta, en donde Jeff estaba revisando información en su celular de mala gana.

—¡Escucha! —grité—. Si quieres que las cosas sean exactamente igual a como cuando viajas solo, ¡entonces deberías viajar SOLO!

Jeff levantó una ceja pero no reaccionó. Era el principio de un cisma en nuestra doctrina del «haz lo que te venga en gana». Lo que yo realmente quería hacer era dormir hasta tarde, y él, despertar al amanecer. Ninguno de los dos propósitos era erróneo pero no podíamos llevar a cabo ambos, ¿y entonces qué? A pesar de todas nuestras aspiraciones bohemias, seguíamos enfrentándonos a las lecciones más elementales del compromiso romántico, igual que toda la demás gente.

Ambos guardamos silencio durante el zigzagueante trayecto a la cima de la montaña, pero no de la misma agradable y cómoda manera de antes. Todos mis intentos por hacer las paces fueron recibidos con un cortante «Estoy bien», a pesar de que era evidente que seguía malhumorado por el asunto de Delfos que, para esa hora, ya estaría retacado de turistas que lo despojarían de toda su magia. Pero el temor era infundado. El sol de julio llevaba un buen rato asando el Monte Parnaso. El estacionamiento de Delfos estaba casi vacío y no se veía ni un alma aventurándose a subir por la colina que conducía al caído Templo de Apolo.

Jeff y yo nos separamos en cuanto pasamos por la puerta de visitantes. Él se dirigió al museo y yo me coloqué la mascada como velo sobre la cabeza y empecé a subir la colina sola. A pesar del calor abrasador, el lugar conservaba un aire sagrado que ni siquiera nuestra incómoda pelea tácita pudo dañar. La única razón por la que nos desviamos fue para visitar el Templo de Apolo, en donde el legendario Oráculo de Delfos había proporcionado profecías divinas en medio de ataques de delirante locura durante más de diez siglos.

Los antiguos griegos creían que el rural pueblo montañoso de Delfos era el centro del universo. Por alguna razón parecía adecuado que el epicentro no estuviera ubicado en el Partenón sino en la columna de una montaña remota que daba a un valle vacío, salpicado únicamente por rugosos pinos y altas y larguiruchas hayas. Según la leyenda griega, Zeus liberó dos águilas que volaron al cielo, una al Este y la otra al Oeste. Sus trayectos de vuelo se cruzaron sobre Delfos, en las pendientes del Parnaso, y Zeus declaró de inmediato que aquel aislado pueblo en donde se arreaban cabras era el centro del mundo.

Y de cierta forma tenía razón. Delfos se convirtió, efectivamente, en el sitio más sagrado del mundo antiguo griego. Durante casi diez siglos, líderes políticos, jefes militares y filósofos hicieron peregrinajes partiendo de lugares de todo el mundo antiguo para ir a Delfos a consultar al Oráculo y recibir su mística sabiduría. Y a pesar de haber sido una época tan restrictiva, como bien lo resumió el historiador Tucídides («La mayor gloria de las mujeres es que los hombres no hablen mucho de ellas, ni para bien ni para mal»), el oráculo fue un poderoso y autoritario ícono femenino.

Y no sólo fue una mujer, fueron muchas. Cuando el Oráculo fallecía, a la siguiente sacerdotisa la elegían en la cercana aldea de Delfos. Por lo general era una mujer mayor y honorable de la comunidad, y con pocas obligaciones como las que implica tener hijos o esposo. Tras aceptar el puesto, el Oráculo debía ser marginado para perder todo vínculo con su identidad anterior y poder enfocarse exclusivamente en su papel de profetisa. Cuando se le solicitaba consejo, descendía a un nivel inferior, abajo del Templo de Apolo, y ahí se sentaba en un trípode colocado sobre un respiradero de la tierra. Los ardientes vapores que subían por la grieta la llevaban a un estado extático de unión con Apolo, el Dios de la profecía. Que un Dios

9. Conócete a ti mismo

te poseyera era un asunto muy sensual, una experiencia pletórica de delirio febril, pechos elevándose y visiones reveladoras.

Si Diógenes era el santo patrono de Jeff, entonces el Oráculo de Delfos era el mío, y aquí cabe mencionar que, según se cuenta, Diógenes visitó al Oráculo, y éste le recomendó «invalidar la divisa». El Oráculo era una mujer sencilla que vivía en el remoto acantilado de una montaña y se conectaba con lo divino dopándose con lo que quiera que fuera que manaba de las fisuras de la tierra. Suena como una experiencia encantadora, ¿no es verdad?

Me senté con las piernas cruzadas debajo de un olivo cerca del Templo de Apolo, que ahora era apenas poco más que una losa gigante de piedra y algunos escasos pilares. De pronto un grupo de preparatorianos estadounidenses empezó a congregarse bajo de la sombra de mi olivo, y la mayoría se comportó con la típica indiferencia adolescente. Iban acompañados de una guía, una mujer estadounidense como de cuarenta años vestida en lino blanco de pies a cabeza, a quien nadie le estaba prestando atención.

—Aquí estamos junto al Templo de Apolo, en donde el Oráculo solía entrar en sus estados de éxtasis —explicó, proyectando la voz sobre el grupo de rostros lánguidos—. La mayoría de los pilares ya no están, pero aún podemos imaginar lo magnífico que era el templo. También tenemos que pensar en la famosa frase que está grabada en la entrada: *Gnothi seauton*, que quiere decir, *Conócete a ti mismo*. Todas las personas que visitaban al Oráculo tenían que pasar debajo de esas dos palabras; era la manera de advertirles a los peregrinos que incluso las profecías divinas eran inútiles para quienes todavía no se conocían bien.

• • •

Conócete a ti mismo. A veces me pregunto si los fragmentos de mi paseo mental de dos años podrían resumirse en esa frase. Toda la locura, la lucha inútil, los comienzos en falso... todo eso sólo para verme al espejo y entender en verdad quién me estaba mirando desde ahí.

Austin fue uno de los comienzos en falso. O al menos, eso me pareció en aquel tiempo. Después de pasar seis meses en un estado de desempleo y letargo en casa de mis padres en Fort Worth, me mudé a tres horas al sur para vivir con un inestable novio que tenía y que estudiaba en la Universidad de Texas en Austin. Una fría mañana de enero, justo después de Año Nuevo, abracé a mis padres para despedirme. Se suponía que aquel sería un saludable paso más hacia mi recuperación pero cuando me fui, lloré todo el trecho de la Interestatal 35 que recorrí, de Fort Worth a Austin. Estaba aterrada de estar sola conmigo misma.

Gracias al paciente apoyo de mi madre y a mi cita semanal con el terapeuta, ya llevaba cierto tiempo estabilizándome; desde el verano, para ser más precisa. Podía alimentarme incluso si mi estómago no quería alimentos, aunque mi dieta se limitaba principalmente a sándwiches de jalea y crema de cacahuate, puré de papas y malteadas de proteína. Podía ir a espacios públicos como tiendas de abarrotes, bancos y gasolineras, sin mostrar signos visibles de ansiedad, y también podía cubrirme las ojeras con corrector. Pero esos eran nada más mecanismos para lidiar con la vida. La verdad era que todavía me sentía encerrada en una habitación con una maniaca, y esa maniaca era yo.

Por todo esto, no resulta sorprendente que mudarme de ciudad no me haya curado. La locura me seguía adonde quiera que iba como perro fiel, y eso que fui a muchos lugares. En los primeros seis meses me mudé cuatro veces. Primero me fui con mi novio a un envejecido complejo de ladrillos color ceniza cercano al campus. Se llamaba Villa Arcos. La alberca estaba llena de hierba descuidada y tenía una palmera. No parecía una villa para nada. Mi novio se esforzó por apoyarme cuando mi estado mental era más débil —a veces llegaba a casa y me encontraba totalmente inmóvil en la cama—, pero como era de imaginarse, la relación era tensa. No pasamos de marzo.

Tres meses después de mudarme a Austin, me encontré otra vez varada en una ciudad que apenas conocía. Revisé frenéticamente el sitio de Craigslist en busca de habitaciones baratas en renta. Un señor ya grande me envió un correo diciéndome que tenía un cuarto en una mansión de piedra un poco destartalada pero bastante *cool*, construida en un terreno privado de un par de acres. En la cocina había murciélagos, y tenía que jurarle que *nunca jamás* invitaría a gente a la propiedad, pero la renta era muy baja y yo estaba tan desesperada que acepté las

9. Conócete a ti mismo

condiciones. Un mes después, el casero me ofreció drogas en un tono muy casual y dijo que tenía el plan de convertir el lugar en una colonia nudista. Yo no tenía nada personal en contra de las drogas ni del nudismo, pero si no podíamos dejar entrar a nadie más a la propiedad, lo más probable era que la «colonia nudista» en realidad sólo termináramos siendo él y yo, y la verdad es que no me agradó mucho la idea.

Después de estar en la mansión del negocito nudista, me mudé a una cabaña de una sola habitación en el sur del pueblo. La cabaña le pertenecía a un nuevo novio: un chico que conocí en el baile semanal en la bodega con el grupo de New Age. A este muchacho lo habían criado *hippies* en un autobús escolar convertido, en Hill Country, lo cual no representaba ningún problema para mí excepto por el hecho de que no estaba acostumbrado a encender el aire acondicionado en junio. El día que tuve un sudoroso ataque de pánico en medio de una nube de mosquitos llegué a la conclusión de que no estaba hecha para tener compañeros de cuarto, y entonces fue que firmé el contrato de mi estudito de 35 metros cuadrados con apariencia de jaula de hámster y aire acondicionado silencioso en la parte antigua del poniente de Austin. Ahí viviríamos nada más mis demonios y yo.

La renta de la jaula de hámster la pude pagar con lo que ganaba en el empleo administrativo de medio tiempo que logré conseguir sólo después de entregar cuarenta *currículum* vítae a la semana durante tres meses. El empleo era en una asociación nacional de terapeutas, lo que resultaba demasiado retorcido para ser gracioso. ¡Una lunática en nuestras filas! Ya contándome, había siete empleados. Mi jefa me asignó una oficina amplia para mí sola con una ventana que iba del escritorio al techo y que tenía vista a una reserva natural. Noté que, mientras contestara el teléfono y siguiera archivando papeles, nadie se daría cuenta de que yo estaba ahí.

Lo que más recuerdo de ese primer año en Austin es el silencio parecido a una gruesa frazada de nieve que se posó sobre todo lo que había a la vista. Mi jaulita de hámster era silenciosa. El camino al trabajo también. Mi oficina era como un vacío en dónde sólo se escuchaban el clic de las teclas y algunas llamadas telefónicas apagadas. Era como si hubiera entrado a una especie de purgatorio, a un lugar en medio de algo más en donde no estaba ni viva ni muerta: sólo flotaba bocabajo en un punto intermedio.

En mi oficina, cuando no estaba contestando el teléfono, pasaba horas navegando en Google como si consultara a una adivina: ¿cuál es el objetivo de la vida? Señales de que me estoy volviendo loca. Cómo sobrevivir a una noche oscura del alma... Me interesaban sobre todo los foros de ansiedad en que los miembros posteaban sus interminables historiales de medicación como si fueran medallas de honor en una chaqueta militar: Batalla en Atarax, El último enfrentamiento en Lexapro, la Masacre de Klonopin, la Segunda Guerra de Valium, y la Operación Cymbalta. Cuando mi jefa pasaba afuera de mi oficina, yo escondía rápidamente las pestañas y limpiaba mi historial de navegación; y en cuanto escuchaba que había abandonado el pasillo, comenzaba mi búsqueda de nuevo.

Después de poco más de un año de disfunción absoluta, yo seguía bajo la idea de que había perdido «el verdadero camino», y que sólo lo volvería a encontrar cuando identificara la combinación correcta de manuales de autoayuda, afirmaciones positivas, remedios herbolarios chinos y mantras budistas. Pensaba que sólo me reencarrilaría hasta que limpiara mis chacras bloqueados y terminara de catalogar todos mis traumas infantiles (incluso el del vecinito estúpido que me dijo, cuando yo sólo tenía diez años, que tenía dientes de burro). Las Pléyades tenían que alinearse con Venus. Jesús tenía que descender de entre las nubes con un séquito de ángeles. Y sólo entonces recuperaría mi camino.

Pero si el mandato del Oráculo era *Conócete a ti mismo*, podría decirse que, para empezar, yo nunca había abandonado el camino. Conocerme no sólo era conocer las partes soleadas y llenas de vida, sino *todo* el conjunto: los oscuros recovecos donde se acumulaban el polvo, los miedos privados, las viejas heridas vendadas con torpeza que jamás recibieron tratamiento: el tipo de heridas que no se desvanecen con el paso de los años. El dolor es paciente, por lo que ignorarlo no sirve para hacerlo desaparecer. El dolor continúa habitando las fisuras del cuerpo. Anida en la médula y el hueso, e inventa nuevas maneras de presionar hasta llegar a la superficie y darse a conocer. Entre más tiempo se le ignora, más violenta se vuelve su creatividad.

Yo no les habría prestado atención a mis sombras si el pánico no hubiera sido tan severo, si la sensación de fracaso no hubiese sido tan profunda, si no hubiera caído tan al fondo en un mundo tan demencial como el de Alicia en el País de las

9. Conócete a ti mismo

Maravillas. El nivel de destrucción estaba perfectamente calibrado para despertarme; era una señal de auxilio interior, un macabro derechazo directo a la cara: ¡Oye, tú! ¡Es hora de que prestes atención!

El dolor psicológico no es un enemigo al que puedas hundir a pisotones y enterrarlo en una caja, es una sensación crucial de advertencia (sí, lo admito, una sensación muy desagradable), que tiene como objetivo alertarnos sobre las partes de nuestro ser que necesitan amabilidad, dulzura y cuidados. También puede ser una guía, un artículo de propulsión que nos lanza —pataleando y gritando—, a los extraños caminos que nos llevan al conocimiento de nosotros mismos. El sufrimiento no es la única ruta para entender, pero puede resultar muy efectiva. Después de todo, los peregrinos griegos no buscaron las respuestas a sus preguntas más profundas en la lujosa Atenas, más bien realizaron un largo y arduo viaje hasta el remoto pueblo montañoso de Delfos, un lugar en donde el extremo del mundo era en realidad el centro.

• • •

Cuando Jeff pasó caminando junto a mí con el rostro enrojecido por el esfuerzo que hizo en el escarpado sendero, yo ya llevaba algún tiempo inmóvil debajo del olivo. No nos separaba más de metro y medio, pero no me vio. Estaba tan quieta que me había convertido en otro elemento fijo del peñasco y de la quemada hierba color mostaza. Silbé suavemente cuando él rodeó el camino que llevaba a los cimientos del templo; se quedó paralizado pero luego volteó y escudriñó la colina. Finalmente, posó su mirada en mí.

—¿Sigues furioso? —grité. Mis palabras hicieron eco en el vacío valle.

Jeff caminó de vuelta a mí con las manos en los bolsillos.

—Nah —dijo tímidamente—, ya se me pasó. Ya sé que no debo tener expectativas precisas de cómo tienen que salir las cosas. Llegamos al Oráculo y tú descansaste un poco, es lo que importa.

—Qué bien —dije—. Ahora, tengo una idea. —Abandonamos juntos el olivo y fuimos al Templo de Apolo—. Tal vez sea un poco extraño, pero creo que deberíamos hacerle una pregunta al Oráculo —dije.

Los ojos de Jeff se iluminaron.

—¡Oh, sí! Definitivamente ella sigue por aquí. Vamos a escribir nuestras preguntas. —Nos sentamos en un peñasco tallado y sacamos las libretitas. El calor que la piedra manaba subió por la tela de mi vestido y me empezó a quemar las corvas. No se escuchaba nada, excepto el grave zumbido de las cigarras y el sonido de los lápices rayando el papel. Cuando terminamos de escribir, Jeff cubrió su hoja para que yo no viera.

—¿Qué? ¿Es como los deseos de cumpleaños que, si los enuncias en voz alta no se cumplen? —le dije para molestarlo, pero en realidad, yo tampoco quería leer mi pregunta porque era parte de un diálogo entre el Oráculo y yo: ¿Cómo me preparo para ir adonde me llevará el camino ahora?

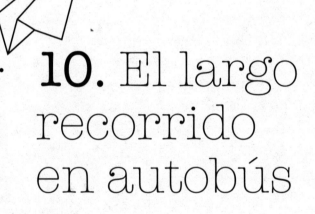

10. El largo recorrido en autobús

Después de estar en la inmovilidad de la montaña de Delfos, en realidad no había nada que hubiera podido hacer para prepararme para el extenuante surrealismo de un viaje de veintitrés horas en autobús saliendo de Atenas. Claro, llevé conmigo una bolsa de fruta fresca para equilibrar el daño de los grasientos pastelitos que vendían en las tiendas donde el vehículo se detenía a descansar, y que amenazaban a mi estómago con una resaca intestinal de dos días. También traté de convencer a la parte baja de mi columna vertebral de que ese minúsculo huequito en el asiento era un pariente lejano de la cama moderna. Peiné mi enmarañado cabello y me apliqué algo de brillo labial en los fugaces descansos de diez minutos que daban para fumar, cuando todos los pasajeros bajaban del autobús en una somnolienta fila y convertían el estacionamiento del lugar en una humeante fábrica donde cada cabeza era una chimenea.

 Pero a pesar de todo mi esfuerzo, nada impidió que las horas se encadenaran y sangraran como crayolas debajo de una secadora de aire caliente. En algún momento —después de «X» número de cruces de fronteras, «Y» número de gasolineras y «Z» número de veces que se me durmieron las extremidades—, empecé a perder la noción de en qué país me encontraba. Y después de algunas horas pasadas en vela, por lo general en la madrugada, empecé a olvidar incluso adónde quería ir al principio del viaje. Olvidé lo que había sido mi vida entera antes de subir al vehículo. La interminable secuencia de postes de luz y campos vacíos me hipnotizó hasta hacerme creer que el autobús era lo único que existía en ese momento, o que alguna vez existió.

 O al menos, así fue como me sentí cuando por fin llegamos a Budapest.

• • •

Jamás planeamos ir tan al norte. El mapa recortado que Jeff tenía de Turquía y los Balcanes sólo llegaba hasta Serbia, pero Serbia no era parte del recorrido, de hecho lo verificamos antes de salir de Atenas para ir a Delfos.

—Todos los autobuses que van a Belgrado están *llenos* —nos dijo con firmeza la chica en la estación. Tenía luces rubias en el cabello, y sus uñas pintadas de un inequívoco color fucsia, no dejaban de teclear.

—No hay problema —dijo Jeff—. ¿A dónde más podemos ir?

—¿Adónde más *quieren* ir? —preguntó ella.

—Elija usted —contestó él—, nos da lo mismo.

La chica arqueó sus escépticas y delicadamente depiladas cejas, nos miró y encogió los hombros girando hacia un gran mapa en la pared.

—Ustedes díganme.

Jeff volteó a verme.

—¿Adónde? ¿Quieres elegir esta vez?

Había llegado mi turno de decidir. Caminé titubeante hasta el mapa y recorrí las distintas rutas con el dedo índice. *Cracovia, Novi Sad. Budapest. ¿Cuál?* Era sencillo tomar decisiones por mí misma pero en general prefería lazar gatos salvajes con una soga que decidir en nombre de otras personas. Tenía miedo de la responsabilidad, miedo de elegir algo que no le gustara a nadie más, o de que los otros pudieran rastrear todos los problemas que se presentaran de ese momento en adelante —neumáticos ponchados, pasaportes robados, casquetes polares en recesión—, llegar a la fuente y descubrir que todo era culpa de esa única y poco brillante decisión que yo había tomado. En lo que se refería a decisiones grupales menores, la flexibilidad pasiva era la ruta más segura para evitar el conflicto y toda la furia de las emociones derivadas de éste. Era un mecanismo de protección.

Pero mi vacilación también me confundía porque no estaba viviendo a la altura de mi ideal femenino de mujer poderosa como la icónica Rosie, la Remachadora. Rosie tenía unos bíceps fabulosos y una mirada que podía derretir acero; sabía lo que quería y no tenía miedo de expresarlo. ¿Sería posible que yo estuviera reprobando las lecciones elementales de feminismo sólo porque no tenía deseos u opiniones articuladas con claridad? ¿Era una mujer débil por querer que alguien más eligiera el siguiente destino en el mapa? ¿Cuál era la gran dificultad de escoger una ciudad?

Balanceé mi dedo diez latitudes al norte sólo para probar que podía hacerlo.

10. El largo recorrido en autobús

—Vamos a Budapest —dije con decisión—, siempre he querido ver el Danubio. —La firmeza de mi voz me sorprendió tanto que empecé a dudar—. Pero claro, sólo si *tú* también quieres ver el Danubio. Y por supuesto, también podría ir a Macedonia, o incluso a...

—¡Ninguna respuesta es incorrecta! —exclamó Jeff, mirándome, y luego volteó a ver a la señorita—. Dos boletos a Budapest, por favor.

—Es un viaje de veintitrés horas —dijo ella tecleando con sus uñas color flor de Jamaica—. El autobús sale el jueves a las 6:00 a.m. No lleguen tarde.

• • •

En un autobús que viaja a través de todo un país, el entretenimiento se limita a mirar por la ventana, jugar solitario hasta que a tu celular se le acaba la batería, y a psicoanalizar a los demás pasajeros. Pero por desgracia, en lo que se refería a observar gente, mis opciones se limitaban a la pareja de ancianos que roncaba frente a nosotros, y al operador del autobús: un hombre que se estaba quedando calvo y que, a pesar de estar sentado frente a una placa que decía «no fumar», movía el volante con la mano derecha y sostenía un cigarro encendido con la izquierda. Cualquier voyerismo adicional estaba limitado a las paradas de descanso y los cruces fronterizos.

Cuando nos detuvimos para que nos sellaran el pasaporte en Macedonia, sin embargo, vi a Ojos de Láser, otro pasajero del autobús.

—Seis en punto. Tenemos un avistamiento extraterrestre a las seis en punto. ¿Me copias? Cambio y fuera —le susurré a Jeff al oído.

Jeff giró casualmente la cabeza a la posición de las seis en punto y luego la regresó a su lugar con un solo movimiento brusco.

—Ay, por Dios, ni siquiera está tratando de pasar desapercibido.

«Extraterrestre» era nuestra palabra clave para designar a cualquier persona que no pareciera ser de este mundo del todo. En este caso era un tipo que parecía recién bajado de una nave espacial. No era alto pero su complexión era como de un tanque con carnosos bíceps atornillados; y tenía un relamido y espantoso corte ochentero —corto por delante y largo por atrás—, que le llegaba hasta los corpulentos hombros. Tendría unos cuarenta años. Era imposible señalar su etnia. Usaba jeans Levi's. Pero lo que realmente lo delataba eran sus ojos color azul hielo como láseres con los que no te miraba a ti, sino *a través* de ti.

Cuando volvimos a subir al autobús con nuestros pasaportes sellados, pasé junto a él y lo rocé sin querer. Estaba formado en la fila, fumando con serenidad mientras sus ojos fisuraban mi ser.

—Maldita sea, me está viendo —dije entre dientes.

—No, estoy seguro de que me mira a *mí* —añadió Jeff.

—¿Sabes qué? Es casi como si pudiera mirar en todas direcciones al mismo tiempo, como una Mona Lisa mutante.

—Poderes panópticos, muy bien —dijo Jeff.

—Yo creo que es un sicario con gusto por el sadismo —susurré cuando nos sentamos—. Es como si en lugar de sólo dispararte con un silenciador en un callejón, intuyera telepáticamente tu fobia más profunda y diseñara una elaborada trampa mortal. Tal vez un día abres el clóset por la mañana y en lugar de ver tu ropa de J. Crew, encuentras cientos de tarántulas venenosas.

—Podría ser —dijo Jeff—. O quizás es un muerto que cometió un crimen de guerra y fue sentenciado a viajar en el autobús de Atenas a Budapest de ida y vuelta por toda la eternidad.

Jeff y yo podíamos transformar cualquier cosa en un juego. Éramos como un par de chiquillos con una caja de embalaje para refrigerador. En manos de alguien más, la caja nada más era un mundano objeto sin otro destino que ser reciclado, pero si llegaba a nuestro poder se convertía en una deslumbrante máquina del tiempo o un submarino en lo profundo del mar. Estando en Austin inventamos todo tipo de juegos. A veces elegíamos un cafecito ordinario o una cafetería gourmet; primero entraba yo, ordenaba algo y me sentaba. Luego entraba él, ordenaba también y se sentaba casualmente en la mesa contigua. Fingíamos no conocernos al principio, pero luego la escena iba gradualmente en ascenso.

Él me preguntaba gritando a todo pulmón si podía pasarle la sal. Yo le preguntaba si era Piscis, luego él, pensativo, me preguntaba quién era mi integrante favorito de N'SYNC («Joey, naturalmente.») Después yo aseguraba que lo había

10. El largo recorrido en autobús

visto en Tinder («¿No eras tú? ¿En una foto en la que sales sin camisa sosteniendo una trucha?»). Luego él juraba una y otra vez que había inventado Facebook cuando Mark Zuckerberg todavía estaba en pañales. Yo confesaba que había crecido en el Amazonas porque mis padres eran testigos de Jehová y misioneros. Y para cuando terminábamos de almorzar, él ya estaba robando trocitos de los huevos benedictinos en mi plato mientras yo anotaba mi número de teléfono en su libreta. («Pero no me llames antes de las 10 de la noche porque a esa hora termina mi turno en Videos para Adultos. Por cierto, si te interesa, te puedo dar un descuento de cinco por ciento.») Y al final, después de conmocionar y asombrar, salíamos volando del restaurante dejando atrás una multitud de comensales boquiabiertos.

Jeff jugaba con su hija de la misma manera que lo hacía conmigo. Los fines de semana vagaban por diferentes ciudades —College Station, Houston, San Antonio y Austin—, en donde buscaban tesoros en basureros, pintaban unicornios con gis en los estacionamientos Kroger, o buscaban dragones en rejillas callejeras con olor a moho. En la mente de Sibel, el hecho de que su padre se mudara a un contenedor de basura era una propuesta perfectamente aceptable. ¡La casa nueva de papá era un fuerte! ¡Una caverna secreta! ¡El mejor lugar para jugar a las escondidas! Y es que Sibel, con sus cinco añitos, poseía la misma naturaleza temeraria y flexible de su padre. Para ellos todo era un juego.

Conmigo sucedía lo mismo. Todo, absolutamente todo —de los estacionamientos macedonios a los pasos elevados sobre carreteras interestatales—, podía ser fantástico si se le observaba a través de cierta lente que reconociera el mero hecho de que, dada nuestra ubicación en un universo de 14 mil millones de años espolvoreado con 100 mil millones de galaxias, éramos un suceso increíblemente extraño e improbable. Tanto Jeff como yo creíamos que, ya que nos habíamos ganado dos boletos genéticos para entrar a este parque de diversiones planetario, pues, ¡maldita sea!, ¡ahora nos divertiríamos con toda la energía posible! Despegaríamos sin equipaje y también nos embarcaríamos en un viaje de veintitrés horas en autobús a Budapest.

• • •

En cuanto el autobús por fin nos dejó en una estación de autobuses casi vacía en Budapest, verifiqué si Ojos de Láser seguía ahí, pero no pude verlo, y eso me causó mucho alivio. Lo último que quería era que me observara un fantasma. Eran las 5 de la mañana y Jeff y yo habíamos alcanzado niveles críticos de suciedad. Pero este nuevo nivel no tenía nada que ver con nuestra falta de equipaje, ya que incluso si hubiera traído conmigo un campo entero de lavanda y un juego de maletas de cinco piezas, de todas formas habría terminado oliendo como un brócoli que se quedó en el refrigerador por demasiado tiempo. Nuestra suciedad tenía más bien que ver con el hecho de que resultaba imposible eludir el peligro higiénico de hacer un viaje de veintitrés horas en autobús.

Esta vez sí pudimos ponernos de acuerdo con una anfitriona de Couchsurfing, pero el sol todavía no había ni comenzado a salir, y era demasiado temprano para tocar a su puerta y suplicar que nos dejara tomar una ducha. Como no podíamos hacer nada más, tomamos un tranvía subterráneo hasta el distrito central y empezamos a caminar adormilados a la deriva por las calles vacías.

Es muy raro conocer una ciudad en medio de la pedregosa inmovilidad previa al amanecer porque uno termina interpretando el lugar a través de sus fachadas en lugar de sus rostros. Las fachadas de Budapest eran un misterio, me recordaban a otras ciudades europeas que había visto; era como si los edificios hubieran sido arrancados de París, Viena y Berlín, y colocados a lo largo de las riveras del Danubio para crear una imitación de adornos *art nouveau*, domos barrocos y arcos góticos.

El castillo Buda, un palacio barroco ubicado en lo alto de una colina, visible desde cualquier punto de Budapest, es el único registro fósil de la tumultuosa suerte de Hungría. Sus altos muros han sido atacados más de treinta y un veces; los tártaros los atravesaron al igual que los turcos y los habsburgos. Medio millón de judíos húngaros fueron asesinados en el holocausto durante la ocupación alemana, y en 1956 los soviéticos entraron con escuadrones de tanques para sofocar la revolución húngara en contra del Pacto de Varsovia, que forzaba a Hungría a formar parte del bloque oriental hasta la década de los noventa.

Pero a pesar de todo lo anterior, todavía existe un espíritu húngaro distintivo. Es ese trasfondo magiar que aún se preserva en el lenguaje mismo —una lengua peculiar que suena a canción y que casi no se parece a ningún otro idioma europeo

10. El largo recorrido en autobús

a pesar de que Hungría está incrustada justo en medio del continente—; también se le encuentra en la cocina húngara, que destaca el fuerte sabor de la paprika, la pimienta, el azafrán y el jengibre. El espíritu se encuentra en la yuxtaposición de la gente que combina su apasionada valentía y su alegre hospitalidad, con la melancolía y la tristeza nacional. «*Sírva vigad a Magyar*», reza el antiguo dicho: los húngaros pueden llorar y divertirse al mismo tiempo.

• • •

De acuerdo con su perfil de Couchsurfing, Dorottya era una crítica de cine de veintitantos años. *Escritora, soñadora, excursionista.* Tenía tenues pecas y flamante cabello rojo acomodado en una cola de caballo floja. De inmediato me pareció el tipo de persona cuyo tranquilo y dulce exterior escondía cierta extravagancia en el interior.

—Estoy retrasada con la reseña de una película, espero que no les moleste arreglárselas ustedes mismos —nos dijo cuando hicimos el recorrido del hogareño departamento con duela que compartía con otras tres compañeras. Luego abrió una alta puerta de madera que conducía a una habitación soleada, decorada con un *collage* de muebles de universitario—. Mi compañera salió de la ciudad —nos explicó—, pueden quedarse aquí.

Y cuando nos dijo que podíamos darnos una ducha y meter nuestra ropa a la lavadora, estuve a punto de arrodillarme y besarle los pies.

—Si *de verdad* quieren sentirse limpios, deberían visitar un baño público húngaro —nos recomendó—. En Budapest hay más de cien manantiales de agua termal.

—Gracias pero yo suelo evitar cualquier ambiente relacionado con el agua o el jabón a menos de que sea absolutamente necesario —dijo Jeff. Y no era una exageración; de hecho, tenía una expresión facial específica para su baño semanal: era una mueca de dolor como de niñito al que le acaba de caer jabón en los ojos.

Pero a diferencia de Jeff, en lo que se refería a bañarse yo pertenecía a la escuela de pensamiento de Sylvia Plath. *Nunca me siento tan yo como cuando tomo un baño caliente*, escribió la poeta. Y yo estaba de acuerdo. Los baños eran como hogares seguros, santuarios parecidos al vientre materno en donde nada ni nadie podía entrar (ni siquiera los teléfonos inteligentes). De hecho, si no me preocupara tanto la posibilidad de agotar los suministros acuíferos, podría sentarme muy feliz debajo de una ducha hasta que mi cuerpo se transformara en una pálida y arrugada pasita. Mis padres pueden confirmarlo. Antes de mudarme de su casa la primera vez, todavía tenían que golpear con fuerza la puerta del baño para recordarme que de los cinco hijos que tenían, yo era la que estaba inflando su factura del agua sin ayuda de nadie. ¡*No puedo evitarlo!* Quería gritarles desde el otro lado de la puerta. *Sólo aquí me siento segura.*

Por ahí dicen que el agua en los sueños representa emociones. Océanos agitados, lagos plácidos, ríos crecidos: yo de verdad soñaba mucho de eso. Me había tomado buena parte de mi vida comprender que mi sistema nervioso era más sensible que el de los chicos promedio que vivían en mi cuadra; la verdad es que no todos podían entrar caminando a una fiesta y *percibir* de manera intuitiva el paisaje emocional interior del individuo que estaba preparando los tragos con gelatina.

Cuando era niña podía evaluar el estado de ánimo de mi madre por la mañana tan sólo con escuchar el peso de sus pasos en la escalera. Y cuando mi papá veía *The Karate Kid*, yo podía sentir en las vísceras el enfermizo crujido que se escuchaba cuando Johnny, el bravucón de la película, le daba aquel golpe ilegal en la rodilla a Daniel San durante la escena final. Los límites entre el mundo exterior y mi ser eran tan porosos y delgados como el papel. Pasaba mucho tiempo imbuida de emociones que, en muchos casos eran las mías, pero en muchos otros, no. La tina era mi escape, la única guarida en donde todo se me deslavaba del cuerpo y se iba por el oscuro torbellino que se formaba en el desagüe.

...

Dorottya me recomendó bautizarme en los baños termales del Hotel Gellért, un famoso y antiguo ícono de Budapest a la orilla oeste del Danubio, del lado del Buda. Antes de que celebraran una —más o menos recientemente—, especie de matrimonio municipal en 1873, Budapest era en realidad dos ciudades. Al Oeste se encontraban las onduladas colinas de Buda adornadas con castillos; al Este, las desbordantes

10. El largo recorrido en autobús

planicies burguesas de Pest; y en medio, separándolas, pasaba el listón color gris neblina del Danubio (o *Duna*, como le llama la gente local). Afortunadamente, era fácil navegar en ambos lados de la ciudad. Un breve tranvía desvencijado que atravesaba el río me llevó hasta la escalinata del frente del Hotel Gellért, una gema imperial del *art nouveau* justo en medio del agua.

    Cuando caminé por el imponente vestíbulo centenario con mi vestido mugriento, me invadió una inesperada oleada de vergüenza. En el vestíbulo había una cúpula abovedada de cristal de dos pisos, pilares ornamentales, y una serie de estatuas desnudas en los recovecos de las paredes cubiertas con terciopelo rojo. El lugar parecía más un palacio del mundo antiguo que un spa. Todo el edificio era como un monumento vivo en memoria de aquellos tiempos en que el telégrafo y las pipas de tabaco causaban conmoción. El efecto era tan convincente que incluso pensé en hacerle una ligera reverencia ceremonial al empleado que me entregó el traje de baño y me indicó en dónde se encontraban los vestidores.

    Camino a los vestidores me pregunté si existiría un código de buenos modales para el baño húngaro. *Y si así fuera, ¿cuál era? ¿Era obligatorio usar la gorra de baño? ¿Alguien se sentiría ofendido por la descuidada selva que llevaba entre las piernas?* Pero irónicamente, mi preocupación por cometer una falta cultural fue lo que me llevó a hacerlo. Cuando entré al vestidor, de pronto me encontré parada en medio de una multitud de panzas velludas y miembros viriles. Era evidente que había cometido un grave error de navegación. Jamás había visto algo así, excepto tal vez en las fotografías en blanco y negro de un libro de mi mamá llamado *The Family of Man*. Las únicas palabras que alcancé a decir fueron, «Ay, *por Dios*».

    Pero afortunadamente la ayuda llegó con prontitud. *Por aquí, señora*. Un empleado me alejó con toda amabilidad de los miembros viriles y me condujo hasta el vestidor de mujeres. Para cuando me puse el Speedo color azul marino que había rentado y salí al complejo de piscinas, mis mejillas todavía ardían, pero por suerte, a mi vergüenza la mitigó un poco la noción de que acababa de entrar a una especie de nirvana del aseo. Había suficientes piscinas para que Dr. Seuss hiciera un poema: piscinas interiores, piscinas exteriores, piscinas calientes, piscinas frías, piscinas minerales y piscinas de olas.

Me dirigí a la piscina de olas tratando de evitar a toda costa el contacto visual con cualquier hombre cuyo vello en las piernas me resultara familiar. Pero afortunadamente las suaves ondulaciones del agua me apaciguaron y alejaron el recuerdo de los penes colgantes y los desprovistos baños de los paraderos de autobús. Ése era el ritmo del viaje: fatigantes maratones de movimiento interrumpidos por sorpresivos momentos de calma en los que el tiempo se desaceleraba y no había ningún otro lugar dónde estar excepto justo ahí, flotando con los ojos cerrados en una piscina.

La calma líquida duró máximo una hora. No estoy segura de en qué momento empezaron a juntarse las nubes color carbón, pero sé que no fui la única que fingió no ver la oscura pared que se había movido del horizonte lejano para colocarse justo encima de la piscina de olas del Hotel Gellért. Nuestra negación colectiva tuvo un final abrupto gracias al primer trueno que sonó a golpe de timbales. Yo ya había visto suficientes tormentas veraniegas en Texas para saber que esto se convertiría en una verdadera tempestad. El viento arreció y comenzó a latiguear los letreros y las sillas alrededor de las piscinas. De repente, la piscina de olas dejó de mecerse, y varias gotas gruesas de lluvia cayeron sobre la terraza para asolearse. Los niños empezaron a gritar cuando la lluvia bombardeó la plataforma sin miramientos. Los padres también gritaban mientras reunían las sandalias y las toallas.

Salí de la piscina y me paré afuera de los vestidores, justo en la entrada, donde las mujeres no dejaban de dar alaridos. Era encantador tener un pretexto para abrir los pulmones y emitir un lindo y largo grito. Además de los juegos de futbol y los conciertos, la verdad es que no hay muchas oportunidades para desplegar el volumen en público —para gritar, dar alaridos y aullar—, lo cual es una pena porque resulta muy satisfactorio gritar desde el fondo de las vísceras de vez en cuando. Sola bajo la torrencial lluvia —era la única bañista que quedaba en la plataforma de las albercas del Hotel Gellért—, y cubierta exclusivamente por el Speedo que había rentado, yo también grité. Y como siempre sucede cuando hay agua de por medio, se sintió increíble.

• • •

10. El largo recorrido en autobús

El Hotel Gellért no fue el primer lugar en donde tuve un estallido de emoción. En el segundo semestre de mi locura, di una actuación igual de épica. Fue un tipo de día muy distinto, una de esas tardes sofocantes de Texas en que las cigarras chirrían desde los árboles como si el apocalipsis ya estuviera cerca. Mis padres estaban en Austin visitándome por un fin de semana, y los llevé a una exposición de arte en el campus de la Universidad de Texas. No recuerdo ni una sola pincelada de la exposición, lo único que me viene a la mente es lo que sucedió después: los universitarios de ojos brillantes caminando con paso seguro por el campus con sus mochilas llenas de textos escolares y sus futuros llenos de planes. Mi padre, el arquitecto, estaba tomando fotografías de cornisas redondeadas, pero yo seguía concentrada en las mochilas. Al igual que los portafolios, las mochilas que se llevaban a la espalda eran un tipo de equipaje que transmitía la idea de un propósito. Incluso si sólo era una ilusión, los estudiantes con sus mochilas a la espalda tenían un objetivo. Quizás llegarían a ser abogados, doctores y directores de mercadotecnia. En las cenas importantes podrían responder sin titubeos cuando, bebiendo un martini, se enfrentaran a la inevitable pregunta: «Y entonces, ¿a qué te dedicas?».

Yo me moría por tener certidumbre, pero ésta se encontraba totalmente fuera de mi alcance. Llevaba año y medio dándole vueltas a un cubo de Rubik mental, y todavía no me acercaba a resolver el algoritmo ni tantito más que cuando empecé.

Parada bajo la sombra del reloj de la torre de la Universidad de Texas, pensé que no tenía garantía de que mi búsqueda culminaría en algún momento en alguna gran revelación. Quizás jamás resolvería X. Tal vez nunca estaría segura de que el universo era algo más que un espacio frío y caótico contaminado con estrellas hasta el infinito. Quizás nunca entendería por completo la forma tan aleatoria con que el dolor, el sufrimiento y la muerte parecen dar el golpe con tanta frecuencia. Quizás jamás podría sacudirme la locura. Quizás jamás volvería a ser normal.

La epifanía en el campus fue algo más que la experiencia de una protegida chica blanca de los suburbios que de repente se percató de que ni siquiera sus privilegios podrían salvarla del sufrimiento y la incertidumbre (aunque debo admitir que sí tenía privilegios). La pesadez me abarcaba pero también se extendía más allá. Todos estábamos atrapados en un mundo demencial, de verdad demencial, con el que nadie sabía cómo lidiar. Por supuesto, la religión ofrecía algo de alivio, ¿pero qué tal si no estabas convencido por completo de la existencia de un espíritu invisible en el cielo? ¿Entonces qué? («Volviste a la Tierra. No hay cura para eso», escribió Samuel Beckett).

La incertidumbre se acumuló en mi pecho mientras caminaba con mis padres, y luego, sin advertencia alguna, un gruñido gutural subió por mi garganta y salió disparado de mi boca. Las lágrimas cayeron a la acera, y para cuando comprendí que eran mías, ya era demasiado tarde. Estaba al límite, llorando en público para que me viera cualquier persona interesada en observar.

Mis padres no trataron de acallarme y tampoco me preguntaron qué sucedía: sólo me rodearon con sus brazos y me estrujaron. Fue la única respuesta firme que podían ofrecerme.

11. El camino a Sarajevo

En cuanto la frase «pedir aventón» salió de la boca de Dorottya, me estremecí. Era nuestra segunda noche en Budapest y ella estaba en la cocina cortando zanahorias y añadiéndolas a la cacerola de *goulash* húngaro que ya llevaba horas cociéndose a fuego lento. Jeff y yo estábamos sentados a la mesa, revisando con cuidado un mapa de los Balcanes tras un día de relajada vagancia por la ciudad.

—¿Saben? Si de verdad quieren probar lo desconocido deberían intentar pedir aventón de aquí a Sarajevo —dijo Dorottya—. Es la sensación más increíble del mundo porque nunca sabes quién vendrá por la carretera ni cuándo conseguirás el siguiente viaje. Puede suceder cualquier cosa.

Analicé la maraña de carreteras en el mapa tomando en cuenta su sugerencia. Desde un nivel meramente analítico me oponía a la idea de dejar nuestro destino en manos de lo caprichoso de la carretera. Pedir aventón en Europa era más común y seguro que en Estados Unidos, pero incluso en medio de nuestra aventura nómada, implicaba demasiadas variables incontrolables para mi gusto. En dos días teníamos que volar del sur de Croacia al Reino Unido para la tercera y última parte de nuestro viaje. Eso significaba que todavía había 800 kilómetros y dos fronteras que cruzar entre el lugar donde nos encontrábamos y nuestro destino. Nos estábamos quedando sin tiempo para sorpresas.

Pero por otra parte, también estaba el escalofrío, ese sutil llamado interno que era como si alguien me hubiera atado una soga alrededor de la cintura y ahora jalara con suavidad pero también con firmeza hacia un sendero distinto y más interesante. Pedir aventón no era la mejor idea que se nos había ocurrido, pero tenía la sensación de que, de una forma u otra, terminaríamos en la carretera con el pulgar levantado.

Jeff intervino.

—Pues no hemos comprado los boletos de autobús y ni siquiera creo que tengamos muchas opciones.

Entonces por un instante nos imaginé varados en una carretera bosnia pero hice a un lado esa imagen de inmediato. *Pero, ¿pues qué demonios?*

—De acuerdo, hagámoslo —dije—. Mañana nos levantamos temprano y pedimos aventón hasta Sarajevo.

—No se preocupen, la verdad es que es muy sencillo —explicó Dorottya, al mismo tiempo que mezclaba el contenido con aroma a paprika de la cacerola en la estufa—, en especial para las mujeres porque a los conductores les resulta más cómodo dejar a una chica subir a su auto. Lo único que hay que hacer es mostrar el pulgar, hacer contacto visual y esperar. En cuanto alguien se detenga y te ofrezca un aventón, lo miras a los ojos y confías en tus instintos. Si algo te resulta extraño, mejor déjalo ir. Rara vez pasa algo malo, pero hay que tener precaución. Yo jamás me he sentido insegura en los aventones que me han dado, y puedo decir que lo he hecho en toda Europa.

—Espera, ¿lo has hecho sola? —Estaba asombrada. La pecosa Dorottya era delgada, de apariencia dulce, y carecía totalmente de esa vibra ruda de «No te metas conmigo» que, según yo, era un prerrequisito para cualquier mujer que anduviera por ahí pidiendo aventón sola. Pero tal vez mi imaginación era limitada. La idea de que las mujeres viajaran solas estaba rodeada de conjeturas falsas y cierta aura de peligro, y quizá me sucedía lo mismo con pedir aventón.

Además de las referencias de Dorottya, las otras crónicas de primera mano que tenía respecto a pedir aventón provenían de mi madre, quien, el día que cumplió dieciocho años se fue de San Francisco a Vancouver, Canadá, en donde celebró la llegada de su mayoría de edad yéndose a meter a un hostal barato. Ahí se hizo amiga de otra adolescente itinerante que compartió con ella el arte de pedir aventón. Mi inquieta madre se abrió camino levantando el pulgar, y así fue como viajó hacia el norte a lo largo de la costa canadiense, en la que sería la primera de sus muchas aventuras como excursionista en todo el continente. El viaje inaugural terminó sin mayor problema —excepto por el conductor de tráiler que andaba por las curveadas carreteras de la costa a 140 kilómetros por hora y el tipo que fumaba puro y le ofreció a mi madre un empleo de «bailarina». La primera noche la pasó sola en una helada playa canadiense en donde durmió enterrada bajo la arena para conservar su calor corporal porque, en

11. El camino a Sarajevo

su prisa por huir de San Francisco olvidó meter una bolsa de dormir en su mochila de exploradora. Mi madre siempre sacudía la cabeza cuando recordaba esa época. «Era tan ingenua... es increíble que no haya terminado muerta».

Tal vez mi madre era ingenua, pero al igual que Dorottya, también tenía una asombrosa vena intuitiva. Cuando yo estaba en la preparatoria, aunque nerviosa, mi madre viajó sola a Oriente Medio. Ése fue su primer viaje al extranjero, y lo realizó para poder estar con Anna, mi hermana mayor, quien estaba a punto de dar a luz en Mascat, Omán. Durante su viaje hizo una visita a la Gran Mezquita del Sultán Quaboos, en donde discutió los principios del Islam con un Imán de voz suave. Se sintió conmocionada por lo que escuchó, ya que la iglesia le había enseñado que todos los musulmanes estaban equivocados y su destino era ir al infierno; sin embargo, justo frente a sí pudo ver la misma devoción, la pasión por orar, la noción de responsabilidad moral y, por supuesto, esa misma convicción de estar enunciando la verdad absoluta. La doctrina era un poco distinta, pero el fervor era idéntico. Percatarse de esto la conmocionó profundamente. Luego tomó un avión de vuelta a Fort Worth, a nosotros, y regresó con más preguntas que respuestas. Esa atracción interna fue lo que dio inició al éxodo que llevó a cabo mi familia para dejar atrás a la iglesia evangélica.

•••

El único problema del llamado interior es que, aunque casi puedes confiar en él, nunca es posible garantizar que su metodología será particularmente directa. Porque a veces uno tiene esas mágicas corazonadas que surgen directo de las entrañas y que tienen como resultado la alineación de los planetas, una alfombra roja que se desenrolla a tus pies y un guapo mensajero de Fed Ex entregando un suministro de por vida de Nutella en tu domicilio, pero el artero llamado interior es igual de capaz de llevarte a un acantilado y luego desaparecer, dejándote ahí para que te las arregles sola; y entonces tú te olvidas del sencillo hecho de que moverse trabajosamente al borde del acantilado es, a menudo, justo lo que produce la magia.

A la mañana siguiente que salimos del departamento de Dorottya de puntillas, muy temprano, no me esperaba una alfombra roja, pero tampoco imaginé que tendríamos que enfrentar una buena dosis de problemas. En realidad no había señales de que nos estuviéramos acercando al borde del acantilado. Era domingo y las calles de Budapest estaban tranquilas y tenían esa quietud de resaca que siempre imbuye las ciudades después de una noche larga de fin de semana. Los botes de basura públicos estaban rebosantes de latas de cerveza y envolturas de comida barata para llevar. Jeff sumió el brazo completo en uno de los botes, hizo el tipo de ruido que haría un mapache, y finalmente sacó un par de trozos mohosos de cartón, con una expresión de satisfacción en el rostro. Nos sentamos en la acera vacía y, con el marcador rojo que Dorottya nos había dado como regalo de despedida, escribimos «SARAJEVO» con letras gruesas.

Iba a ser un viaje largo. Sarajevo estaba a poco más de 600 kilómetros al sur, y para llegar ahí tendríamos que cruzar la frontera húngara del sur, saltar por un pedazo del norte de Croacia y luego atravesar en la misma dirección, cruzando la mitad del centro de Bosnia-Herzegovina para llegar a Sarajevo, en donde, por cierto, ¡tampoco teníamos un lugar para dormir! Como veníamos de Texas —que es un enorme pedazo de tierra de casi 1,300 kilómetros—, 600 kilómetros no representaban para nosotros más que una rápida excursión de medio día al otro lado del estado, sin embargo, estábamos tratando de viajar de aventón, y así era imposible saber cuánto nos tomaría recorrer esa distancia.

Armados con nuestro letrero de cartón, una botella de jugo de naranja y un par de pastelitos húngaros, nos dispusimos a buscar nuestro destino en el sitio de partida preferido de Dorottya, quien nos lo había marcado con un círculo en el mapa. El lugar era una rampa de entrada a la carretera en el borde sur de la ciudad. Para llegar ahí tuvimos que tomar un desvencijado tranvía hasta la zona de la ciudad en que los lúgubres edificios soviéticos de departamentos daban paso a lotes llenos de hierba descuidada y bodegas industriales. Y ahí fue donde empezaron los problemas para avanzar.

No estoy segura de cómo dimos vuelta, quizás fue el hecho de que nuestros oídos no pudieron vincular la forma en que estaban escritos los nombres de las calles húngaras en el mapa, con los sonidos que salían de la boca del operador del tranvía. O tal vez sólo no prestamos suficiente atención. De cualquier forma, terminamos en un bulevar desconocido, totalmente desorientados. Jeff detuvo a

11. El camino a Sarajevo

varios peatones al azar para pedirles ayuda pero las únicas palabras en húngaro que realmente manejábamos eran «hola» (*sziasztok*) y «goulash».

A continuación nos lanzamos a un rally de navegación. Una pareja de delgados preparatorianos nos dijo que debíamos regresar en el tranvía. Hicimos lo que nos dijeron, pero ya en el tranvía otra mujer nos informó que, no, que todavía íbamos en la dirección equivocada. La presión sanguínea de Jeff empezó a aumentar cuando nos bajamos del vehículo y regresamos al lugar de donde habíamos venido. Y entonces tuve que trotar para ir a la par de sus largos pasos. Y es que a Jeff no le importaba estar perdido cuando *elegíamos* estarlo, pero esto era distinto. Teníamos que llegar a un lugar y él no estaba logrando llevarnos allá.

Al principio, la confusión de Jeff me resultó intrigante porque él rara vez se inquietaba. Yo estaba consciente de que estábamos perdiendo el tiempo en medio de aquel nubarrón de lotes vacíos y pasos elevados grafiteados, pero también me satisfizo observar el proceso de Jeff. Por desgracia, mi actitud positiva y mi disposición a dejarme llevar por la corriente empezaron a decaer cuando terminamos en unas instalaciones ferroviarias abandonadas porque no pudimos interpretar correctamente las instrucciones que nos dio una mujer que incluso tomó una manguera y, en un acto de generosidad, trazó un mapa en el lodo de su jardín.

—¡Puta madre! —dijo Jeff.

—Mira, olvidémonos del lugar de la suerte de Dorottya para pedir aventón, y sólo vayamos a la carretera más cercana —propuse.

Empezaba a hacer calor. Las perlas de sudor ya recorrían a raudales mis piernas, y de la copa del Stetson de Jeff salía una banda de líquido oscuro. Yo tenía la garganta seca, la botella de jugo de naranja ya estaba vacía y también nos habíamos acabado casi todo el pan. Perdimos toda la mañana deambulando por la periferia de Budapest y yo estaba poniéndome irritable.

Mi estado de ánimo empeoró cuando noté que mi ropa interior estaba más húmeda de lo normal. Nos detuvimos en una gasolinera de la carretera en donde confirmé que, efectivamente, mi período había comenzado, y sí, había empacado sólo dos tampones que me tendrían que durar un día completo de excursión y la última parte del experimento. Revisé el calendario antes de salir de Estados Unidos porque sabía que en algún punto del viaje tendría que comprar más tampones, sólo que nunca imaginé que ese punto sería justo cuando nos encontráramos de excursión en los Balcanes.

Le di la noticia a Jeff debajo del dosel en donde me esperó mientras yo estaba en el baño de la gasolinera.

—Oye, ¿recuerdas que ayer me comí todo ese bol de helado de chocolate?

—Sí, ¿qué hay con eso?

—Pues tal vez sí había una razón detrás de mi antojo después de todo, ¿me entiendes?

Jeff se quedó pensando por un momento y luego abrió bien los ojos.

—Oh, ¿en serio? ¿Justo ahora?

—Sip, *justo ahora*. Y en el bolso sólo traía dos tampones; ahora sólo me queda uno.

—Demonios, qué oportuna es tu vagina. ¿Puedo ayudar en algo?

—Genial, gracias, me aseguraré de añadir «vagina puntual» a mi CV, justo después de «Emprendedora» y «Manejo de MS Office». Realmente no hay mucho que podamos hacer ahora. Tal vez sobreviva al día de hoy con mis reservas, pero después de eso tendré que improvisar.

La gasolinera estaba justo frente a una rampa de dos carriles con una cuesta elevada que luego se curveaba alrededor para unirse a la carretera que iba al sur. Cruzamos la calle y Jeff trepó una barandilla para revisar una zona cubierta de pasto que estaba justo antes de llegar a la rampa.

—Esto servirá —exclamó, haciéndome señales de que lo alcanzara—. Ven.

Me moví para seguirlo pero cuando me deslicé por el acero galvanizado de la barandilla, sentí un jalón. Era mi vestido; el dobladillo de encaje se había atorado en un perno. Para cuando me di cuenta de que estaba atascada, el daño ya estaba hecho. El aire se estremeció con el sonido de la tela al rasgarse. Mi vestido verde estaba herido, el delicado dobladillo de encaje tenía una enorme rasgadura deshilachada que no podría repararse ni con todas las puntadas del mundo. Me incliné sobre la hierba y pasé mis manos sobre el algodón dañado hasta que las lágrimas nublaron mi visión. El vestido era un atuendo ridículo, y ponerse sentimental por una prenda resultaba inútil, pero no pude evitar sentirme un poco desconsolada. Aunque era bastante impráctico, ese vestido verde encapsulaba el mágico absurdo de nuestro viaje. Lo había usado todos los días en las últimas dos semanas y ahora acababa de rasgarlo de la manera más estúpida.

Jeff se había perdido la escena de la rasgadura porque estaba un poco más allá, junto a la barandilla, agachado sobre nuestro letrero para pedir aventón. Le estaba añadiendo más tinta a todas las letras de la palabra «SARAJEVO» para que se vieran mejor. El marcador rojo se hundía en el cartón con trazos cortos y decididos. Jeff estaba inmerso en su modalidad de estratega. De hecho, ni siquiera se detuvo para levantar la mirada cuando me acerqué con el dobladillo rasgado entre las manos.

—Estaba pensando que... —me dijo cuando me acerqué con el dobladillo rasgado en la mano—, quizás sería más efectivo que *tú* sostuvieras el letrero. Yo me quedaré unos cuantos metros atrás mientras *tú* levantas el pulgar en la carretera. Trata de hacer contacto visual con los conductores; mmm, y tal vez debas soltarte el cabello un poco para añadirle un poco más de atractivo sexual.

Pero fue lo peor que pudo decir.

—¿Atractivo sexual? ¿Hablas en serio? —grité furiosa—. ¿Quieres invitarme a un viaje sin equipaje, con un solo vestido que, por cierto, está rasgado ya, y también esperas que me suelte el cabello y sea *sexy* enfundada en unas pantaletas sucias y sangrientas, con ríos de sudor recorriéndome la espalda? Sí, ¿verdad?, porque todas las mujeres están en su punto para ser convertidas en objetos sexuales, ¿y quizás también deba desabrocharme más botones para llevar el deseo a su máximo punto? ¿O por qué no mejor sólo me quito *toda* la ropa y empiezo a hacer mi rutina de bailarina exótica en ese poste de la carretera? ¿Crees que *eso* sería más efectivo?

A Jeff le sorprendió tanto la potencia de mi enojo, que se quedó paralizado a medio trazo. Me miró ligeramente avergonzado por sus sugerencias. Sin advertencia alguna había dejado de ser la florecita del papel tapiz para convertirme en una oradora furiosa, y eso era algo que él nunca había visto.

—Lo lamento —musitó, después de una larga pausa de reflexión—. No quise sonar como un cabrón, es sólo que Dorottya mencionó que los conductores eran más propensos a recoger mujeres y yo sólo estaba intentando implementar una estrategia y...

—Bueno, pues ni lo intentes —le dije, con brusquedad.

Le lancé una mirada fulminante en medio de la alta hierba del paso elevado. El mundo entero se había vuelto sofocantemente inmóvil: el aire, la carretera vacía, el banderín de 2 por 1 que colgaba en la ventana de la gasolinera al otro lado de la calle. No pasó nada, ni siquiera cuando le arrebaté el letrero en que pedíamos aventón y levanté mi pulgar de mala gana. El tránsito dominical era escaso y los conductores que llegaban a entrar a la carretera sólo se quedaban mirando embobados al vaquero alto con pantalones rojos junto a la chica malhumorada en el entallado vestido veraniego. Estuvimos parados bajo el sol una hora, pero nadie hizo ni siquiera el intento de presionar el freno. Ya pasaba de mediodía y no habíamos recorrido ni dos kilómetros afuera de Budapest.

—Sólo empecemos a caminar a Sarajevo —dijo Jeff, quien no había vuelto a hablar desde mi exabrupto.

—De acuerdo —contesté. Su idea era ridícula, pero yo no tenía una mejor.

Entonces empezamos a subir por la rampa hacia la carretera así, sin nada más que el irracional plan de dirigirnos al sur a pie. Y en ese momento, justo cuando llegamos a la cima de la rampa de entrada, escuché un claxon. Un herrumbroso Peugeot *hatchback* se estaba deteniendo junto a la cuneta de la estrecha rampa, o mejor dicho, sobre casi *toda* la cuneta. El conductor —un individuo corpulento y de apariencia paternal— salió del auto de un salto y nos saludó. Parecía demasiado alegre para darse cuenta de que la parte trasera de su vehículo seguía estacionada en el carril derecho de la carretera, y estaba completamente expuesta al tránsito que pasaba por ahí.

Jeff y yo corrimos al Peugeot; ambos estábamos atolondrados por haber conseguido nuestro primer aventón pero, al mismo tiempo, también espantados por la idea de que ninguno viviera lo suficiente para disfrutarlo. En su incoherente y trastabillante inglés, el Buen Samaritano nos explicó que era fabricante de helados y que se dirigía a recolectar fresas, lo cual explicaba la presencia de dos docenas de cajas de plástico en el Peugeot. Acto seguido, nuestro salvador trató de acomodar las cajas a un ritmo frenético para liberar dos asientos. Y mientras él jugaba la decisiva partida de Tetris, a mí la piel se me ponía de gallina cada vez que el paso de un coche cortaba el aire con un *zoom*.

11. El camino a Sarajevo

—Ay, por Dios —le susurré a Jeff.

—Jesús santo —añadió él, y luego desapareció en la parte trasera de la rampa, desde donde trató de indicarles a los autos que pasaban que se movieran al carril de la izquierda. Mientras tanto, yo me quedé con el hombre del helado de fresa sin saber bien qué hacer. Le ofrecí ayudarle a montar las cajas, pero fue como ofrecerle una lobotomía a mano en tono casual a un neurocirujano. El hombre ya tenía un sistema que dominaba, así que sólo atiné a quedarme parada en la rampa de entrada y rezar por que los paramédicos de la ambulancia no notaran mis pantaletas ensangrentadas cuando tuvieran que raspar nuestros cuerpos de la carretera.

• • •

Sólo habían pasado algunas semanas desde mi último accidente automovilístico. En abril, cuando Jeff me conoció, tenía un Honda Civic negro 2003, al que de cariño llamaba «El Sentimentaloide». El Sentimentaloide parecía un vehículo a grandes rasgos, de la misma forma que los Jolly Ranchers de uva medio saben a uvas de verdad... o sea, para nada. La defensa estaba chocada. La mitad de la salpicadera se estaba desmoronando. El maligno resplandor anaranjado de la luz de advertencia del motor se burlaba de mí desde que arrancaba. El aire acondicionado podía ser caprichoso un día fresco, y luego no responder en absoluto en los días calurosos. Además, la transmisión ya estaba fallando, lo que significaba que cada vez que cambiaba de segunda a tercera velocidad, recreaba las primeras etapas de un choque de aeroplano. En pocas palabras, estaba manejando un accidente automovilístico en potencia. El Sentimentaloide era una porquería pero yo no estaba en condición de comprar un automóvil nuevo.

A pesar de todos sus defectos, el Sentimentaloide logró resolver su propio problema. Fue una tarde lluviosa de mayo en Austin. La noche anterior Jeff había manejado desde Brownsville para ir a verme; fue nuestro cuarto encuentro, y él obviamente pasó la noche en mi departamento. A la mañana siguiente me preparó café, y luego yo lo dejé descansando en mi estudio para ir a una cita con el médico. Cinco minutos después, ya lo estaba llamando con manos temblorosas desde mi celular. *Acabo de tener un accidente, ¿puedes venir por mí?*

Los frenos del Sentimentaloide habían cedido en una cuesta que iba de bajada. La calle estaba resbalosa porque acababa de llover y por el aceite que normalmente se va quedando en el pavimento. En cuanto sentí el grasoso y resbaloso vacío bajo los neumáticos, supe que terminaría chocando con la camioneta todo terreno que estaba detenida frente al semáforo delante de mí. Fue un momento más bien tranquilo, como en cámara lenta. Incluso tuve tiempo de relajarme y sentir el cinturón de seguridad flojo, y hacerme a la idea de lo inevitable del impacto.

Nadie resultó lastimado. La camioneta pertenecía a dos universitarios coreanos que venían con sus celulares en la mano, y que documentaron con prisa el golpe recién hecho en su defensa mientras el tráfico de la hora pico pasaba rechinando de ida y vuelta por la resbalosa colina. Al Sentimentaloide no le fue tan bien. La parte del frente parecía envoltura de dulce apachurrada. De debajo de la capota salía vapor, y el aire olía a hule quemado. Apenas quedaba en él suficiente vida para sacarlo de la calle y colocarlo en el estacionamiento vacío donde me recogió Jeff.

Una semana antes de nuestro viaje la compañía de seguros declaró la pérdida total del coche y me envió un cheque de 8,000 dólares, dos veces más de lo que había pagado por él, y por lo menos cuatro veces más de lo que en realidad valía. Jeff y yo íbamos en su automóvil cuando me llamó el agente de seguros para darme la noticia. En cuanto colgué, di un tremendo grito.

—¡El Sentimentaloide hizo un milagro! ¡Ah, qué lindo, ese pequeño pedazo de porquería! —exclamé. Después de dos años de estar desempleada o viviendo de una quincena a otra con el salario de un empleo de medio tiempo como principiante, que me dieran 8,000 dólares era como ganarme la lotería.

—Es una señal —dijo Jeff, con una pícara mirada—. ¡Ahora puedes renunciar a tu nuevo empleo y acompañarme en el viaje!

—Estás loco —repuse.

Conocí a Jeff la misma semana que renuncié a mi empleo secretarial de medio tiempo en la asociación de psicología para tomar un puesto de tiempo completo como reseñista *freelance* de aplicaciones para iPad que me permitiría trabajar desde casa para una compañía en Los Ángeles. Algunos meses antes yo misma me estaba dando una estrellita para la frente cada vez que lograba arrastrarme fuera

11. El camino a Sarajevo

de la cama por la mañana, y ahora estaba trabajando por mi cuenta. Mi nuevo jefe estaba contento con mi desempeño y me había permitido organizar mi horario de acuerdo con el viaje que haría dentro de poco. Era la primera vez en años que no tendría que aceptar trabajos raros para pagar la renta; el único problema era que me resultaba más divertido ver hielos derretirse que reseñar aplicaciones para *software*. El trabajo era, al menos en el papel, la base perfecta para recobrar la estabilidad, pero al mismo tiempo, se sentía como un oscuro callejón sin salida. Yo no tenía una explicación razonable para describirlo así, pero era lo que el instinto me decía.

Jeff estaba convencido de que yo tenía que hacerle caso a mi instinto, renunciar a mi deslumbrante trabajo nuevo e irme con él a Estambul; y luego el resto de mi vida se arreglaría de manera espontánea... como había sucedido con el Sentimentaloide.

—Es evidente que eso es lo que el Sentimentaloide habría querido que hicieras —dijo Jeff, dándole unos golpecitos al volante.

—Estaría loca si renunciara —argumenté—. Este empleo es una verdadera oportunidad para alcanzar la estabilidad. Acabo de dejar en ceros mi cuenta de banco para comprarme un boleto a Estambul, y eso ya me pone *mucho* más allá del número de decisiones cuestionables que me tengo permitidas al año.

—Bueno, yo podría ayudarte —me ofreció—. Y eso te daría tiempo para explorar y tratar de averiguar lo que quieres hacer.

Pasamos a toda velocidad por una zona de pastoreo de vacas con mezquite aquí y allá, a lo largo de la Interestatal-10, y yo me quedé esperando la frase graciosa con que Jeff remataría su ofrecimiento. Sin embargo, de pronto noté que hablaba en serio. Me quedé viéndolo, analizándolo con curiosidad, y luego desestimé la propuesta bruscamente.

—De acuerdo, ¿entonces debería dejar mi seguridad financiera en manos de un individuo que no se puede comprometer ni siquiera cinco minutos?

—No sé, yo sólo decía —repuso.

Pero incluso mientras les pasaba lista a mis miedos, sentí esa ya conocida soga jalándome hacia el borde. Renunciar a mi empleo sin tener un plan, no era nada recomendable, y lo único que tenía para guiarme en medio de la indecisión era el creciente sentimiento de que *algo* me estaba esperando, y que tenía que estar dispuesta a dejar todo para estar preparada para lo que viniera.

Unos días después, le envié a mi jefe un correo electrónico. *Se me presentó una nueva oportunidad.* Quería añadir algo como: *Y no tengo la menor idea de lo que se trata*, pero en lugar de eso sólo me despedí con «mis mejores deseos». Ya no había nada más que hacer excepto esperar, observar y desear que el concepto de «intuición» fuera algo más que una teoría de conspiración espiritual.

• • •

Finalmente, como por una especie de milagro, el Samaritano de las Fresas logró vaciar dos estrechos lugares en su Peugeot antes de que los automóviles de la carretera nos hicieran puré. Luego preguntó dónde estaba nuestro equipaje y Jeff le dijo que no teníamos. Y qué bueno, porque no quedaba ni un centímetro adicional para algo que no fuera nuestros cuerpos y las dos docenas de cajas de fresas vacías.

El Samaritano de las Fresas nos transportó 200 kilómetros hasta la frontera croata. Fue un paseo agradable y sin sobresaltos. Nos despedimos y él se fue para seguir haciendo sus diligencias. Ya estando en la línea fronteriza, una maestra de idiomas mayor nos recogió y nos llevó hasta el pueblo más cercano. Casi no dijo nada en el trayecto pero las canciones folclóricas que salieron de su radio llenaron el vacío que dejaba el silencio. Mis piernas iban pegadas al caliente asiento de piel.

La maestra nos dejó en una villita que más bien parecía el recuerdo de un pueblo. Ahí había una gasolinera y un jardín de juegos infantiles con la pintura desgastada. Compramos una bolsa de Chetos con exótico sabor a cacahuate y los devoramos en la solitaria calle principal; los pulgares nos quedaron cubiertos de sudor y migajas fluorescentes de queso. Después de otra ronda de espera, un hombre bien arreglado, idéntico a Sean Connery, detuvo su elegante Subaru gris y dijo que podía llevarnos a Osijek, la siguiente ciudad importante. Osijek quedaba a unos cincuenta kilómetros al sur. Le agradecimos y abordamos el automóvil de un salto.

Yo me acomodé en la parte trasera y Jeff se sentó al frente para evitarme la correspondiente dosis de plática superficial. Sean Connery hablaba un poco de

11. El camino a Sarajevo

inglés; los tres intentamos conversar en un tono amable. Le preguntamos sobre su trabajo y él nos contó que trabajaba con vinos.

—Clara ama los vinos —comentó Jeff—, pero yo soy alérgico. Basta un sorbo para que me den unas jaquecas espantosas. Es algo que tiene que ver con los taninos.

Sean lo miró con rareza pero no dijo nada. Entonces yo traté de llenar el incómodo silencio preguntándole sobre las variedades de uva en la región. Jeff preguntó sobre la calidad de la tierra en las colinas pastorales por las que pasamos, pero Sean no parecía saber mucho sobre estos temas, lo que resultaba desconcertante. Además, llevaba puesto un traje de faena color verde militar que no gritaba precisamente «productor de vino del año».

El misterio se resolvió en las afueras de Osijek, cuando Sean se salió de la carretera y se estacionó cerca de una zona bucólica de pastura flanqueda con árboles.

—Yo enseño vinos ustedes—dijo.

—Dorottya no nos mencionó nada acerca de seguir a desconocidos en el campo —le susurré a Jeff cuando nos bajamos del auto y seguimos a Sean por un sendero lodoso.

—Espere... —dijo Jeff. Este camino no nos estaba llevando a hileras de vides recortadas, sino a un espantoso letrero con un cráneo y dos fémures cruzados. Sean Connery se puso los dedos en las orejas y encogió los hombros para simular la explosión de una bomba.

Y entonces Jeff y yo entendimos la situación exactamente al mismo tiempo.

—¡Demonios! —dije—. ¡Este hombre trabaja con *minas*! No con *vinos*.

Fue uno de esos momentos en que la verdad se pierde en la traducción, en que ni el amable intento de comunicarse en el idioma del interlocutor lo protege a uno de caer en las insalvables honduras que puede provocar una pronunciación fallida. La ciudad de Osijek estaba ubicada justo a lo largo de una franja de los terrenos en donde más minas se colocaron durante la Guerra Croata de Independencia de 1991. Sean Connery era uno de los individuos contratados para desactivar o sacar las minas que fueron enterradas en los campos circundantes más de veinte años atrás.

Los tres permanecimos parados junto al campo y de pronto me abrumó la excesiva rareza de la escena. Todo estaba de cabeza: los idílicos fresnos meciéndose con suavidad, impulsados por la brisa veraniega de la tarde; el mortal campo de minas justo detrás de la cerca; Sean Connery con su atuendo militar... Y yo estaba teniendo mi período, de pie con las manos vacías y un vestido color esmeralda rasgado, al lado de una carretera croata con un tipo que había conocido en OkCupid. Era una situación estúpidamente surrealista. ¿Qué fuerza magnética me había atraído a ese lugar desde Austin? ¿A dónde me llevaría el siguiente salto?

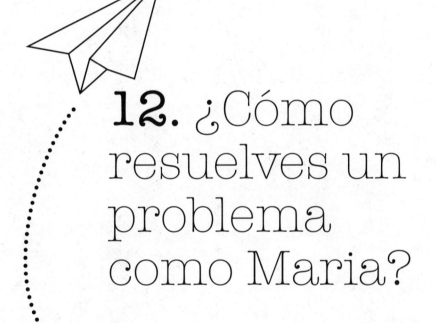

12. ¿Cómo resuelves un problema como Maria?

Supe que Maria era el tipo de Jeff desde el momento que la vi esperando afuera de la terminal de autobuses Slavonski Brod. Era como un venadito: delicada, con hoyuelos en las mejillas, y con una mirada demasiado preocupada por el cielo de tormenta que se cernía esa tarde sobre el estacionamiento. Su cabello sin lavar color nuez moscada colgaba alrededor de su cara como cortina. Llevó la mano hasta su rostro y se quitó el cabello de los ojos con una muñeca mucho más delgada que la mía, de ésas que puedes rodear fácilmente con el pulgar y el índice. Junto a sus botas militares había una mochila desgastada. No podía tener más de veintitrés años.

Jeff la notó en cuanto entramos caminando a la terminal para comprar los boletos de autobús. Pero no fue un vistazo casual al pasar: se la quedó viendo sin reserva alguna. De inmediato supe que los pistones de la curiosidad se habían disparado en su cerebro. *Lo cual está bien*, pensé cuando llegamos a la taquilla. *No hay nada de malo con sentirse atraídos a otras personas*. Pero el hecho de que en ese momento no me sintiera nada atractiva, no ayudó en nada. Mi sistema estaba inundado de hormonas, traía la piel quemada y ya había usado mi segundo tampón, por lo que no me había quedado otra opción más que improvisar toallas higiénicas con el barato y casi transparente papel higiénico de las estaciones de autobuses. Tras el paseo al campo minado, terminamos en la terminal de autobuses Slavonski Brod. Sean Connery nos había dejado en la polvosa ciudad de Osijek, en donde dejamos de pedir aventón y nos metimos a un café y comimos el tradicional platillo croata *ćevapi*, que consiste en unas doce salchichitas bañadas en crema que se sirven entre dos piezas de ligero pan redondo. Después de eso deambulamos hasta un bulevar desconocido en medio de un abotargamiento de triptófano, y buscamos adormilados el siguiente lugar donde pediríamos aventón. Ahí nos recogió Igor, el operador de tanques.

Igor era un melancólico croata de cabello oscuro, atrapado en un verdadero embrollo. Tenía más o menos mi edad pero la pesadez de sus ojos lo hacía lucir diez años más grande. Estaba dispuesto a practicar el inglés que había aprendido viendo películas estadounidenses de acción como *Terminator*, *Top Gun*, y *Rambo*, así como en algunas de James Bond. Soñaba con salir de Osijek e ir a la escuela, pero la economía estaba muy mal y la única alternativa a un empleo sin expectativas, era manejar un tanque del ejército.

—*Vivo en Osijek pero puedo llevar a mejor lugar para aventón* —nos explicó, con su peculiar inglés. Sin embargo, después de ver el horizonte a través del parabrisas, reconsideró su propuesta—. *Viene la lluvia. Aventón no posible. Mejor tomar autobús.*

Igor tenía razón, en Osijek estaba soleado pero el horizonte era una amenazante barra de nubes oscuras. El cielo se veía igual que cuando llovió sobre las piscinas del Hotel Gellért. Jeff y yo ni siquiera lo pusimos a votación, llegar a Sarajevo ya había sido suficientemente divertido, así que no había necesidad de añadir la emoción de una tormenta estival.

—¿Entonces no te molestaría llevarnos mejor a la estación de autobuses? —le pregunté a Igor.

Así fue que terminamos en un lluvioso trayecto de autobús a Slavonski Brod, una pequeña ciudad croata justo en la frontera con Bosnia... y así fue también como conocimos a María.

A Jeff no le atraían las mujeres con figuras perfectas como de modelo de Victoria's Secret, rostros simétricos y cabello bien peinado y planchado. Prefería a las peculiares, a las que destacaban entre la multitud pero no por su crudo y bombástico atractivo sexual, sino por algo *más*. Algo lejano, una extravagancia de ocurrencia natural que no hubiese podido ser manufacturada ni aplicada como pintura.

Yo estaba muy consciente de sus preferencias porque, al menos por lo que me había dicho, yo misma poseía esos rasgos. Mi tipo de belleza era peculiar, tenía la boca retorcida y un retrognatismo tan severo, que los dentistas juraban que no había otra forma de repararlo que no fuera partiéndome la mandíbula. Esa manera en que María contemplaba a lo lejos, era parecida a la mía, y Jeff lo notó de inmediato. Mientras estuvimos sentados bebiendo cerveza en el área de espera, su vista se alejó ocasionalmente de nuestra mesa y se posó en la de ella, lo que hizo que el estómago se me contrajera con fuerza. Sé que estaba comportándome con inmadurez, pero

12. ¿Cómo resuelves un problema como Maria?

de verdad tenía la esperanza de que aquella chica no abordara el mismo autobús que nosotros a Sarajevo.

—*Sada ukrcaj!* —gritó un chofer— Todos a bordo.

—Es nuestro autobús —dijo Jeff.

Miré el ala de su Stetson manchado por el sudor y luego vi un grupo de pasajeros que se estaban reuniendo alrededor de la entrada de un largo autobús. El autobús a Sarajevo era como un melón blanco de piel lisa: elegante y sutil por fuera, y lleno de semillas por dentro. Encontramos nuestros asientos en medio de una atmósfera como de madriguera: gruesos tapetes y cortinas deslizables. De pronto me sorprendí con la esperanza, hasta cierto punto, de ver humo de puro acumulándose en las oscuras repisas para el equipaje y a Carlo Gambino confabulando en la hilera siguiente a la nuestra. Pero no, quien estaba ahí era Maria. Fue una de las últimas en abordar y flotó por el pasillo como un fantasma; no se detuvo sino hasta que llegó al asiento de la ventana, justo frente al asiento de Jeff. Suspiré. ¿En serio? De todos los autobuses y todos los asientos disponibles, tuvo que elegir precisamente ése.

En cuanto el autobús salió crujiendo de la estación sentí una punzadita de culpa. *Bueno, y si Jeff la notó, ¿qué?* Él no había declarado que yo fuera suya ni yo que él me perteneciera. Dado nuestro estricto acuerdo sin fronteras, técnicamente éramos libres de ir detrás de quien se nos diera la gana. Además, él solía acercarse a la gente más intrigante en cualquier lugar, y en este caso, la persona más intrigante resultaba ser una peculiar y atractiva mujer que había terminado sin proponérselo, en el asiento frente al de él. No había ninguna razón para que Maria no me agradara. *Nop, nothing, para nada.* No estaba seduciendo a mi acompañante con una adormilada y sensual mirada, ni estaba a punto de tatuarse «Jeff» en sus delicadas y diminutas muñecas. Por lo que pude ver, ni siquiera se había dado cuenta de su existencia; me estaba comportando de manera irracional, incluso me sentí algo paranoica.

Cuando el autobús cruzó el Río Sava y llegó a la ciudad bosnia de Brod, mis celitos comenzaron a sentirse todavía más mezquinos. Sin prefacio alguno, las fachadas de yeso de la ciudad dejaron de lucir planas y empezaron a verse cacarizas. Me recargué en el hombro de Jeff y me quedé contemplando el paisaje por la ventana. La ciudad había sido bombardeada a mediados de los noventa durante la Guerra de los Balcanes. La escena era discordante, representaba la yuxtaposición de la vida urbana de todos los días, debajo de los descarados recordatorios de la violencia.

Pero ni siquiera era posible comparar a Brod con la lluviosa provincia bosnia, en donde los esqueletos de casas desgastadas, con los techos caídos y muros perforados como queso suizo, dominaban el panorama kilómetro tras kilómetro de las extensas colinas cubiertas de pasto. Jeff y yo nos sumergimos en un silencio sepulcral.

En la universidad había estudiado la complicada historia de los Balcanes —la muerte de Tito condujo a la Yugoslavia comunista a una violenta división a todo lo largo de sus fallidas líneas étnicas— pero leer acerca de la guerra era muy distinto a ser testigo de la cruda realidad de las secuelas. En mi experiencia de vida no había nada equivalente a lo que estaba viendo por la ventana del autobús.

Dado que era una mujer blanca estadounidense de clase media, mi exposición a la violencia siempre había sido abstracta e higiénica. La muerte se mantenía a una distancia segura y prolija, es decir, detrás de los noticieros de Fox News. De hecho, el único cadáver que había visto en mi vida era el de una septuagenaria con los labios pintados color ocre, en una funeraria del oeste de Texas. Había visitado sitios en donde se libraron batallas históricas como El Álamo y Gettysburg, pero eran lugares que ya habían sido limpiados mucho tiempo atrás, y que el gobierno se había encargado de convertir en monumentos con pinturas, placas de bronce y visitas guiadas con audio. Aquí en Bosnia, y en otros países balcánicos, el recuerdo de la guerra seguía siendo visceral y fresco; a la tierra todavía la seguían peinando en busca de minas personales, y en la mirada de la gente de más de treinta años, todavía era posible detectar cierto patetismo.

El largo desfile de esqueletos de casas sólo terminó hasta que el sol se puso y la oscuridad ya fue demasiada. Después de eso ya no me quedaban ganas de conversar; necesitaba procesar en silencio las deprimentes escenas que se fugaron del paisaje y llegaron hasta mi piel. A Jeff también le había afectado la vista, pero él podía atravesar con mayor rapidez los ciclos de emoción, y luego sólo se enfocaba en lo que tuviera enfrente, que en este caso era Maria. Me di cuenta de que estaba esperando la oportunidad de iniciar una conversación con ella, y ésta surgió cuando

12. ¿Cómo resuelves un problema como Maria?

el autobús se estremeció antes de hacer alto total a la mitad del recorrido. Una ola de nerviosos murmullos se propagó entre los asientos en cuanto las luces parpadearon y se apagaron de repente, dejando al autobús en una negrura en la que lo único que se percibía era el sonido de la lluvia.

Entonces Jeff entró en acción.

—Supongo que vamos a tener que empujar el autobús hasta Sarajevo —dijo sin referirse a nadie en particular. Maria se rio discretamente y giró en su asiento. Y eso fue todo. Se llamaba Maria, le dijo por encima del respaldo del asiento. Sí, por supuesto, era fascinante, era pintora, de una familia bohemia italiana, y se dirigía a presentar los exámenes de admisión de la escuela de arte de Sarajevo. Yo cerré los ojos y crucé los brazos como protesta silenciosa ante el coqueto. María escarbó en su bolso y sacó unos chocolates que nos ofreció, pero yo dije que no tenía hambre, lo cual era una descarada mentira.

...

Yo ya estaba bien familiarizada con la ansiedad y el pánico, pero no sabía qué hacer con los celos que en ese momento se convirtieron en un novedoso elemento más para mi repertorio emocional. En mis relaciones anteriores llegué a caer en el ocasional gesto de poner los ojos en blanco tras la mención de una ex novia pero, por alguna razón, nunca fui más allá de eso. Jamás experimenté el grueso bulto de celos acumulándose en mi garganta ni el abrumador deseo de azotar puertas hasta hacer los picaportes temblar, y muchos menos, la caliente oleada de la inseguridad.

Pero luego conocí a Jeff.

Las primeras chispas de celos me sorprendieron desprevenida por completo. Fue como si un dragón hubiera estado durmiendo en mi pecho los últimos veinticinco años y acabara de despertarse. Siempre había dado por hecho que yo estaba por encima de «ese tipo de cosa». De hecho, mis aspiraciones respecto a las relaciones románticas solía tomarlas de las enseñanzas de los bohemios —del matrimonio de Georgia O'Keefe con Alfred Stieglitz, o del vínculo vitalicio de Simone de Beauvoir y Jean Paul Sartre—, aunque ninguno de estos arreglos de pareja hubieran sido particularmente exitosos. Yo era la que había tratado de convencer a mis ex novios de sostener vanguardistas relaciones abiertas; la que se aferraba a su desgastada copia de *Sex at Dawn*; la que siempre estaba preparada para arquear las cejas con incredulidad frente a la institución de la monogamia; y la que había memorizado toda una serie de endulzadas frases cliché para definir la ilimitada naturaleza del amor humano y el deseo. (¡El hecho de que te enamores de una persona no significa que tu suministro de amor se tenga que agotar! ¡Hay tantas permutaciones del amor como personas en el planeta!)

Pero lo más triste era la inevitable verdad de que, de los dos, Jeff tenía más razones legítimas para estar celoso que yo porque, después de todo, yo era la única que había aprovechado nuestro acuerdo de libertad de buscar lo que fuera (o a quien fuera) que deseáramos. Yo era la única que había dormido con alguien más.

El incidente tuvo lugar dos semanas después de que conocí a Jeff. Estaba emocionadísima con nuestro glorioso acuerdo de apertura, por lo que, el día que un alto y moreno admirador me invitó a salir, de inmediato aproveché la oportunidad para sacar a pasear mi libertad y ponerla a prueba. Jeff se encontraba en Brownsville pero estaba de acuerdo con el asunto; me dijo que saliera e hiciera lo que me viniera en gana, y eso fue lo que hice. El chico alto y moreno me llevó a un concierto, luego coqueteamos mientras nos tomábamos unas cervezas, y por último, lo invité a mi departamento para tomarnos la bien conocida copa «del estribo».

Tristemente, mi visión intelectual de la libertad sexual no estuvo a la altura de la sudorosa realidad. El sexo no fue genial, y de hecho, ni siquiera estaba segura de querer quitarme las pantaletas de verdad. Fue más como hacer *lo que tenía que hacer* dadas las circunstancias. Mientras estábamos teniendo relaciones, sólo me quedé contemplando las constelaciones pintadas en el techo y esperando que todo terminara. Y cuando me preguntó si podía pasar la noche ahí, sacudí la cabeza: *no*. Le pedí que se fuera. La puerta se cerró y yo me quedé sentada desnuda en el borde de la cama, deseando que en lugar de haber estado con ese hombre, hubiera estado con Jeff. Luego me metí a la regadera y me tallé la piel hasta que comencé a rasguñarme y dejarme marcas rojas, como si una cantidad de jabón suficiente pudiera limpiar lo que acababa de pasar la hora anterior.

12. ¿Cómo resuelves un problema como Maria?

Varios días después, cuando le di tímidamente la noticia a Jeff, él se mantuvo sereno. De repente vi un breve destello de sorpresa en su rostro, pero luego sólo tomó otro sorbo de café y sonrió. Me dijo que eso era justo lo que había imaginado que pasó.

—Estaba cruzando un estacionamiento y te vi con él. Eran como las 11 p.m. El clima era húmedo y apacible; y luego, de la nada, surgió un extraño viento que me lanzó tres de esas vallas anaranjadas con blanco que usan para detener el tráfico. Me las lanzó justo *a mí*. Estoy seguro de que pesaban por lo menos unos cincuenta kilos, por eso supe que algo pasaba.

El hecho de que Jeff hubiera procesado con tanta calma la idea de que estuve desnuda con alguien más, me hacía sentir todavía peor respecto a mi creciente sentido de vulnerabilidad. Quizás el amor era un pozo sin fondo, pero también era un laberinto complejo y emocional, a menos de que todos los involucrados fueran bodhisattvas sin ego, flotando en posición de flor de loto por la estratósfera, y evidentemente, yo no era así para nada. Entre más pensaba en el asunto, más me daba cuenta de que había —sí, aquí se vale reír— simplificado demasiado las realidades de una «relación abierta». Jeff parecía estar abierto a cualquier tipo de embrollo entre sábanas, pero yo resulté ser muchísimo menos liberal de lo que creí en un principio. A menos de que decidiéramos tener una relación en la que ambos pudiéramos sumergirnos en bacanales incontables, lo más prudente parecía ser que yo buscara asesoría e información sobre los mecanismos prácticos de nuestro trato.

Cuando Jeff no estaba conmigo, yo volvía a mi viejo hábito de navegar en Google obsesivamente, pero esta vez, en lugar de obsesionarme con el significado de la vida, me enfoqué en averiguar en qué tipo de «ambigua relación moderna» me había involucrado.

Los resultados fueron sorprendentes. Yo ya había abandonado mucho tiempo atrás el supuesto cristiano de que una relación adecuada sólo podía darse entre una mujer y un hombre unidos en santo matrimonio para siempre, pero no me había percatado de cuántas opciones existían para configurar una relación, ni de lo estructurados que algunos de los acuerdos más *avant-garde* llegaban a ser. Hay algunas parejas que tienen una política sexual estricta de «no preguntes y no me cuentes», pero incluso en esos casos hay advertencias: siempre tenemos que usar protección, no se vale enamorarse, no podemos tener relaciones sexuales con amigos mutuos, no podemos usar nuestra cama para las aventuras...

Aunque la mención de la «no-monogamia» o las «relaciones abiertas» puede evocar escenas de libertinaje sin límites, la realidad suele más bien incluir comunicación extensa y límites claramente definidos. Dentro de la comunidad poliamorosa, el «amor entre muchos» puede adoptar un número infinito de configuraciones. Es tan multifacético que tiene su propio glosario; hay términos, definiciones y coloquialismos; palabras que hacen pensar en sofisticada carpintería como: triada cerrada, polifidelidad y bisagra. Lejos de implicar una ambigua libertad para todos y para todo, la estructura de las relaciones no tradicionales suele ser producto de la necesidad. Ya de por sí la convivencia entre dos personas es difícil, por lo que, añadir con éxito más piezas al rompecabezas, requiere de cuidado y planeamiento.

Durante una de mis juergas de investigación, me topé con una hazaña romántica de verdad asombrosa. Se trataba de una gerente de tecnología de San Francisco que tenía un prometido, una novia y otros dos novios, y usaba Google Calendar para mantener su agenda de citas al día. La logística me intrigaba. ¿Esta mujer pasaba la noche en los hogares de sus parejas? De ser así, ¿cuántas veces a la semana lo hacía? ¿Qué cantidad de crudos detalles compartía con su prometido? ¿Qué hacía cuando alguien no se sentía cómodo? ¿Con qué frecuencia se comunicaba con toda la gente con que estaba involucrada? ¿Cómo demonios lidiaba con todos estos compromisos emocionales y, además, desarrollaba su trabajo profesional de tiempo completo?

Para cuando terminó mi intenso período de investigación, descubrí que estaba más confundida que cuando empecé porque, en resumen, no hay un consenso oficial respecto al acuerdo de relación óptimo. Todas las configuraciones son susceptibles de sufrir el embate de los celos. La sexualidad es un complejo espectro en el que algunas personas parecen estar mejor preparadas para la monogamia que otras, y las estadísticas demuestran que las relaciones abiertas fracasan con la misma frecuencia que las estrictamente monógamas. Después de horas de investigación febril, la única conclusión razonable a la que pude llegar fue que todas las relaciones románticas exigen un valiente clavado a la vulnerabilidad, sin importar a qué tipo de acuerdo te apegues.

12. ¿Cómo resuelves un problema como María?

• • •

Un día, me encontraba perforando edamame con mi tenedor cuando, de pronto, Jeff mencionó casualmente a otra mujer de OkCupid. Estábamos sentados en un café barato del centro de Austin. Me quedé paralizada, incapaz de dejar de contemplar la ensalada que había pedido para almorzar. En cuanto comenzó a darme los detalles, yo me quedé fascinada otra vez por la perfecta redondez de las vainas de edamame en mi bol. *Edamame in a feta avalanche.* Era madre soltera y trabajaba en una compañía local de mercadotecnia. *Dos edamame en una caverna de espinacas.* Ella lo había contactado a él, no al revés. *Edamame manchado con trocitos de pimiento.* Podría ser un buen contacto para el proyecto del contenedor de basura. *Medio edamame ahogándose en vinagreta.* Comerían mañana. Probablemente no pasaría nada. ¿Probablemente?

—¿Es de OkCupid? Oh, me parece... realmente genial. —En ese momento logré ahogar las palabras al mismo tiempo que dejaba sobre el plato mi tenedor, ya sin nada de apetito.

Yo cerré mi cuenta de OkCupid exactamente siete días después de haberla abierto porque lidiar con el tsunami de propuestas que comenzaban con «Hey, nena, ¿qué onda, cómo estás?», se convirtió rápidamente en un asqueroso empleo de medio tiempo repleto de depredadores sexuales y universitarios excesivamente francos. De hecho me desconecté por completo tras recibir un ardiente y ridículo poema que decía: «Ver tu perfil es como entrar a un claro en medio de un denso bosque, iluminado y bañado por el sol, yendo por ahí preocupado por el renacimiento típico de un día primaveral de mediados de mayo».

Pero a diferencia de mí, Jeff había dejado su cuenta de OkCupid activa, y yo lo sabía. No me lo ocultó. Dejar la cuenta abierta era parte del discurso de «Mantengamos esta relación casual» que le daba a todas las mujeres que aparecían en la fase postdivorcio de su vida. *Bien, sólo para que sepas que voy a ver a otras personas y creo que tú deberías sentirte con la libertad de hacer lo mismo.* Por alguna razón, Jeff nunca me dio el discurso de manera oficial, pero yo sabía que estaba ahí, a la espera, cerniéndose siempre sobre mí. Y demonios, ¿por qué negarlo?, yo le había echado el mismo rollo. La aceleración de mi pulso y mi reciente fascinación por el edamame resultaban totalmente injustificadas, Jeff estaba tratando de hacerme un favor al ser tan honesto. Pero ninguno de los dos sabía lo que estaba haciendo.

—¿Estás bien? —me preguntó, pasando el dedo por el borde de su bol para luego lamerlo—. Tienes el semblante como... gris.

—Estoy bien —mentí—, es sólo que... resulta un poco difícil.

—Lo entiendo —dijo pausadamente—. Pero de todas formas quiero conocerla. Quizás haya una conexión que valga la pena investigar y no pienso renunciar sólo por miedo. Además tú saliste con...

—Lo sé, *lo sé* —dije, agitando mi mano para que se callara—. Y me acosté con él. Pero desearía no haberlo hecho porque dejar abierta esta relación, *o lo que quiera que sea*, es mucho más difícil de lo que creí. Es decir, he aprendido a manejar el aspecto intelectual de lo desconocido, pero esto es distinto. Esto es físico: es piel, sangre y lujuria. Tengo miedo de que desaparezcas en cuanto una mujer más inteligente, sexy y exitosa te envíe un mensaje en OkCupid. Y me siento culpable de tener miedo; odio que mis ideales no estén a la par de mis emociones.

Pensativo, Jeff puso una servilleta arrugada, un paquete de sal usado y un tenedor de plástico en su bol vacío.

—Creí que esto era lo que querías probar —dijo.

—Lo es —dije en voz baja—. Pero supongo que hay que ser cuidadoso con lo que uno desea.

Después de la comida nos separamos. Jeff desapareció, había subido la guardia. Se comportaba como un perro salvaje en retirada, temeroso de que lo enjaularan. Yo caminé con paso lento bajo las sombras de los rascacielos del centro de Austin, alimentada por intensos celos, y en mi cerebro se repitió, una y otra vez, una cinta irracional como salida de una novela romántica de mala calidad.

Me imaginé a Jeff y a la sexy ejecutiva de *marketing* compartiendo el menú especial de comida tailandesa. Comenzarían por discutir las sutilezas de las campañas en redes sociales, luego ella le confesaría que se había sentido un poco sola. Su entallada blusa de seda estaría desabotonada sólo lo suficiente para no

12. ¿Cómo resuelves un problema como Maria?

lucir totalmente profesional. Su lápiz de labios color fuego encendido dejaría una seductora huella en la servilleta. Ambos terminarían de comer los rollos primavera. Ella fruncirían los labios y diría: «¡Vaya, qué coincidencia, el cliente que tenía que ver a las dos de la tarde me acaba de cancelar!». Luego él se la llevaría con premura a un hotel barato y le arrancaría la blusa y el sostén debajo de ella. Los botones saldrían volando sobre la cama, y yo sería lo último en la mente de Jeff.

La fantasía del sostén arrancado hizo que el estómago se me contrajera, pero pensar en alejarme de la relación me hacía todavía más daño porque no estaba lista para ello; al menos, no todavía. Tenía miedo, sin embargo, mi deseo de ver adónde iban las cosas con Jeff, era aún más fuerte. Para cuando el cielo oscureció y se tornó violeta profundo, ya me encontraba tratando de calmar mis nervios, parada frente al Capitolio del Estado de Texas, justo en la estrella de arcilla en donde nos conocimos algunas semanas antes. Los turistas posaban frente a los cañones ornamentales a mi alrededor; los reflectores debajo de las astas se encendieron y los grillos empezaron a cantar. De pronto sonó mi celular. Era Jeff. ¿Dónde estás?, decía el mensaje de texto. Dejé pasar diez minutos para darle la impresión de que *estaba ocupada haciendo otras cosas*. Luego, vacilante, le envié una fotografía de la estrella. *Voy en camino*, respondió. Cuando por fin lo vi acercarse a mí bajo la luz de los postes de la calle sonriendo como coyote, las lágrimas comenzaron a inundarme los ojos. Sin decir una sola palabra, tomó mi mano y me llevó hasta un prado sombrío en donde me jaló y me recostó sobre él en la hierba. Lloré sin miramientos. Él me envolvió en sus brazos y rio, rio y volvió a reír. Era como un perro salvaje aullándole a la luna. Le estaba aullando al universo, retándolo otra vez a mostrarle algo que no hubiera visto, algo que lo asustara. De pronto nos convertimos en una maraña de pasto, piernas, lágrimas y gozo.

—Todo va a estar bien —susurró—, no importa lo que suceda.

—Lo sé —dije—, sólo temo que nos va a doler.

• • •

Por supuesto, esa noche no llegamos a ninguna conclusión definitiva. Jeff fue a su cita y no pasó nada, sólo comieron. Mis celos fueron muriendo poco a poco y ya no hubo más oleadas de sangre en *crescendo*... hasta que vi a Maria en el autobús a Sarajevo. O mejor dicho, en el autobús que estaba *tratando* de llegar a Sarajevo.

Después de la primera falla del motor, el vehículo siguió muriéndose en la carretera cada 15 kilómetros aproximadamente; y cada vez que eso sucedía, los pasajeros conteníamos el aliento preguntándonos si *ahora sí* el motor se negaría a resucitar y nos dejaría varados en medio de una carretera bosnia sin luces traseras. Pero de alguna manera el chofer siempre logró convencerlo de volver a la vida, y cada vez que las luces en el interior parpadeaban y volvían a encenderse y el vehículo avanzaba tambaleante un poco más, una ola de vitoreo colectivo se desplazaba por entre los asientos oscurecidos por las gruesas cortinas. La verdad es que fue agradable observar la camaradería entre desconocidos. Excepto la de Jeff y Maria, claro.

—¿Le gustaría ver algo de mi obra? —le preguntó Maria a Jeff.

—¡Por supuesto! —asintió él entusiasmado.

Yo atravesé a Jeff con la mirada mientras ella sacaba un portafolio y se lo entregaba con sus muñecas de porcelana.

—Estoy muy nerviosa por el examen que voy a presentar mañana —confesó—. No he dormido en dos días y tuve que tomar algo de éxtasis antes de subir al autobús.

Éxtasis. Por eso estaba tan embelesada con el cielo en la estación. Las drogas también explicaban por qué los dos muchachitos gay como sacados de película porno europea que estaban sentados del otro lado del pasillo del autobús le habían pasado a escondidas una botella de pegamento unos minutos antes. Cuando Jeff hojeó el portafolio con una evidente actitud de pena, me recorrió una malvada oleada de satisfacción. Maria no era Caravaggio, por decirlo de alguna forma. Había varios floreros de vidrio policromado sombreados con algo que parecía crayolas, un garabato de tarea y un «retrato» que más bien era como una ciénaga de trazos de lápiz que sugerían vagamente la figura de un hombre sentado en un sofá, sosteniendo una zanahoria seca sobre un platón. ¿O más bien era su pene?

—Es mi novio —dijo la chica con timidez—. Está en el sofá con una charola y el churro que acaba de forjar.

—Vaya, este dibujo de verdad captura su, su... *charola* —dijo Jeff, esforzándose por mantener una expresión seria.

12. ¿Cómo resuelves un problema como Maria?

Tenía la esperanza de que la zanahoria de mariguana fuera la señal inequívoca del abrupto fin del enamoramiento con Maria la pintora, pero Jeff logró sorprenderme.

—Oye, deberías quedarte con nosotros —le sugirió—. Es decir, si no aparece tu anfitriona. Ya es más de medianoche, por lo que creo que Clara y yo tendremos que pasar la noche en un hostal. Puedes quedarte en nuestro cuarto —dijo, y luego volteó a verme—. No hay problema, ¿verdad?

—Mmm... sí, *seguro*, no hay problema —contesté, sintiendo que mi pulso se disparaba. *Vas a fingir buena onda. Vas a fingir buena onda.* Pero no, no podía verme buena onda. De pronto una ira ardiente comenzó a recorrerme el cuerpo. ¿Cómo *se atrevía* Jeff a hacer esto justo frente a mí?

De pronto imaginé a Jeff esperando hasta que me quedara dormida para acercarse a la litera de Maria y extasiarla en silencio hasta las primeras horas de la mañana con pinceles baratos desparramados entre las sudorosas y desnudas extremidades de ambos. Imaginé las pálidas muñecas envolviendo el cuello de Jeff y las exóticas palabras en italiano que susurraría en sus oídos. La absurda cinta volvió a repetirse sin parar en mi mente con un volumen ensordecedor. *Me veo asquerosa. Por supuesto que quiere estar con ella. Sabe que me siento incómoda pero no le preocupa porque sólo le interesa él mismo. Seguramente esta muchachita conoce posiciones sexuales que yo ni siquiera podría imaginar.*

En lo que a mí respectaba, el experimento acababa de terminar. Sólo quería bajarme del agonizante autobús y desaparecer en la noche; alejarme de la bombardeada campiña bosnia y volver a Austin, a mis plantas, a los contundentes y sólidos límites de mi estudio de 35 metros. Y al llegar, volvería a guardar mi corazón en una caja y juraría jamás volver a tener novios con interés en la experimentación. Estaba lista, era el momento de correr.

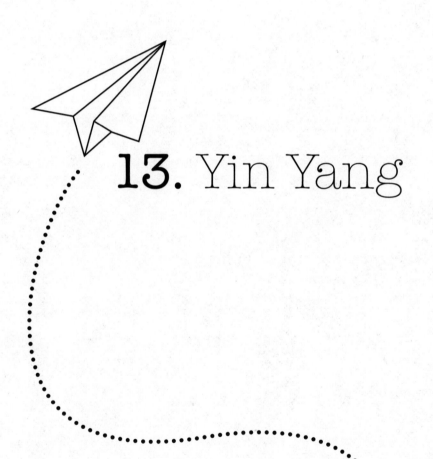

13. Yin Yang

Desperté sola en la litera de arriba de una habitación vacía de hostal con tres literas. Jeff había dormido en la cama que estaba debajo de la mía pero desapareció en algún momento. La única señal que quedaba de su presencia era un montículo de sábanas arrugadas. No había nota, no había objetos personales. Sólo se fue.

Medio me pregunté si la litera de aquel hostal sería el último lugar de reposo de nuestro gran romance con lo desconocido. Quizás Jeff había llegado por fin al límite de su breve período de atención y ahora estaba en busca de un deslumbrante juguete nuevo. Tal vez estaba en la universidad esperando que Maria saliera de su examen en un confuso estado post-éxtasis. Era posible. Ella había garabateado sus datos en la libreta de Jeff cuando nuestro agonizante autobús entró tambaleándose a Sarajevo como a la una de la mañana. Al menos no terminó en nuestro cuarto del hostal. Su anfitriona, una universitaria de cabello oscuro, estaba todavía esperándola en el nublado estacionamiento a pesar del retraso de tres horas.

—Disculpa, ¿eres Maria? —me preguntó cuando bajé del autobús.

—Oh, no —contesté—, pero ya viene saliendo. —*Por favor llévatela a una galaxia muy, muy lejana.*

Jeff abrazó a Maria cuando se despidió. Yo le deseé «buena suerte» con un tono que más bien insinuaba «Vete al diablo, *perra*». Luego Jeff y yo volteamos a vernos—. Supongo que debemos ir al hostal —dijo entre bostezos.

No podía creer que Jeff bostezara. Su boca se convirtió en un interminable vacío lleno de descuidadas y distraídas «O». Ni siquiera se había dado cuenta de mi pánico, de los dardos envenenados que salían disparados de mis retinas, del hecho de que acababa de pasar todo el trayecto coqueteando con toda naturalidad con una hermosa italiana en mis narices. Era obvio que no le importaba.

—Sí, como quieras —dije, y en mi mente terminé la oración con un «hijo de puta».

Un chofer de taxi con un cigarro húmedo colgando de las comisuras de su boca nos llevó por las nubladas calles empedradas de Sarajevo. Ya en el hostal, me arrastré hasta la litera de arriba sin hablar. Una pequeña parte de mí tenía la esperanza de que Jeff rompiera el incómodo silencio, pero no hubo nada de eso. No hizo el menor intento de reunirse conmigo, y por supuesto, yo no iba a ondear la rama de olivo. Fue la primera noche que dormimos separados.

La mañana siguiente fue todavía peor. Desperté sintiéndome como grillo pulverizado en parabrisas, sobre todo cuando me di cuenta de que Jeff se había ido. No había nada más que hacer que arrastrarme hasta la ducha, sentarme debajo del agua caliente y tallar mi manchada ropa interior con el redondeado jaboncito del hostal. Inhalé el aroma a limpio del agua como si eso pudiera ayudarme a recobrar la estabilidad. ¿Regresará? ¿Acaso me importa?

Decidí que me iría. Caminaría por la ciudad en lugar de sentarme a esperarlo. Es lo que haría cualquier mujer respetable. Después de la ducha me peiné el cabello, empaqué bastante papel higiénico para fabricar algunos tampones improvisados y guardé en mi bolso las pocas posesiones que tenía. *Billetera. Cepillo de dientes. Desodorante.* Para ese momento ya había desarrollado un estricto sistema: cada cosa tenía su lugar.

En el momento que cerré el broche imantado y me colgué el bolso al hombro, Jeff entró en el cuarto. Traía una bolsa de plástico y resplandecía como girasol.

—Estás aquí... —dije, confundida. Jeff me miró con extrañeza.

—Sí, ¿por qué no habría de estar aquí? ¡Te traje un regalo! Espero que te guste porque me tomó toda la mañana encontrarlo —explicó, y sacó de la bolsa una caja con cincuenta toallas sanitarias y me la entregó como si fuera un ramo de rosas—. Traté de conseguir tampones pero aquí no tienen en ningún lugar. ¿Sabes cómo lo averigüé?

—Mmm, no, ¿cómo? —pregunté en un murmullo.

Jeff hizo un obsceno movimiento como que penetraba un agujero con el dedo.

—Fui de tienda en tienda haciendo las señales de «tampón», y nadie tenía. Pero finalmente un tendero me dijo: «Oiga, amigo, eso se llama tampón pero no los va a encontrar en ningún lado por aquí». Por eso mejor te compré toallas.

—Gracias, es un gesto muy amable de tu parte —dije, pronunciando las palabras como en cámara lenta.

—Es un testimonio de mi afecto. ¿Cuántos hombres conoces que se lanzarían a recorrer Sarajevo en una cacería de tampones?

13. Ying Yang

—Creo que no muchos.

Su amabilidad me confundió. Jeff no se había ido. Para nada. No estaba persiguiendo a Maria como perro. Había pasado toda la mañana buscando artículos femeninos sin tapujos por toda la ciudad. ¿Por qué habría llegado tan lejos si no le importaba nadie más que él?

—Me muero por que veas Sarajevo —dijo, todavía resplandeciente, como si la noche anterior jamás hubiera sucedido—. Te vas a enamorar.

• • •

Las toallas femeninas que Jeff me ofreció como regalo mejoraron un poco mi estado de ánimo. Metí todas las que pude en los bolsillos de mi vestido y luego logré sonreír con sutileza cuando dejamos el hostal y salimos al encuentro de la nublada luz de la mañana. Jeff tenía razón en algo por lo menos: Sarajevo estaba a punto de robarme el corazón. La ciudad era una joya neblinosa resguardada por las puntiagudas colinas cubiertas de bosque que la rodeaban y las cimas de los Alpes Dináricos que estaban un poco más allá. La atmósfera era fresca, ligeramente helada. Ceñí la mascada alrededor de mis brazos, y bajamos repiqueteando por las empinadas calles empedradas hacia Baščaršija, el viejo pueblo de Sarajevo.

Antes de la Guerra Bosnia de los noventa, y de sus sangrientas luchas étnicas, Sarajevo llegó a ser llamada la Jerusalén de Europa porque era una ciudad en la que uno podía caminar tan sólo unas cuadras y llegar a una iglesia ortodoxa, una mezquita, una sinagoga o una catedral. Y a pesar de las guerras de propaganda, las masacres y las profundas divisiones entre serbios ortodoxos, bosnios musulmanes y croatas católico-romanos, Sarajevo todavía conserva una capacidad para resistir y renacer que proviene de una tradición mucho más antigua de tolerancia y relajada camaradería.

La ciudad alguna vez fue una importante parada comercial para los mercaderes que recorrían la Ruta de la Seda. El punto de encuentro del Este y el Oeste todavía resulta evidente en los domos otomanos que se ciernen sobre elegantes restaurantes italianos; los cafés con mosaicos de terracota en donde los hombres musulmanes inclinan su cabeza sobre tazas de café estilo bosnio por la mañana; y la esquina cercana en donde el archiduque Francisco Fernando, heredero al trono del imperio austrohúngaro, cayó al piso de su coche diciendo «No es nada» con la respiración entrecortada, después de que le dispararan al cuello con la bala que dio pie a la Primera Guerra Mundial.

Antes de desayunar, Jeff y yo nos detuvimos en una plaza donde cientos de palomas se habían reunido alrededor del Sebilj, uno de los símbolos más icónicos de Sarajevo. El Sebilj es una fuente geométrica otomana construida con madera tallada que en la parte superior tiene un domo de cobre que se ha vuelto de color turquesa con el paso del tiempo y ahora sirve como percha para las palomas. Según cuenta la leyenda local, cualquiera que beba de las aguas de esta fuente pública está destinado a regresar a Sarajevo en el futuro.

—Deberíamos tomarnos aquí nuestra tradicional fotografía parados —dijo Jeff, y luego se apresuró a reclutar a un transeúnte sin quedarse a escuchar mi usual reclamo respecto a las docenas de fotografías con montaje a las que ya me había sometido.

Tomamos la fotografía muy rápido y ya después la revisamos con calma. En ella aparecen las neblinosas y boscosas colinas, el domo turquesa del Sebilj, Jeff a la izquierda entrecerrando los ojos, y yo a la derecha sujetando con fuerza la mascada de flores que traía sobre los hombros, y con una sonrisa tristona. Si hubiéramos analizado con más detenimiento la fotografía, también habríamos notado las seis toallas femeninas preparando su escape de los bolsillos de mi vestido, pero en ese momento no las vimos.

Fue hasta unos minutos después que las notamos, cuando sentí de repente unos golpecitos en el hombro. Era un anciano encorvado con un gorro, señalando con su arrugado dedo el camino de piedras frente al Sebilj. Cuando volteé, descubrí horrorizada que había dejado un largo rastro de toallas, tipo Hansel y Gretel. Me llevé por reflejo la mano directo a la boca. *¡Éste era el precio de no viajar con un buen bolso grande!* Acababa de adornar el reverenciado símbolo de Sarajevo con productos femeninos cuyo objetivo era absorber mi flujo menstrual. Sin pensarlo siquiera, di mortificados traspiés que asustaron a las palomas del lugar, y recogí las toallas para volver a meterlas a mis bolsillos. Jeff rio mientras me ayudaba a recoger las traviesas toallas.

Fue difícil seguir enojada después de eso, sin embargo, traté de mantener viva algo de la ira que quedaba. Luego Jeff le compró una bolsita de comida para

13. Ying Yang

pájaros a una mujer que parecía gitana con su larga falda color azul marino y su banda del cabello cubierta de rosas. Con la bolsa en la mano dio unos saltitos alrededor de la Plaza Sebilj y, presa del júbilo, arrojó una lluvia de maíz dorado sobre la multitud de codiciosas y ruidosas palomas que se contoneaban a sus pies.

Esto no mucha gente lo sabe, pero en realidad es bastante difícil mantenerse iracundo mientras se observa a una gorda paloma moviéndose atropelladamente y sin preocupaciones sobre la acera. Aunque las palomas no son las Einstein entre los animales alados, siempre andan por ahí con su simpleza y su actitud afable, y se conforman con balancearse en divertidos círculos mientras van picoteando. Regodearse en el enojo frente a una paloma es como tratar de frotarte el estómago al mismo tiempo que te das golpecitos en la cabeza y saltas en un pie: no hay manera en que no termines rindiéndote y sucumbiendo a la risa.

A pesar de que mi ánimo mejoró lo suficiente para disfrutar de Sarajevo, la debacle de Maria y las cada vez más numerosas fallas de nuestra filosofía de «todo se puede», no dejaban de preocuparme. Necesitábamos hablar, pero también teníamos que dar media vuelta y tomar otro autobús al sur para dirigirnos a Dubrovnik, Croacia, de donde saldría nuestro vuelo a Escocia a la mañana siguiente. Era la primera vez en todo el viaje que Jeff se negaba a dejar la ciudad. Yo tampoco quería irme porque íbamos tan rápido que apenas podía disfrutar los lugares, pero después de desayunar y pasear por los viejos callejones de Baščaršija, no tuvimos otra opción más que aceptar que debíamos irnos. Antes de que la neblina matinal hubiera empezado a dispersarse, ya estábamos en un autobús para salir de Sarajevo.

• • •

No mencioné a Maria de inmediato. Jeff se puso los audífonos y cerró los ojos, lo que me dio la oportunidad de organizar mis pensamientos mientras el autobús avanzaba hacia el sur por Herzegovina. Afuera, el Río Neretva serpenteaba por todo el valle, al fondo del despeñadero. Yo deseé poder sumergirme debajo de su superficie cristalina y evitar la inminente confrontación, pero no iba a haber manera de salvarme. Respiré hondo y le di unos toquecitos a Jeff en la rodilla.

Él se quitó los audífonos y yo alcancé a escuchar débilmente el animado coro de *Back on the Chain Gang* de The Pretenders.

—¿Qué pasa?

—Necesito preguntarte algo —le dije.

—De acuerdo... —contestó, irguiéndose en el asiento.

—Necesito saber qué pasó anoche.

Se me quedó viendo como si estuviera buscando en su memoria sin éxito.

—¿Anoche?

—Sí, anoche en el autobús —dije, escupiendo la palabra «autobús» como acusación.

—¿De qué hablas?

—Hiciste hasta lo imposible por hablar con Maria, la poco talentosa pintora italiana.

—Espera. ¿Qué? —dijo, sorprendido—. ¿Es *eso* por lo que estás enojada?

—Ajá. Claro que estoy enojada por eso —contesté, tratando de mantener la voz baja—. Coqueteaste con ella *todo* el camino mientras yo me iba derritiendo y convirtiendo en un sangriento desecho hormonal, y *para colmo*, luego tuviste la desfachatez de invitarla a nuestro cuarto.

Me molestó mucho ver que Jeff tenía una sonrisa a punto de escapársele por las comisuras de la boca.

—A ver, déjame entender esto. ¿Pensaste que me enamore de Maria y que estaba tratando de llevarla con nosotros al hostal para que pudiéramos tener, ¿qué?, ¿un asqueroso trío avivado por las drogas?

—Bueno... algo así. Es obvio que te atrajo desde el principio, y no te atrevas a negarlo.

—De acuerdo —confesó—, sí, la noté cuando entramos a la estación de autobuses y me pareció intrigante. Luego se sentó justo frente a mí y pensé, «mmm, qué interesante». Pero después de que hablamos un poquito el misterio se desvaneció. Era nada más otra aristócrata *hipster* tratando de encontrar la manera de echarle la mano a su fondo fiduciario.

—¿Entonces no estabas planeando una noche de perversión en el hostal?

—¡Ay, no! ¡Por Dios! —gruñó—. De verdad me dio pena que no tuviera en donde dormir. Lo mencionó varias veces, por eso le ofrecí que se quedara con

13. Ying Yang

nosotros. ¿Por qué diablos se te ocurrió que estaba tratando de cogerme a una muchachita que conocimos en un autobús?

Una oleada de indignación bien justificada me recorrió el pecho.

—Bueno, no sé, ¿por qué diablos se me *ocurriría* algo así? ¡Tal vez porque todo lo que hay entre nosotros es indefinido, maldita sea! Primero me pides en la playa que me case contigo, y poco después me adviertes que cualquier cosa puede suceder inesperadamente. Y yo tengo que estar preparada para eso sobre lo que me adviertes pero no sé que es, y no tengo ni idea de nada más. ¡Nos acabamos de conocer! Y no, no sé si eres capaz de huir con una mediocre pintora italiana. Porque, vaya, ¡huiste conmigo, que apenas iba saliendo de una depresión marca diablo!

La sonrisa de Jeff se endureció.

—Mira, todo este experimento de indefinición es maravilloso en teoría, en especial si uno es soltero y no tiene ninguna atadura, pero en la práctica me hace sentir tan vulnerable como si estuviera siempre al borde de un acantilado. ¿Cómo puedo saber si hacer exactamente lo que se me dé la gana, no va a terminar haciéndome sentir de la mierda?

Jeff frunció el ceño.

—*No* podemos saberlo, pero pensé que esa incertidumbre era lo que nos habíamos propuesto poner a prueba.

—¡Lo es! Y al principio estaba completamente a favor de nuestro juego pero, la cuestión es que, no esperaba sentir una conexión tan profunda contigo. Abrir una cuenta en OkCupid fue sólo una vacilada, ¿sabes? No estaba buscando nada serio, pero ahora existe esta extraña, loca y mágica química entre nosotros.

—De acuerdo... —dijo, lentamente—. ¿Entonces qué sugieres?

—No sé qué sugerir—repuse. Sentí cómo las palabras empezaron a acumularse sobre mi lengua—. Sólo estoy tratando de expresarme, es decir, creo que no estoy totalmente convencida con la escuela de pensamiento «haz lo que de verdad quieres hacer», o al menos, no si no hay una versión más matizada. Tiene que haber un ancla en medio del espacio abierto porque, de otra manera, ese «hacer lo que quieras» termina siendo sólo otro credo hiperindividualista disfrazado de algo grandioso. Lo que quiero decir es, ¿qué sentido tiene perseguir con furia la libertad personal si nunca la aplicamos de manera constructiva a algo más allá de nosotros y si no expande nuestra noción de estar vinculados y de ser humanos?

—De acuerdo, ¿y cuál crees tú que es el ancla? —me preguntó, pensativo.

—Bien, estoy sentada junto a ti en un autobús bosnio, así que es evidente que creo en seguir mi jalón gravitacional interno, pero me parece que éste también tiene que incluir una reflexión sobre la forma en que mis decisiones afectan el bienestar de otros.

—Entonces, ¿sería algo como estar consciente? —dijo, tratando de seguirle el paso a mi errático tren de ideas.

—Bueno, sí —repuse—. O sea, piénsalo: para mí, entregarte mi corazón es un acto radical. Es arriesgado permitirme ser vulnerable sin establecer ninguna expectativa del mismo tipo a cambio; y si tú no tomas en cuenta mi acto como el extremo regalo que es, ¿entonces por qué tendría yo que luchar contra la ansiedad, los celos y la vulnerabilidad que surgen al ofrecerse libremente y entregarse desnudo y expuesto? ¿Por qué tendría yo que mostrarte todo lo que soy en el fondo si en cuanto salga de la habitación olvidarás mi rostro?

—Mmm —musitó, pensativo.

—Y mira, desde el principio dejaste muy claro que necesitabas un enorme grado de libertad para sentir que funcionas a tu máximo potencial, y yo respeto eso, pero también tengo necesidades y, aunque son distintas a las tuyas, son igual de válidas. Tal vez para ti no es difícil abandonar la definición en una relación, pero para mí implica un desafío formidable. Necesito que sepas que de verdad me estoy arriesgando al salir de mi encierro de esta forma. Necesito que respetes mi vulnerabilidad porque, si no puedes, entonces... fue divertido pero prefiero no seguir jugando.

Terminé mi monólogo justo cuando el autobús a Dubrovnik se salió de la carretera principal y empezó a transitar a lo largo de la deslumbrante franja azul de la costa croata. Estaba sorprendida por la fuerza de mis propias palabras. Era la primera vez que expresaba algo nuevo que había comprendido poco tiempo después de mi recuperación: *que soy valiente pero tengo límites*. Cuando regresé de mi extravío emergí hambrienta de vida, por eso salí disparada por la puerta del frente. Por eso choqué mi automóvil, renuncié a mi empleo y me subí de un salto a un avión con Jeff. Todo bajo la vaga suposición de que esta nueva y salvaje ligereza me permitiría, de alguna manera,

13. Ying Yang

cernirme por encima de las vicisitudes de la vida ordinaria de la misma manera que un avión se desliza sobre los agitados cúmulos. ¿Quién necesitaba límites en un mundo en el que cada momento fluía sin interrupciones al siguiente?

Por todo lo anterior, encontrarme sin límites un momento, y ardiendo de celos al siguiente, implicó un rudo despertar. ¿Qué era esta debilidad, este naciente deseo de tener barreras? ¡Error en la descarga del archivo de iluminación espiritual!

Yo no tenía un manual ni a un sabio señalándome el camino; no estaba consciente de que ningún proceso profundo de transformación podía estar completo sin un regreso gradual al mundo ordinario. Tras pasar dos años en el abismo, ahora estaba surgiendo con una revelación que me había costado entender. ¡Epifanía! ¡Renacimiento! Sí, eran súper emocionantes pero no anunciaban el final de la obra aún. Después de salir del inframundo, todavía tenía que volver a la tierra.

Es imposible mantener a flote la intensidad de un despertar interior porque éste es demasiado deslumbrante. Es demasiado crudo y abrumador para un mundo en el que tienes que vivir en un cuerpo, sacar los botes de basura los días que pasa el recolector, comunicarte con oraciones completas y mantener relaciones funcionales con la multitud de humanos que te rodea. Lentamente, poco a poco, regresas a la tierra con tu revelación en una botellita. Es un potente elíxir que tienes que llevar a todos lados: a casa, a la lavandería, al aeropuerto, a la tienda de la esquina, a tu cubículo de la oficina...

Volver a la vida no significaba que mi antiguo yo hubiese sido aniquilado en la secuela de una bomba atómica mística; tampoco significaba que me hubiera sacudido la necesidad de límites de protección de la misma forma que las serpientes dejan atrás su piel seca. Yo seguía siendo esa Clara sensible que se esforzaba por entender las cosas, por establecer el equilibrio correcto entre los saltos desde acantilados y los espacios de refugio. Me estaba esforzando por mantener mi elíxir en la botella y llevarlo a casa. Porque, claro, nadie te advierte que regresar a la tierra puede implicar un viaje tan accidentado.

• • •

—¿Cuánto tiempo llevas marinando todo esto ahí adentro? —me preguntó. Me había escuchado con mucha paciencia, y ahora que era su turno de hablar, me sentí un poco insegura.

—Un buen rato —dije, con timidez—. Bueno... varias semanas.

—¡Dios santo! Me alegra que por fin te hayas abierto y expresado algo. Déjame decirte que no eres la primera mujer que me informa que soy un tipo difícil.

—Pfff, no sabes cuánto me sorprende eso.

—Mira, salir conmigo siempre va a ser sinónimo de cierto grado de imprevisibilidad, pero quiero que sepas que respeto la gravedad de lo que estamos tratando de hacer, y aunque sé bien que proyecto esta personalidad fanfarrona, no soy tan arriesgado ni impredecible como podrías imaginar.

—¿Ah, no? —pregunté, en tono escéptico.

—No —confesó. Luego miró por la ventana hacia la costa azul, jugueteando dubitativamente con la banda alrededor de su libreta como si estuviera a punto de revelar un secreto—. Mira, no te había dicho esto, pero desde que tú y yo nos conocimos dejé de ver a las otras mujeres con las que había estado saliendo. Lo hice porque hay algo especial entre nosotros y tengo curiosidad de ver adónde nos lleva, incluso si es difícil o confuso, o si tú crees que estoy tratando de organizar un trío con una chica que anda por ahí drogándose con vapores de pegamento.

La confesión se quedó flotando en el aire durante algunos segundos mientras yo procesaba mi conmoción. En medio de la presente fase kerouaquiana de Jeff, admitir que no buscaba «andar» con alguien más, era el equivalente al juramento de dejar la bebida de un alcohólico. Era un gesto significativo. Jeff había estado considerando, sin que yo lo supiera, la pequeñísima posibilidad de que una relación pudiera mejorar la experiencia de libertad en lugar de obstruirla. Todavía no había tomado una decisión pero estaba abierto a las posibilidades.

Su demostración de vulnerabilidad terminó de inmediato con mi rabia por las delgadísimas muñecas de Maria. Respiré hondo y lo miré a los ojos.

—Mentiría si te dijera que no quiero ver adónde lleva esto, pero... ¡demonios!, a veces haces que me den ganas de salir corriendo.

—Bueno, puedes salir corriendo —dijo Jeff, al mismo tiempo que deslizaba su brazo alrededor de mis hombros. El autobús tomó otra curva cerrada sobre la costa—, pero no te vas a librar tan fácilmente porque ahora estamos metidos en algo nuevo. Incluso si te vas, siempre terminaremos topándonos de nuevo en algún azaroso roble.

14. Ganancia etérea

Dubrovnik, en Croacia, fue la calma después de la tormenta emocional... aunque una calma bastante peculiar, debo decir. La romántica reputación de esta ciudad marítima conocida como la Perla del Adriático, no pasó desapercibida para los monstruosos cruceros que se encontraban atracados en las afueras del pueblo, ni para Easy Jet, la compañía que traía en sus aviones a todos esos británicos y escandinavos desesperados por disfrutar de las palmeras, de los climas mediterráneos en donde no necesitarán sus mitones, y de una cantidad de sabores de helado equivalente al número existente de camisas polo color pastel de Ralph Lauren.

Y es que no era difícil notar el atractivo. El Viejo Pueblo de Dubrovnik era una fortaleza medieval amurallada como sacada de cuento de hadas, y estaba ubicada en las claras aguas color turquesa de la Costa dálmata. Desde las colinas que lo rodeaban, el Viejo Pueblo parecía un nido de terracota rodeado de un listón de torrecillas y pircas. Al igual que Sarajevo, Dubrovnik también había sido dañada en la Guerra de los Balcanes, pero los únicos remanentes del sitio del Ejército Nacional Yugoslavo eran los parches de color naranja brillante en donde las nuevas baldosas de terracota cubrían los techos dañados por los proyectiles.

Pero cuando uno miraba de cerca, la experiencia era totalmente distinta.

—Qué viaje —dijo Jeff en cuanto entramos al Pueblo Viejo por el puente de un castillo que pasaba sobre un foso y llegaba a la imponente boca de piedra conocida como Puerta de Pila.

—Es como una Disneylandia medieval —dije. Y era verdad. Stradun, su principal avenida, estaba repleta de turistas lamiendo conos de helado y tomándose *selfies*. No con Mickey Mouse, sino con los históricos actores que se paseaban entre las multitudes vestidos con elaborados atuendos del renacimiento. A diferencia de Disneylandia, Dubrovnik se quedaba corta con las falsas fachadas de edificios y las rocas de plástico con bocinas incrustadas anunciando una rebaja en la tienda de recuerdos. Las cuidadas plazas, las fuentes de piedra en donde el agua de manantial salía salpicando de las bocas de las gárgolas talladas; los frescos salones góticos de los frailes dominicanos; y las opulentas florituras barrocas de la Iglesia de San Blas, formaban parte de una orgullosa historia que databa de la época medieval, cuando Dubrovnik era un progresista puerto marítimo al nivel de Venecia y Ancona.

Jeff y yo nos alejamos por instinto de la atestada Plaza de la Luza, en donde una orquesta se estaba reuniendo para la ceremonia inaugural del Festival de Verano de Dubrovnik. Ambos preferimos huir a una zona más elevada, a través de una de las muchas estrechas escaleras que se entrelazaban como venas pavimentadas y subían pasando de una terraza a otra de villas adoquinadas y callejones sombreados llenos de hojas. Tarde o temprano, todas las escaleras terminaban en los gruesos bastiones de la fortaleza, y ahí fue adonde llegamos, a la base de una torrecilla, mucho más arriba de la aglomeración de la plaza, desde donde pudimos ver una enorme superficie de techos de terracota y, más allá de los techos, una franja azul de mar. El lugar era apacible, y en el suelo había colillas de cigarro y botellas vacías que indicaban que ésta zona no era turística del todo, y más bien servía para que la gente pudiera drogarse y fajar.

Jeff colocó su Stetson sobre los escalones y luego ambos nos entregamos a un envolvente abrazo en la base de la torrecilla. Nadie habló, no fue necesario. Gracias a una especie de milagro provocado por el falible autobús, en lugar de romperse, el vínculo entre nosotros se volvió más profundo en las últimas veinticuatro horas. Después de deshacernos de todas las capas de incertidumbre y riesgo, descubrimos que teníamos una fuerte semilla, lista para ser sembrada con todas las posibilidades que contenía en su interior. Yo no tenía idea de lo que crecería —o si algo surgiría del todo de entre la tierra—, pero en ese momento, todo estaba bien. Me sentía a salvo en la calidez de nuestro abrazo. La tormenta había terminado.

• • •

En Texas, después de la negra furia de las tormentas de verano, siempre sigue una calma sobrenatural. El paisaje se atenúa por completo. La hierba brilla y suda.

14. Sin Peso

El aire se siente húmedo y lleva consigo la esencia del petricor. Algunas desafortunadas ramas yacen en la calle junto a charcos de lluvia que reflejan el entorno y a las larguiruchas lombrices ahogadas. Junto a los riachuelos, la caña silvestre permanece arqueada todo el camino como homenaje a las repentinas inundaciones que pasan barriendo todo a través de las zanjas, y dejando lodosas botellas de Gatorade y envolturas de Hershey's a su paso como recuerditos hechos jirones. Lo más sorprendente, sin embargo, es el despejado cielo azul que cuelga sobre el mojado planeta, un cielo tan apacible y tranquilo que cualquiera te perdonaría si dudaras que la tormenta realmente cayó.

Tras casi dos años de tormentas mentales, yo ya había aprendido a reconocer esa calma. Lo único que necesitaba hacer era tocar fondo en medio de la desesperación que, por cierto, es algo muy gracioso. La desesperación absoluta es algo en lo que te puedes perder con facilidad, pero su implacable irrevocabilidad también puede llegar a liberarte. En *La vida de Pi*, Pi, el joven protagonista se pierde en el mar, y su única compañía en el bote salvavidas es un tigre de bengala de 200 kilos. Pi calcula sus probabilidades de sobrevivir y descubre que no son muy prometedoras, pero luego declara: «Ustedes pensarían que en ese momento perdí toda la esperanza, y así fue. Pero eso hizo que me animara y me sintiera mucho mejor».

El instante en que yo enfrenté a mi tigre de bengala fue la calurosa tarde de agosto que caí sobre la alfombra de mi habitación y asumí el hecho de que, después de varios meses de agitación, había llegado al final de mi cuerda floja y estaba agotada. Ya no me importaba si era normal o no. Si estaba loca, qué bien, entonces sería la mejor mujer demente que pudiera. Si seguía sufriendo de ansiedad hasta el momento de mi muerte, bien; sabía que podía vivir a pesar del miedo. Si no podía comer nada que no fuera sándwiches de jalea y crema de cacahuate en cada desayuno comida y cena de mi vida, bien; entonces me aprovisionaría de frascos de Jif extra-crujiente. Si jamás podía estar segura de ni una sola cosa en todo el universo, bien; entonces sólo viviría sin alcanzar la iluminación. El punto era que ya me había agotado de luchar contra lo que quiera que fuera ese implacable terror con el que vivía. Acababa de levantar la bandera blanca de la rendición. De ahí en adelante, sólo dejaría que la vida pasara y me relajaría.

Relajarme significaba renunciar a mi búsqueda del Sagrado Grial del Significado Absoluto. Todavía no tenía idea de cuál era el objetivo de la existencia, y la verdad es que no tenía ni una sola razón de verdad importante para salir de la cama por las mañanas. Pero decidí que sólo iba a actuar sin tener la certeza de nada. Y si en el cielo había algún poderoso Oz esperando que yo tuviera logros significativos que justificaran mi consumo de oxígeno y confirmaran el valor inherente que tenía como ser humano, entonces ese ser tendría que arreglárselas sin mí: una mujer demente con aliento a crema de cacahuate.

Si lo único que lograba hacer en el resto de mi existencia era tratar a los otros con amabilidad, archivar folders manila y sentarme en la terraza a ver el pasto crecer, bueno, entonces eso tendría que bastar. Hice cálculos y descubrí que el número de personas que realmente logran dejar un legado de importancia es insignificante en comparación con la vasta cantidad de quienes van de su nacimiento a la muerte viviendo vidas relativamente ordinarias. Pero quizás ésa no era la falla épica en la que me habían acostumbrado a creer; tal vez hay algo que alabar en las vidas que, al menos en apariencia, no son destacadas. Tal vez había formas profundas y cotidianas de magia que harían eco a través de los siglos, y que no tenían nada que ver con los logros profundos ni con una cronología de Twitter.

Al principio no cambió nada, sólo seguí a la deriva en el vacío, igual de desorientada que siempre. Durante el día archivaba papeles con ansiedad, en la noche garabateaba fragmentos de poesía sin objetivo en la mesa de la cocina. Devoré pilas enteras de sándwiches de jalea y crema de cacahuate envueltos en servilletas rectangulares... y di por hecho que eso era todo.

Pero cuando me entregué por completo a la ansiedad, a la simpleza de los papeles que archivaba y a la jalea Smuckers de ciruela, algo empezó a acelerarse. Fue como lo que sucede con los espinosos arbustos de tuna en floración del huerto de mi abuela en Arizona. Cuando llega el sol de la mañana, los puntiagudos brotes verdes del tamaño de tu pulgar, empiezan a presionar para abrirse y revelar un indicio de la exuberante pulpa de escandaloso color amarillo que habita en el interior. El fruto nunca se despliega por completo en un solo movimiento, pero tarde o temprano se muestra. La gruesa capa que cubre al brote de la tuna se va suavizando

14. Sin Peso

hasta convertirse en un pálido flósculo en espiral que, a su vez, se divide en una cascada de pétalos ansiosos de recibir sol.

Mi despliegue comenzó con inmovilidad. En lugar de salir corriendo para evitar el terror o de tratar de destruir la vacuidad a punta de golpes de karate, extendí un tapete de bienvenida. Si iba a estar loca, tal vez lo mejor sería familiarizarme con la locura. Abrí la puerta y recibí a absolutamente todos los monstruos. Me senté, inhalé y exhalé mucho —a veces durante horas—, y vi pasar un desfile de cuernos, garras afiladas y mandíbulas hambrientas, mientras cuerpos invisibles resollaban aire caliente junto a mi cuello.

Al principio estaba segura de que estaba a segundos de ser consumida por completo, pero con el paso del tiempo se hizo evidente que, aunque la sensación física del miedo parecía fatal, en realidad no era capaz de devorarme viva. Si respiraba lo suficiente, todas las sensaciones pasarían tarde o temprano y se transformarían en algo más. Hubo días en que las olas de vacuidad me forzaron a salir corriendo al baño, arrodillarme frente al excusado y sucumbir a las arcadas. Pero incluso en esos momentos sólo me limpiaba la boca y regresaba a sentarme. Volvía a respirar. *Sin darle la espalda a nada*, me recordaba.

Algunos meses después, mi actitud hacia las sombras empezó a ablandarse. Ya no eran espantosas bestias, sino más bien, dolorosas energías atrapadas en mi cuerpo. La ansiedad se había acurrucado en mis entrañas. El vacío vivía en la parte expuesta de mi columna vertebral. La ira se había acomodado en la tensión de mi hombro y mi mandíbula. El dolor se había quedado ahí, esperando, oculto, porque yo nunca le había dado la oportunidad de irse... hasta ahora.

Y entonces comprendí que, si mi oscuridad no era lo que había imaginado, entonces tampoco lo era todo lo demás. Para el final del verano, las nociones preconcebidas que tenía acerca de *todo*, empezaron a salir disparadas de mi cabeza como la nube de murciélagos cola de ratón mexicanos que todas las noches volaban debajo del Puente del Congreso y se comían su propio peso en mosquitos. Me vacié. Dejé ir todas mis suposiciones sobre el mundo. ¿Qué era el miedo? Y en todo caso, ¿qué era champú? ¿Qué eran los helados con caramelo de cereza? Tenía la cabeza vacía.

Cuando el nogal afuera de la ventana de mi estudio se tornó amarillo y comenzó a dejar caer sus hojas, yo tuve la sensación de que era como una recién nacida en el cuerpo de una persona de veinticinco años. De pronto, estar viva no era ni bueno ni malo, sólo *curioso*. ¡Qué cosa tan extraña ésa de nacer en un cuerpo temporal! ¿Acaso a la demás gente no le parecía que todo ese conjunto carnoso de nalgas, vello de las fosas nasales, conductos biliares y médula espinal no era algo improbable? ¿Tal vez algo gracioso? ¿No resultaba un poco *extraño* estar atrapado en uno de los 7 mil millones de cuerpos aislados de carne que habían andado por ahí apresurados en un planeta de 4.5 mil millones de años que alguna vez fue una estrella que explotó? ¿Ser uno de esos cuerpos que cazaban lo que fuera necesario: sexo candente, amor de cuento de hadas, la siguiente comida, iluminación, el enganche de una Range Rover, la paz mundial, minutos de celular, una casa con una cerca blanca de estacas, músculos abdominales bien formados, cordura...? ¡¿O lo que sea?! ¿No era increíble ser sensible? ¿Ser capaz de sentir amor, terror o un gozo que iba más allá de la luna?

A la curiosidad no le tomó mucho tiempo convertirse en una maravilla. Quizás yo no podía comprender el significado de mi experiencia, pero el hecho de estar consciente para empezar —es decir, de encontrarme en un glorioso punto de conciencia sensorial—, era impactante. Por las mañanas, antes de ir a trabajar, deambulaba por mi estudio, parpadeaba bajo los rayos del sol y permitía que incluso lo más simple me dejara anonadada. Podía ser la aleatoria caída de gotas de agua en la cortina de la ducha. El dulce y jugoso iglú de una sola frambuesa. La obra maestra cubista que era la rasgadura geométrica que se había formado en mi calceta. La quemadura sorpresiva de un prematuro sorbo de té. Incluso las sensaciones más diminutas propagaban ondas de conmoción por todo mi cuerpo. Quería comprar pintura en aerosol y citar a William Wordsworth en todos los muros de Austin: «La tierra y cualquier visión común, ¡me parecían ataviadas en luz celestial!».

El ataque de los brotes de tunas doradas llegó a su culminación con el regreso del hambre. Por primera vez en dos años sentí que el apetito volvía. El aroma del ajo rostizándose en mantequilla me hizo salivar en lugar de secarme la boca y provocarme náuseas. De pronto empecé a sentir antojo de enchiladas de pollo con salsa de tomate; rollos dragón cubiertos con anguila cruda y anaranjada

14. Sin Peso

hueva de pez volador; montañas de rebanadas de pastel de ganache de chocolate; y redondos tacos llenos de papas, salsa y queso para el desayuno. Mi cadera y mis muslos empezaron a rellenarse, la luz volvió a mis ojos, los frascos de jalea y crema de cacahuate emigraron poco a poco a la parte trasera del refrigerador. Y yo estaba volviendo a mi cuerpo.

El primer día de enero de 2013, seis meses después de que alcé la bandera blanca de la rendición, desperté antes del amanecer y me quedé debajo de las cobijas observando cómo la oscuridad se retiraba poco a poco para convertirse en una polvosa luz gris. Nadie tuvo que decírmelo, cada célula de mi cuerpo ya estaba coreando las noticias: *los negros días se terminaron*. Había acabado, ya era libre. Y no sólo era libre, también poseía una vivacidad mucho más vibrante de la que llegué a tener antes de derrumbarme.

No hubo una epifanía profunda ni arbustos ardientes, tampoco hubo un coro de ángeles triunfantes. Si llegué a alguna conclusión, fue nada más a la de que ya no estaba interesada en resolver un misterio irresoluble, ahora estaba interesada en vivirlo. El significado no era un concepto intelectual que podía ser capturado en una red, catalogado y clavado en un pizarrón de corcho. Era un acto físico, una investigación continua que se renovaba cada mañana; una decisión de explorar con temeridad a pesar del caos y de la desordenada fragilidad; una elección que implicaba entregarme al mundo sin la garantía de que la vida tendría sentido o terminaría envuelta con un inmaculado moño.

Al igual que toda la demás gente, yo también tendría que confrontar un millón de incertidumbres. Tendría que luchar contra la pregunta de por qué a la gente inocente le suceden cosas espantosas. Todavía tendría que despertar con ansiedad algunas mañanas. Seguiría sintiendo esa necesidad interna de tener soluciones finitas y finales felices en los que la heroína se va hacia el horizonte en un carruaje jalado por caballos. Pero con certidumbre o sin ella, por fin estaba lista para salir de mi caverna. Estaba preparada para todo, incluso si eso significaba derrumbarme, perderme o provocar un desastre.

Unos tres meses después, el 25 de marzo, entré a OkCupid por primera vez y, unos quince minutos después de terminar de construir mi perfil, le envié un mensaje a un sonriente científico con corbata de moño de mariachi. *Querido Tent Man: Diógenes es mi griego favorito de la antigüedad...*

• • •

Estoy completamente comprometida con esto. Fue lo que le dije a Jeff en Austin cuando me pidió que me uniera a su aventura. En el curso de nuestra incipiente relación, yo ya me había derrumbado, me había perdido y había provocado un desastre. Metafóricamente. Pero también había experimentado una sorprendente plenitud literal. Mi nuevo credo me forzó a salir de mi cabeza, a alejarme de la relativa seguridad de la experiencia intelectual, y a entregarme a la vivencia física de cada momento. Literalmente me derrumbé cuando mi vestido se atoró en la barandilla de las afueras de Budapest, y me perdí por completo en cuanto salí de Houston. Mi cuerpo se expresó en estados de adherencia, humedad y sudor, en el viaje de veintitrés horas en autobús, en nuestro sitio de exploración en la frontera croata, y ahora lo volvería a hacer mientras bajábamos flotando por las escaleras de Dubrovnik hacia los profundos estruendos de los timbales de la orquesta en la Plaza de la Luza.

Jalé a Jeff del brazo.

No quisiera arruinar la magia del momento, pero mi ropa interior se siente rara. Creo que necesito encontrar un baño ¡PERO YA!

Durante nuestra visita a la torrecilla mi período se convirtió en una situación higiénica extrema. Éste era un tipo de desastre del que Jeff jamás tendría que preocuparse. Lidiar con la menstruación en casa ya era malo de por sí, pero tratar de controlarla en medio de un viaje, era toda una pesadilla. A pesar de toda la socialización minimalista de que Jeff era capaz, él nunca tendría que pasar la mano por la parte trasera del pantalón para asegurarse de que no había sangrado tanto como para manchar la única ropa que tenía a la mano. Yo, en cambio, llevaba años —desde la pubertad—, deshaciéndome de ropa y sábanas manchadas en contra de mi voluntad; y ahora, mi vestido verde corría el riesgo de mancharse irremediablemente.

—¿Crees poder llegar a la plaza? —me preguntó Jeff con cara de preocupación.

14. Sin Peso

—Creo que sí.

La música era ensordecedora. Los turistas habían rodeado a la orquesta, y muchos sostenían sus celulares en alto para grabar el espectáculo. Jeff estiró el cuello y escudriñó la plaza.

—De acuerdo... No veo ningún baño público, ¿quieres que busquemos un restaurante?

—Yo... eh... no sé, creo que no tenemos tiempo suficiente para eso.

Todo iba de mal en peor de la cintura para abajo. Mi deseo de mantener estándares elementales de decoro social estaba perdiendo campo con rapidez frente al deseo de evitar verme como si me hubieran balaceado con furia a media calle. ¿Qué hacer?

En lo más profundo de mi desesperación, elegí la fuente. La pequeña fuente Onofrios tenía varios niveles y era uno de los bien conocidos puntos de referencia del lugar; estaba enclavada en uno de los rincones de mármol de la Plaza de la Luza, justo enfrente de la Iglesia de San Blas, en donde la nutrida orquesta ya estaba calentando con breves fragmentos de Verdi. Sobre la iglesia se encontraba el mismo San Blas —patrono de los peinadores de lana—, contemplando los ríos de turistas sedientos que se detenían en las bocas de las gárgolas de la fuente para rellenar sus botella de agua y robarse un fresco sorbo de agua de manantial.

—Voy a necesitar que impidas el paso la gente—le dije a Jeff.

—¿Por qué? ¿Qué vas a hacer? —preguntó.

—Algo que Emily Post *nunca* aprobaría.

Luego me deslicé furtivamente en el estrecho corredor entre el borde de la fuente y el muro del hueco. Yo no era exhibicionista, pero cambiarse una toalla femenina desbordante de sangre a escondidas, en medio de quinientos turistas, el barbado patrono de los peinadores de lana y una orquesta completa ensayando *Tristán e Isolda* de Wagner, me provocaba una extraña emoción.

Se suponía que Jeff estaría montando guardia junto a la fuente, pero cuando levanté la vista, lo vi sonriendo desvergonzadamente con su teléfono en las manos.

—No estás documentando esto, ¿verdad? —siseé.

—Confía en mí, después vas a querer recordar el momento.

—Si se lo muestras a alguien te juro que les voy a decir a todos tus amigos que perdiste la virginidad en un campo de golf justo antes de que te sorprendiera tu papá.

—No vayas a olvidar mencionar que era medianoche en la calle del hoyo ocho, par cinco.

—¿Qué a ti no te *avergüenza* nada? —pregunté.

—Mmm, realmente no.

De pronto, cayeron varias gotas de la lluvia vespertina sobre el suelo de mármol de la Plaza de la Luza, y al mismo tiempo, un resuello recorrió a la orquesta. El director se detuvo en medio del pleno movimiento de su batuta y a continuación se manifestó el caos. En tan sólo unos segundos la plaza se transformó en un nubarrón de violines, chelos y cornos franceses desperdigados en busca de refugio. Un grupo de muchachos larguiruchos comenzaron a bajar trabajosamente un piano por las escaleras mientras una señora con aire maternal los seguía dando órdenes que no necesitaban traducción. ¡Cuidado! ¡No tan rápido! Ésa era mi gran oportunidad, así que me alejé de la fuente deslizándome como ninja.

—Misión cumplida —exclamé.

—Lo hiciste como un verdadero político —dijo Jeff—: esperaste el momento de caos para aprobar una ley sin que nadie lo notara.

• • •

Esa noche la terminamos a más de quince kilómetros de distancia, en Cavtat, un pequeño pueblo junto al mar que envolvía a una tranquila bahía en forma de media luna. Los lugareños nos habían dicho que ese pueblito era como un hermano menor de Dubrovnik, pero más tranquilo y pequeño; sin embargo, cuando nos bajamos del autobús nos enfrentamos al mismo paisaje de hoteles boutique, cafés de alta sociedad y camisas polo de Ralph Lauren. No teníamos un lugar para dormir, pero cuando Jeff sugirió que sólo camináramos a lo largo del oscuro malecón y viéramos qué pasaba, no me opuse.

Sólo habíamos caminado un poco sobre el entablado cuando una mujer nos detuvo.

—¿De dónde son? —preguntó, mirando el sombrero de Jeff con curiosidad, y él le dijo que veníamos de Nigeria. Ella se rio y dijo que se llamaba Marina. Era

14. Sin Peso

habitante de Cavtat y estaba a punto de cerrar su agencia de viajes esa noche. No estaba tratando de vendernos nada, sólo quería algo de compañía para terminar su turno. Nos mostró fotografías de su hija e hizo un par de chistes de Tito, el antiguo dictador Yugoslavo.

—¿Y en dónde se van a quedar esta noche? —nos preguntó.

—Pues para ser honestos, no tenemos ni idea —contestó Jeff.

—¿En serio? —preguntó sorprendida—. Mi esposo conoce al dueño de un lugarcito aquí cerca. ¿Quieren que le llame?

—Sí, claro, ¿por qué no? —dije.

Marina hizo la llamada y luego cerró la tienda y nos llevó por el entablado hasta un bar junto al mar con habitaciones en la parte de arriba. Nuestro cuarto tenía cama *king-size*, un balcón con vista directa al mar, y nos costó menos que un par de boletos de cine y una cubeta de palomitas.

—¿Creen que esto les servirá? —nos preguntó.

—Ay, por Dios, ¡claro que sí! —dije entre risas.

—Y así es como se hace —dijo Jeff, con una sonrisa.

15. La mediana edad

El segmento final de nuestro viaje lo comenzamos en una mesa blanca de plástico en el área de comida rápida del aeropuerto de Dubrovnik. Todavía teníamos media hora antes de nuestro vuelo a Escocia, por lo que Jeff sacó su libreta y la abrió en una hoja en blanco. Era el momento de hacer otra evaluación de nuestro experimento. Antes de dejar nuestra habitación con vista al mar, Jeff había extendido obsesivamente todos nuestros artículos sobre la mesa para contarlos. En el montículo de «lo ganado» había cuatro postales de Santa Sofía, varios productos de higiene femenina, una pila de monedas extranjeras diversas y el tubito de pasta dental que insistí en conseguir en Atenas. En el montículo de «lo perdido» había un mapa de los Balcanes y el socket de un adaptador eléctrico que dejamos olvidado en un restaurante de pipas de agua en Budapest.

—A veces ganas y a veces pierdes —musitó Jeff—. Aunque tú te aferraste a tu espíritu de acumuladora con esas *cuatro* postales, eh. ¡Qué extravagancia!

—Más te vale tener cuidado con lo que dices —contesté, dándole un golpecito en el hombro con el puño cerrado—. Tus amigos en casa no se están preguntando cómo logré sobrevivir tres semanas sin equipaje, sino cómo logré sobrevivir tres semanas *contigo*.

—Sí, claro, estoy seguro de que están reuniendo votos y promoviendo una petición para que el Papa te canonice justo ahora —dijo, riéndose—. Pero ya, en serio, ¿qué piensas? ¿No te parece que este viaje sin equipaje ha sido genial?

—¿Sabes qué? Ha sido asombroso.

Y sí, *había sido asombroso*. Viajar con casi nada dejó de ser un atemorizante salto de fe para convertirse en un pensamiento casual. Para cuando llegamos a Atenas ya estaba totalmente acostumbrada a la ausencia de objetos. El veraniego clima mediterráneo no presentó ningún desafío para nuestra vestimenta y, además, pasamos por todos esos lugares tan rápido, que, fuera de nuestros anfitriones, en realidad nadie se enteró de que nuestro guardarropa consistía en un solo cambio. Después de siete países, dieciocho días y 2,700 kilómetros, todo parecía indicar que, al menos en Turquía y Europa del Este, el secreto del viaje minimalista podía resumirse en jabón, agua, un buen par de zapatos y acceso ocasional a WiFi.

Sin embargo, mi asombro tenía menos que ver con haber sobrevivido a pesar de la ausencia de abultadas mochilas de viaje, y más con la magia que se había filtrado hacia el vacío abierto que antes ocuparon las posesiones y los planes. Me sorprendió mucho descubrir cuánto se agudizaron mis sentidos cuando no estaba preocupada en absoluto por cuidar mis pertenencias, llegar a tiempo para que me respetaran una reservación o palomear las paradas obligatorias en un itinerario planeado con toda meticulosidad. Claro que no hay nada de malo con los itinerarios, pero fue muy gratificante saber que yo, Clara, era capaz de tal ligereza y flexibilidad.

También estaba anonadada por la gran liberación que fue despertar, meter un cepillo de dientes a una bolsa y salir por la puerta sin mirar atrás. Porque, ¿acaso no todo mundo ha sentido esa compulsión interna en algún momento de la vida? Mi madre dice que en medio de la agonía de criar cinco niños, a veces soñaba que nada más se subía al coche y manejaba sola hacia el norte por la Interestatal 35 hasta llegar a Canadá: una revisita a la época en que viajó de aventón.

Otra cosa que me sorprendió fue que lanzarme de lleno a lo caprichoso del momento, jamás terminó en una especie de sórdida catástrofe de viaje, sino en una especie de aventura surrealista que algún día instaría a las asistentes de algún asilo para ancianos a aumentar mi medicación y decir: «Ya empezó otra vez la señora Bensen a parlotear de «esa vez» que viajó sin equipaje por el mundo acompañada de un científico que vivía en un contenedor de basura».

...

En casa todo mundo estaba preocupado y creía que nos había dado hipotermia en cuanto llegamos a los helados páramos de Escocia, pero el avión aterrizó en Edimburgo, en uno de los días más calurosos del año, lo que nos permitió hacer ese miedo a un lado. El viaje en autobús del aeropuerto a la ciudad de Edimburgo estuvo lleno de

15. La mediana edad

alegría y cielo azul; una vista peculiar. Siete años antes, cuando mi madre y yo hicimos una excursión breve de Londres a Inverness —parte de un viaje de bajo presupuesto con el que celebramos mi graduación de la preparatoria y una lejana historia familiar que perduró en la rojiza barba de mi hermano, el apellido Steuart de mi abuela y los dientes chuecos que yo y todos mis hermanos por desgracia heredamos.

En mi adolescencia adquirí un gusto particular por la gente escocesa. Eran más orgullosos y aguerridos que los británicos. Escocia tenía una palpable aura de «perdedor seguro» que nunca había podido ser mitigada del todo ni por los bollos ni por el té Earl Grey. De las tierras altas cubiertas de brezo salvaje, a los lagos tan claros como espejos, todo el paisaje escocés me pareció increíblemente familiar la primera vez que lo vi a los diecisiete años: como si hubiera un recuerdo dando vueltas por mi ADN.

Desde la ventana del autobús que tomamos en el aeropuerto, el Castillo de Edimburgo se veía justo como yo lo recordaba, como una ligeramente ominosa fortaleza de piedra que desde la distancia parecía haber salido de la montaña de basalto volcánico negro que dominaba la línea del horizonte. A la sombra de Castle Rock, los musgosos prados verdes de los Jardines de Princes Street eran apenas visibles porque estaban cubiertos de una lluvia de manteles de día de campo y de pálidos escoceses asoleándose y disfrutando del delicioso y sofocante calor que producían de los 20.5 grados centígrados de esa tarde, testimonio de la sarcástica broma de un comediante escocés que dijo que en Escocia sólo había dos estaciones: junio e invierno.

Jamie, antiguo asesor de doctorado de Jeff, vivía en el distrito portuario de Leith, un barrio de clase trabajadora que alguna vez fue hogar de los constructores de barcos, pescadores y balleneros que trabajaron a lo largo del amplio estuario del Río Forth de Escocia. Después de la Segunda Guerra Mundial, sin embargo, la reputación de este vecindario industrial se hizo más sórdida porque se convirtió en la zona roja del pueblo. En los ochenta, sin embargo, los barrios bajos fueron remplazados por una nueva ola de casas, pubs y restaurantes que difícilmente ayudaban a recordar el espíritu anterior del lugar.

—Por fin volvimos a nuestro bien amado idioma inglés —señaló Jeff mientras caminábamos a lo largo de una hilera de sombríos edificios estilo neoclásico, todos construidos con los mismos rectángulos de piedra ceniza, como si los hubieran sacado de una novela de Dickens—. Hablamos el idioma, conocemos la ciudad y ya sabemos donde nos vamos a quedar esta noche. Me parece casi demasiado fácil —exclamó Jeff con genuino arrepentimiento.

Camino a la casa de su asesor, Jeff me adelantó algo de información sobre Jamie y Vicky.

—Jamie es un individuo brillante. Es uno de los profesores de tiempo completo más jóvenes de la Universidad de Edimburgo y publica por sí solo la misma cantidad de artículos académicos que algunos departamentos universitarios completos. Es muy agudo, muy callado y *muy* británico. Mucho de lo que sucede con él está debajo de la superficie. Su esposa se llama Vicky. Es curadora de un museo y también es una de las almas más brillantes que podrías esperar conocer. —Jeff iba caminando con paso lento sobre la acera, estaba emocionado de volver a ver a sus amigos—. Mmm, ¿qué más? Tienen un bebé, y es posible que el tío Jeffy termine de niñera porque Vicky está a dos semanas de dar a luz al siguiente bebé.

Jamie y Vicky vivían en una tranquila callecita, en una casa adosada de ladrillos, con ventanas de paneles de vidrio y una puerta color gris pizarra que Jamie abrió después de que tocamos una o dos veces. Era exactamente como Jeff lo había descrito: el paradigma del académico alto, serio y reservado, quizás poco acostumbrado al abrazo de oso con el que Jeff lo envolvió en cuanto atravesamos el umbral.

—Te admiro por sobrevivir a un viaje con Jefferson —me dijo Jamie sin grandes aspavientos mientras le daba unas discretas palmadas a Jeff en la espalda. Ni él ni Vicky le decían Jeff; Jamie lo llamaba «Jefferson» con un acento *muy* británico, y Vicky le decía «Jeffy».

—Bueno, debo tomar eso como un gran halago, ya que viene de alguien que supervisó su tesis durante cuatro años —dije entre risas.

—¿Por qué no vamos al jardín? —sugirió Jamie—. Vicky está en su cita con el médico pero regresará más tarde.

Jamie nos condujo al jardín de la parte trasera de la casa, en donde su suegra estaba sentada con su hijo, un rubio querubín de un año de edad. El jardín parecía sacado de un cuadro de Monet: tenía una soleada mesa rodeada de enredaderas, cosmos y un frondoso ciruelo. Jamie colocó una charola de queso en la mesa y abrió varias cervezas.

15. La mediana edad

—Esto es adorable —dije, con un suspiro.

Pero a pesar de la tranquilidad, el cuadro familiar puso a Jeff un poco nervioso. Mientras él y Jamie se ponían al día acerca de lo que había pasado en sus vidas los últimos años, noté que la rodilla derecha le temblaba. Y es que, a pesar de ser amigos, en realidad no se conocían como padres. Compararon sus recuerdos del nacimiento, hablaron de la forma en que tener un hijo lo modificaba todo, y de los rumores científicos más recientes. Había una parte en la que coincidían, pero también muchas diferencias. Jeff, por ejemplo, estaba durmiendo ilegalmente en el suelo de su oficina, en tanto que Jamie y Vicky estaban cómodamente instalados en una casa de dos recámaras con un bebé angelical, una suegra servicial, empleos de planta, una bandeja con quesos y un tendedero con ropa blanca que iba de un lado al otro del jardín. Todas estas señales de vida familiar eran, desde la perspectiva de Jeff, recordatorios del tipo de vida tradicional en la edad adulta que él admiraba pero había elegido no tener, y esta elección le provocaba tanto alivio como una ocasional punzada de culpa. ¿Cómo le afectarían a Sibel las elecciones poco convencionales? ¿Podría él ser aventurero y buen padre al mismo tiempo?

En uno de nuestros primeros mensajes a través de OkCupid, Jeff me había descrito lo que él llamaba la «mediana edad» o «la mitad» de la vida. Su idea se derivaba con bastantes licencias de una escena de la película *Casi famosos* en la que Lester Bangs, un periodista de rock veterano interpretado por Phillip Seymour Hoffman, le pregunta en tono sarcástico al quinceañero William Miller, aspirante a periodista de música, si él es la estrella de su escuela. William admite que sus compañeros de clase lo odian, y Lester lo reconforta con su pronóstico: «Ya te los encontrarás a todos de nuevo en el largo recorrido a la mediana edad».

Jeff le temía a esa noción de la madurez, de la «mediana edad». Le preocupaba el hecho de que fuera una desaceleración complaciente de los motores; un resbalarse paso a paso a la previsibilidad; una meseta para la gente adulta y madura, en donde el riesgo y la exploración eran desdeñados en pos de la seguridad y la estabilidad. Jeff no quería terminar como el proverbio indio que alguna vez citó Steve Jobs: «En los primeros treinta años de tu vida, te formas hábitos. En los últimos treinta años, los hábitos te forman a ti.»

Por otra parte, admitía que esa meseta era una respuesta perfectamente natural a la vida moderna, que había razones prácticas para establecerse y desarrollar rutinas. Porque es cierto, ni las hipotecas, ni los puestos gerenciales, ni los niños y sus costosísimas educaciones universitarias, ni los planes para el retiro inspiran a la gente a levantar una sorpresiva carta comodín. No era que Jeff no aprobara la normalidad (o los jardines, los bebés o las charolas de queso), era sólo que la veía como una situación en la que no podía permanecer sin sentirse como un contorsionista tratando de meterse a un pequeño baúl.

Para Jeff, la vida sin sorpresas era algo parecido a una grave deficiencia vitamínica, o aun peor, al exilio, al tedioso y fatal confinamiento de Napoleón en la húmeda isla de Santa Helena. Jeff vivía para encontrarse con el inesperado giro en la trama, la vuelta abrupta de una carretera a otra. Se sumergía en descabellados experimentos para evitar sucumbir a la más ligera posibilidad de adquirir un hábito

—¿Sabes?, vivir en una casa ordinaria y tener hijos no te manda de manera automática al exilio de la mediana edad —le esclarecía yo a veces en tono de reprimenda—. Hay mucha gente común que se aferra a la curiosidad a pesar de que la correspondencia no le llega a un contenedor de basura modificado. Y con esto en realidad quería decirle: amar a alguien y comprometerse a tener una relación no exige necesariamente que cambies y dejes de ser quien eres. Él llegó a estar de acuerdo conmigo, pero los recordatorios de la domesticidad solían activar sus alarmas de emergencia, quizás porque había dejado atrás un matrimonio amoroso, así como la casa que compartió durante seis años con su exesposa y su hija, y porque alguna vez también tuvo un empleo estable en la universidad y publicó montones de artículos académicos. Ahora estaba en el proceso de aprender a equilibrar su urgencia de libertad con la responsabilidad que todavía tenía con Sibel: la dulce lucecita con ojos que resplandecían con ese mismo centelleo travieso que a menudo veía yo en la mirada de él. Jeff amaba a su hija de manera inequívoca, y los fines de semana que le tocaba pasar con ella, aprovechaba toda oportunidad para hacérselo saber. Sin embargo, no lograba identificarse de manera contundente con su papel de *papá*, de la misma forma en que no se identificaba con su papel de *novio* o *profesor*. Jeff se oponía tanto a las etiquetas, que llevaba años pegando cinta de aislar negra sobre todas las etiquetas que

15. La mediana edad

tenía, incluso las de su Volvo, su suéter North Face y la mochila Patagonia en donde guardaba todos sus bienes. Todas las etiquetas estaban, sencillamente, demasiado cerca del concepto de la mediana edad para su gusto.

• • •

Jeff me contagió su incomodidad mientras estábamos sentados en el jardín y Jamie salpicaba con agua a su hijo en la alberquita infantil, pero luego comprendí por qué: todas mis reflexiones sobre tendederos con ropa y anillos de boda podían resumirse en una sola idea: *el futuro*. Sí, el futuro. Hasta ese instante había estado tan emocionada por la intensidad de nuestro viaje, que no me había detenido lo suficiente para pensar en que estaba a sólo unos días de terminar.

Dada la evidente volatilidad de nuestro experimento, Jeff y yo habíamos establecido planes «B» a los que recurriríamos en caso de un final inesperado, un rompimiento o la simple comprensión de que habíamos cometido un error y en realidad no soportábamos ni vernos. En una situación así, cada quien se iría por su lado. Sin daño, sin malas vibras. Pero en todo ese proceso de salvaguardar con meticulosidad nuestra experiencia, nunca se nos ocurrió definir qué haríamos si al final terminábamos nuestra ridícula aventura en mejores términos que en los que estábamos cuando la empezamos. En pocas palabras, no teníamos ninguna estrategia para el regreso a la realidad. ¿Ya éramos una pareja o cuando llenáramos un formulario seguiríamos palomeando el cuadrito que dice «otro»? En medio de su quijotesca búsqueda del asombro y la sorpresa, ¿sería Jeff capaz de sostener una relación? ¿Estaba yo misma en busca de un vínculo romántico serio? ¡Dios santo!, ¿en verdad había renunciado a mi empleo?

De pronto sentí que el estómago se me pasmaba. El aroma a rosas y el penetrante olor del queso me provocaron mareos; de pronto sentí que las cercas del jardín se iban a doblar encima de mí.

—¿Me disculpan, por favor? —exclamé levantándome sin advertencia previa—. Necesito un poco de aire fresco.

Jeff percibió mi incomodidad.

—¿Quieres que te acompañe? —preguntó.

—No, no —repuse—, regreso enseguida.

—Descuida, no iremos a ningún lado —añadió Jamie, en tono jocoso.

Salí del jardín sin saber bien adonde ir pero, como siempre, me dirigí al agua. Leith Walk desembocaba en el helado Estuario de Forth, lugar en donde el Río Firth fluía hacia el Mar del Norte. Eso era lo único que sabía cuando empecé a caminar con decisión sobre el pavimento. Desde arriba debo haberme visto como una bala color verde chícharo avanzando a toda velocidad por el grisáceo bulevar, pasando a un lado de los restaurantes de curry, las tiendas de artículos de segunda mano y las iglesias con sus vitrales.

Aparte de la reciente confesión que Jeff me hizo en el autobús, había otras señales de que estábamos migrando el uno hacia el otro, aunque cada quien a su estilo y con mucha cautela. Una semana antes de volar a Estambul, Jeff me llevó a la granja de su familia en Hill Country y me presentó a Sibil, a sus padres; y a Willie, Waylon y Biscuit, los tres ejemplares de ganado Texas Longhorn que vagaban con libertad en el terreno de varios acres tapizado de encinos del sur. La copa de vidrio con chardonnay de la que estaba bebiendo su madre se cimbró ligeramente cuando, por accidente, mencioné la diferencia de edad entre Jeff y yo, pero fuera de eso, la cena para «conocer a los padres» fue un éxito. Yo era la única mujer a la que Jeff había llevado a casa de su familia en los dos años que tenía de haberse separado y divorciado.

Yo también les presenté a Jeff a mis padres. Y él se paseo en su cocina de la casa de Fort Worth con una botella cerrada de tequila de alta calidad, vestido con su mono de la Segunda Guerra Mundial.

—Pensé que habías dicho que era profesor —susurró mi madre. Esa noche también estaba en casa Constance, mi hermana menor. Ella es una belleza etérea de ojos verde con cabello lacio como de lino que casi le llega a la cintura, y definitivamente no tiene la apariencia de una mujer con un clóset lleno de estrellas ninja, katanas japonesas ni cimitarras de Medio Oriente. Sin embargo, lo tiene.

—Arrodíllate —le ordenó a Jeff en la cocina, mientras desenvainaba con solemnidad su espada más larga, una réplica de poco más de metro ochenta de una katana de *Final Fantasy*. Él obedeció y se arrodilló en los mosaicos color marfil con

15. La mediana edad

los ojos bien abiertos, mientras ella se disponía a investirlo como caballero tocándolo en ambos hombros.

—Bienvenido a la familia —dijo ella en un tono imperial.

Y él contestó con un suspiro:

—Adoro a los dementes educados en casa.

• • •

Para el momento en que Leith Walk desembocó en un grupo de muelles industriales, comencé a darme cuenta de que el cielo del norte se estaba desvaneciendo para transformarse en un telón de fondo color azul plumas; la acera era como una pintura de Pollock realizada en excremento de gaviota y goma de mascar, y las casas adosadas que estaban alineadas a lo largo de los canales de los botes se reflejaban a la perfección en la apacible agua salada. *Solvitur ambulando*: se resuelve caminando. Eso fue lo que alguna vez declaró Diógenes cuando alguien le preguntó si el movimiento era real o no. El filósofo se levantó y se fue caminando, y de esa manera probó su teoría en ese estilo único suyo. Ésta no era la última vez que yo seguía su ejemplo. Caminé vigorosamente, inhalé hasta los pulmones el aire marino y me impulsé con fuerza cuadra tras cuadra. El paso me devolvió al interior de mi cuerpo.

¿Pero por qué demonios me preocupaba que Jeff les tuviera miedo a los bebés y los jardines familiares si sólo teníamos algunas semanas de conocernos y ni siquiera podíamos tomarnos una fotografía sin dejar un hueco de metro y medio entre los dos? ¿Qué había pasado con mi propósito de solamente percibir con tranquilidad mi paso por el entorno en lugar de apresurarme a solucionar todo? Sabía que no tenía arraigado el reflejo de fluir con el momento. Seguía aprendiendo, y en momentos de estrés solía regresar a mi visión norteamericana protestante de cajón: de que si quería obtener algo, sólo podría hacerlo por medio de trabajo arduo, un sólido espíritu competitivo y fuerza implacable.

Jeff era muy hábil en lo que se refería a orientarse a la realidad del momento presente. Era una de sus cualidades que más admiración me provocaban. Si algo surgía y le cambiaba el curso, por ejemplo, generalmente sólo encogía los hombros y decía: «¡Genial! Supongo que ahora vamos a tomar una nueva trayectoria». Ante un cambio, siempre era más probable que se emocionara en lugar de asustarse. Cuando visitó a mis padres en Fort Worth, sin querer le hice tomar una carretera equivocada. Entonces empecé a despotricar por mi terrible sentido de la orientación pero él siguió completamente feliz: «¡No te preocupes! ¡Ahora disfrutaremos de la ruta con vista panorámica!», dijo en aquella ocasión.

Jeff tomaba sus notas de la tradición taoísta de *wu wei*, que literalmente quiere decir «Acción sin acción» y «Acción sin esfuerzo». La filosofía *wu wei* implica moverse con flexibilidad, siguiendo el orden natural de las cosas. Si una ruta está bloqueada, en lugar de tratar de abrirla a la fuerza y con violencia, la tradición *wu wei* nos insta a elegir otra ruta por medio de la intuición y basándonos en las circunstancias inmediatas. *Wu wei* no significa apatía ni indiferencia, es más bien una herramienta práctica para la exploración. Es el patrón que siguen las gotas de lluvia, los senderos de hormigas y las migraciones de elefantes.

Wu wei no es ni certeza *ni* incertidumbre porque, sencillamente, no está en la mente en absoluto. Es un movimiento, un vals intuitivo que fluye pero nunca fuerza nada; es un estado animado de apertura que se modifica orgánicamente con la cresta y el valle de cada momento; un juguetón baile con lo desconocido, que puede rasgar el piso con una samba sudorosa y vital, o desacelerarse hasta convertirse en un gateo sombrío y bamboleante.

Como no es un baile de perfección, hay bastante oportunidad para chocar los hombros, contonearse embriagadamente y dar pasos fallidos. Y si el baile llega a eso, podrías terminar tirado sobre la tierra del piso, pero lo importante es que mantengas los oídos aguzados para escuchar el ritmo, incluso si ya tienes la cara pegada al suelo y estás llevando el pulso con un solo dedo sobre el lodo.

Toda mi relación con Jeff era, en esencia, el ensayo para un baile, una oportunidad para que nos sintonizáramos con el ritmo de cada momento y siguiéramos su *tempo*, su cadencia y su *swing*. Según él, era un baile tejano de dos tiempos: dos pasos hacia delante, y uno hacia atrás, pero siempre moviéndonos, siempre girando alrededor sobre la crujiente pista de baile de duela en medio de un nubarrón de violines, bailarines y espectadores que llevaban el ritmo con sus botas. También

15. La mediana edad

hubo pausas ocasionales en las que los violines gemelos se quedaron callados entre una canción y otra, y en esas pausas, nosotros abandonamos la pista y esperamos la siguiente pieza sin saber si bailaríamos juntos otra vez o con alguien más.

• • •

Para cuando llegué a la casa de Jamie y Vicky, el jardín ya estaba vacío y le habían echado llave a la puerta trasera. Los vecinos me vieron deambulando entre los arbustos.

—Ve y ayúdale a la señora —le dijo una madre a su pequeño hijo rubio como de ocho años. El chico obedeció y me escoltó hasta el frente de la casa de Jamie. La solemne forma en que me condujo por el jardín y la acera, me recordó a *El Principito*; parecía el capitán de una misión de rescate.

—Gracias —le dije cuando estuvimos frente a la puerta gris de Jamie.

—Por nada, señora —contestó él. Nos miramos a los ojos por medio segundo y luego sólo se alejó dando saltitos por la acera y me dejó con un diminuto anhelo. Jeff abrió la puerta. Se veía preocupado de verdad.

—¿Qué sucede? —pregunté.

—Te fuiste mucho tiempo... Pensé que no ibas a regresar. ¿Te espantó el bebé?

—Oh, no —dije entre risas—. El bebé es genial. El que me espantó fuiste *tú*.

—Oh, sí —exclamó, al mismo tiempo que en su rostro empezó a aparecer una sonrisa—, me dicen eso con mucha frecuencia..

• • •

A la mañana siguiente nos despertamos en un colchón inflable en el interior de un vestidor enorme que había sido remodelado para convertirlo en una oficina para Jamie. Despertamos acurrucados el uno junto al otro. Nuestro sueño fue profundo gracias a la desbordante cena con pasta que Vicky insistió en preparar a pesar de que estaba tan redonda que tenía que estirarse más allá de su vientre para alcanzar la estufa. Tal y como Jeff me lo había dicho, Vicky exudaba calidez y hospitalidad: «¡Awwwwww, Jeffy!», canturreaba cada vez que lo veía. De hecho ofreció prestarme algo de ropa cuando estábamos tomando café en la barra de la cocina y su madre sugirió con amabilidad que metiéramos nuestras prendas a lavar con el resto de la ropa de la familia. Tenían razón, no las habíamos lavado desde que estábamos en Budapest y, sin lugar a dudas, ya habíamos llegado a la luz roja del semáforo de la higiene. La idea de quitarnos el uniforme, sin embargo, nos daba un poco de vértigo. —No lo sé —dijo Jeff en tono escéptico—, ¿eso no sería como hacer trampa?

—Será sólo hasta que colguemos la ropa y se seque —le aseguró Vicky—. Además, tú y Jamie son como de la misma talla, y estoy segura de que tengo vestidos que no he usado últimamente y le puedo prestar a Clara —explicó, riéndose con las manos sobre el vientre—. Voy a traer algo de ropa para que se la prueben.

Cuando Jeff y yo salimos del vestidor, apenas pudimos reconocernos. Los ostentosos pantalones color langosta y el rasgado vestido verde habían desaparecido. Yo llevaba uno de los vestidos envolventes de estampado floral de Vicky y un suéter azul marino que combinaba. Jeff vestía un par de pantalones color piedra de Jamie y una camisa polo a rayas color azul cielo. Definitivamente era la paleta de colores más recatada que le había visto usar.

—Pareces sacado de comercial de The Gap —le dije.

—Lo sé —repuso entre risitas—. ¿Ahora cómo nos vamos a buscar entre la multitud?

Jeff y yo salimos de casa junto con Jamie, quien haría su recorrido matutino a la Universidad de Edimburgo. Nosotros íbamos a hacer nuestro tradicional paseo por la ciudad. Era una mañana fría, la más fría hasta el momento. Yo llevaba el suéter de Vicky pero la camisa polo de manga corta tenía a Jeff tiritando.

—Voy a necesitar un suéter —dijo.

Y de pronto, no cabía en mí de asombro. Justo cuando terminó de decir la oración, un suéter se manifestó frente a nosotros. Ahí, justo en nuestras narices había una sudadera gris arrugada y abandonada al final de una banca vacía.

—Eso servirá —dijo Jeff.

Estaba llena de agujeros pero, después de un análisis olfativo rápido, Jeff se la pasó por la cabeza mientras Jamie lo miraba perplejo y sacudía la cabeza divertido con la ironía.

15. La mediana edad

—Jefferson, estoy seguro de que junto a la definición del diccionario de la palabra «clase» aparece una imagen tuya —exclamó.

—Oye, pues hay que reducir, reusar y reciclar —repuso Jeff—. Y en caso de que todavía haya alguien por ahí queriendo recuperar su tesoro, la devolveré al atardecer.

Después de que resolvimos el problema del frío de Jeff de una manera tan fortuita, nos separamos de Jamie y caminamos por el pueblo hasta Royal Mile, la famosa calle medieval de kilómetro y medio que culminaba en la entrada al Castillo de Edimburgo. Sólo habíamos dado cinco pasos en los laminados prados del castillo cuando vimos un oscuro hormiguero de turistas; entonces nos miramos y dijimos, «Para nada». Ambos ya habíamos visitado el castillo en viajes anteriores, pero no era nada más eso, en las últimas tres semanas habíamos viajado por suficientes fuertes, iglesias y residencias reales para hacer que los ojos de un monarca se tornaran vidriosos; de hecho, Jeff había empezado a referirse a los famosos sitios históricos UNESCO como «ruinas y demás porquerías».

Fue obvio que estábamos sufriendo de una fatiga provocada por tantos monumentos y castillos. Era la misma saturación sensorial que desarrollé una vez que visité el Louvre. Después de ver galería tras galería de obras de arte del tamaño de ballenas, empecé a sentirme culpable porque mi suministro de reacciones se había marchitado hasta quedarse en un «qué bonito». Es probable que mi aprecio del uso de la luz en *Bathsheba en los baños* de Rembrandt hubiese sido más notable si lo hubiera visto rodeado de cuadros pintados a mano por niños de kínder que por todos los legendarios retratos en óleo del mundo. Si íbamos a quedarnos boquiabiertos frente a más maravillas mundiales, necesitábamos pasar algunas horas en un Chuck E. Cheese con olor a sudor infantil y pizza rancia. El contexto lo era todo.

Al final, substituimos Chuck E. Cheese con la Plaza de San Andrés, una zona de verdes prados llena de empleados de negocios corporativos comiendo sándwiches a la hora del almuerzo. Jeff se estiró sobre un área soleada y yo usé su hombro como almohada. Nos quedamos dormidos en unos instantes, éramos una pareja de turistas andrajosos tomando una siesta en medio de lustrados zapatos Oxford y elegantes mascadas de seda de Burberry's. No despertamos sino hasta la media tarde.

—Parece que nos echamos ¡UN BUEN COYOTITO! —gritó Jeff cuando nos levantamos aletargados y miramos alrededor.

Yo me limpié la saliva de las comisuras de los labios.

—¿Estará mal que hayamos volado hasta aquí desde Croacia sólo para tomar una siesta en el parque?

—No te preocupes —dijo Jeff, sacudiéndose la hierba de la sudadera prestada—. Sólo estamos descansando un poco antes de llegar a nuestra parada final. Guardamos lo mejor para el último momento.

16.
Incertidumbre

E l profesor Spiegelhalter, académico de la materia de Riesgo de la Universidad de Cambridge, colocó sus brillantes lentes azules sobre su rodilla, inclinó la cabeza hacia atrás y la recargó pensativo en el pizarrón cubierto de gis que tenía en su oficina.

—¿Cuáles son las probabilidades de *eso*? —preguntó—. Eso es lo que estamos tratando de entender con nuestro estudio de la coincidencia.

—¿Puede dar un ejemplo? —preguntó Jeff, quien sostenía una taza de café sentado en el sofá de dos plazas frente a Spiegelhalter.

—Bueno, supón que estás tratando de rastrear a un viejo amigo. Lo intentas en internet pero no tienes suerte. Tiempo después envías tu impresora a que la reparen, y cuando te la devuelven, en la charola del papel hay algunas hojas de papel que el técnico usó para probar que la impresora hubiera quedado bien. En una de las hojas recicladas encuentras la dirección de correo de tu viejo amigo.

—Como magia —dije yo, sentada junto a Jeff en el sofá.

—Sí, sí, es extraordinario —comentó Spiegelhalter agitando emocionado las manos en el aire—. Pero queremos usar estadísticas para calcular científicamente qué tanta «magia» hay involucrada en el asunto.

—¿Y ésa fue la última coincidencia que vivió personalmente? —preguntó Jeff, inclinado con una pluma sobre su libreta.

—En realidad hubo otra pero es muy débil —repuso Spiegelhalter riéndose entre dientes—. Soy muy poco observador pero, el otro día, estaba en el tren y un amigo me llamó al celular para preguntarme algo sobre los sándwiches de tocino justo cuando me estaba comiendo uno.

—Es una buena coincidencia —dijo Jeff con una sonrisa.

La cita con el profesor Spiegelhalter fue la razón por la que Jeff y yo dejamos el Reino Unido para el final del viaje. Jeff estaba en la etapa preliminar del desarrollo de un *software* para medir la experiencia de la coincidencia, ¿y quién mejor para asesorarlo que el caballeroso profesor Spiegelhalter, uno de los principales investigadores del tema? El problema era que no vivía en Austin; ni siquiera en Norteamérica. Esa misma mañana, unas horas antes, nos despedimos con abrazos de Jamie y Vicky y tomamos un corto vuelo al Aeropuerto de Luton, al norte de Londres, en donde, una vez más, Jeff rentó contentísimo un automóvil. Esta vez fue un Chevy Spark con el volante del lado derecho en lugar del izquierdo.

—¿Estás seguro que puedes lidiar con este asunto de manejar del otro lado de la calle? —pregunté.

Jeff me miró fingiendo que el comentario lo había lastimado.

—Después de todo lo que hemos vivido juntos, ¿todavía dudas de mí, amor?

Debo mencionar que desde el momento en que nuestro avión aterrizó en el Aeropuerto de Luton, Jeff cambió el gracioso acento escocés que había utilizado y que no sonaba escocés en absoluto, por un encantador acento inglés. Comenzó intercalando por ahí palabrotas inocentes como «bloody» (jodido) y «bollocks» (huevos), pero luego aumentó el nivel de anglicidad con rapidez y, para cuando encendió el automóvil y salimos de Luton, ya iba gritando típicas expresiones inglesas de clase baja como «RIIIIIIIIIIIGHTY-O, LOVE!» a todo pulmón.

Vas a terminar haciéndose el ridículo con Spiegelhalter —le advertí entre risotadas histéricas.

Jeff estaba bien consciente de que el acento de los británicos comunes no tenía nada que ver con su exagerado acento tipo Austin Powers, pero eso no disminuyó su entusiasmo.

—RIIIIIIIIIIIGHTY-O, LOVE! ¿No te agradaría complementar tus patatitas fritas con vinagre, con un pocillito de AVENA AL ESTILO INGLÉS?

Jeff estuvo inquietísimo justo hasta el momento en que estacionamos el auto frente al Instituto Isaac Newton para Ciencias Matemáticas, una institución cuyo nombre hacía honor al prolífico científico que inventó el cálculo y desarrolló las famosas Leyes del Movimiento en los terrenos de Cambridge. De hecho, en los prados del cercano Trinity College había un descendiente del manzano que supuestamente le ayudó a cimentar su teoría de la gravedad universal. Jeff había admirado por mucho tiempo la ambición de Newton, quien era un hombre atormentado e introvertido que nada

16. Incertidumbre

más quería resolver los mecanismos que gobernaban todo el universo. Yo también admiraba a Newton, incluso más porque logró hacer una contribución importante al mundo a pesar de sufrir una plaga de fuertes colapsos mentales.

Cuando Jeff abrió la puerta de vidrio de la entrada me pregunté lo que pensaría Newton del instituto que lleva su nombre. El complejo de edificios no se parecía en nada a los distinguidos y sagrados corredores que aparecían en las fotografías de los folletos de Cambridge. La arquitectura daba la impresión de ser alienígena; parecía que una familia de cápsulas cilíndricas espaciales había llegado de alguna esquina lejana de la Vía Láctea para establecerse en un círculo plateado colocado justo en medio de los terrenos de la universidad.

Pero excepto por el peculiar asunto arquitectónico, los matemáticos de Cambridge eran evidentemente muy serios. Bueno eso lo deduje por los baños. Jeff me contó que en el baño para hombres había un pizarrón grande por si acaso a alguien se le ocurría una idea brillante mientras estaba en el trono. Vaya, si Arquímedes había resuelto el asunto de la flotabilidad estando desnudo en una tina, ¡quién sabe lo que se podría resolver pujando en el trono de porcelana! Y el baño al que yo entré tenía una regadera completa con artículos de higiene personal como rasuradoras y champú corporal con aroma a lavanda, lo cual sugería que algunas académicas eran tan dedicadas que ni siquiera abandonaban el instituto para ir a casa.

Spiegelhalter se reunió con nosotros en una silenciosa cafetería en donde el aura de los cálculos que se estaban llevando a cabo era tan intensa, que uno prácticamente podía estirar la mano y jalar un número del aire. Para mi sorpresa, el profesor no lucía para nada como el tipo de matemático de Cambridge al que se podría sorprender garabateando genialidades en el pizarrón del baño, o sea, no parecía distraído ni traía una empolvada peluca ladeada. Spiegelhalter tenía el encanto de una celebridad de la televisión, además de un estilo bastante relajado. Su cabello era tan blanco como la nieve, sus cejas oscuras, y su barba estaba salpicada de negro y blanco. La traía bien arreglada, y eso la hacía contrastar mucho con la deshilachada sudadera de Jeff y su descuidada barba de una semana completa.

—Bienvenidos al instituto —dijo Spiegelhalter haciendo un gesto de grandiosidad—. Es posible que vean a Stephen rodando por ahí. —Al decir «Stephen» se refería a Stephen Hawking, quien entonces fungía como Profesor Lucasiano de Matemáticas, puesto que Newton había ocupado casi 350 años antes.

De pronto noté que Jeff estaba esforzándose por no gritar «RIIIIIIIIIIIIIIIIIIIGHTY-O MATE!» mientras seguíamos —guiados por su blanquísimo cabello—, a Spiegelhalter hasta su oficina: un acogedor lugarcito lleno de ventanas y con los requeridos alteros de artículos de revistas académicas, manchas de tazas de café y repisas repletas de libros acomodados con temeridad. Sobre el borde del pizarrón había un pequeño póster con una cita de Blaise Pascal: «No es cierto que todo sea incierto».

La reunión de Jeff con Spiegelhalter era un paso más en su investigación sobre las conexiones ocultas que operan bajo la superficie de las intersecciones aparentemente azarosas, la cual me parecía una investigación cada vez más plausible debido a la interconectividad del Internet y los rápidos avances de la información masiva. Jeff estaba en busca de los mecanismos subyacentes de la coincidencia. Quería saber si trepar exactamente el mismo roble el mismo día, era un hecho que podía explicarse gracias a la estadística avanzada, o si había otros procesos científicos que pudieran explicar cómo y por qué ambos habíamos gravitado hacia el mismo lugar en el tiempo y el espacio.

Mientras los dos profesores se lanzaban ideas de ida y vuelta, mi vista divagó hasta llegar a la cita de Pascal en el pizarrón: *No es cierto que todo sea incierto*. Tal vez los científicos podían resolver algunas certezas, pero también había muchas preguntas que, tan sólo por su naturaleza, jamás tendrían una respuesta definitiva. La ciencia podía explicar el proceso y la correlación, pero ninguna cantidad monumental de datos ni de colisionadores de hadrones sería capaz de entregarnos la certeza en una pantalla.

En los años recientes mis respuestas a la incertidumbre y el sufrimiento habían pasado por todo el espectro de las posibilidades. Había pasado de la ira a la desilusión y a la retirada total. Había abandonado la idea de que «seguir mis sueños» era un cliché trivial en medio de un mundo plagado por la desigualdad, la destrucción ambiental, la avaricia corporativa y el colonialismo moderno. En ese momento, sin embargo, estando sentada en la abarrotada oficina de Spiegelhalter, me di cuenta de que a pesar del demencial remolino de los últimos meses, le había dado la vuelta a todo el círculo.

16. Incertidumbre

El mundo siempre necesitaría de soñadores nuevos: gente dispuesta a seguir su llamado interior y perseguir los caminos que llevarán de mejor forma a la creación. Los soñadores, los buscadores y los sanadores son *particularmente* críticos ante la incertidumbre y el sufrimiento. La advertencia crucial que nunca llega a los posters con la inspiradora frase «sigue tus sueños», es muy simple: *Sigue tus sueños pero deja ir los resultados.*

Sí, debemos soñar nuestros más grandes anhelos y deseos, pero debemos hacerlo con ligereza, seguirlos con agilidad. Adaptarnos, fluir y alterar el curso mientras la vida nos lanza sorpresas. Habrá ocasiones que nos exijan dejar atrás los viejos sueños y reunir otros nuevos. Por cada floreciente período de acción y realización, tal vez también haya tiempos estériles que nos empujen al desierto y nos lancen sin dirección alguna; pero como sucede en la naturaleza, estos ciclos son naturales e incluso necesarios.

Si yo no hubiera contemplado mi vida a través de la visión de un ser soñador, jamás le habría enviado un mensaje a Jeff en OkCupid y, ciertamente, tampoco habría comprado un boleto a Turquía, y por supuesto, jamás habría terminado sentada en una oficina de Cambridge reflexionando sobre la naturaleza de la coincidencia.

• • •

Jeff, Spiegelhalter y yo terminamos la reunión en Cambridge comiendo sándwiches de tocino de la cafetería en los bien podados céspedes del campus. Luego nos fuimos a Londres, la última parada de nuestro recorrido. Ahí teníamos que reunirnos con Bigbee, otro amigo y colega de Jeff que ahora trabajaba como analista de inversiones en el sector financiero. Lo único que teníamos que hacer era dejar el auto rentado en la oficina de Enterprise en el centro de Londres.

La hora pico de Londres no es para gente débil. En la periferia de la ciudad nos detuvimos en una gasolinera para pagar los 18 dólares de la tarifa de congestionamiento, que en realidad es un impuesto que se le aplica a cualquier automóvil que circule dentro de cierto radio del centro entre las 7 p.m. y las 10 p.m. Después de eso sólo tuvimos que lidiar con un tráfico abrumador. Yo ya había estado en Londres y tenía noción general del lugar, sin embargo, fue un error ofrecerme como piloto.

—¿Doy vuelta a la derecha o a la izquierda? —preguntó Jeff.

—Bueno, eso realmente depende de en qué calle estamos —repuse mientras recorría con mi dedo el mapa del automóvil rentado—. Da vuelta a la izquierda. No, no... espera. ¡Derecha! Demonios, debimos haber girado *a la derecha*. ¿O tal vez debimos seguir derecho?

—Está bien, sólo dime cómo regresar.

—Mmm... no sé si esta calle es de un solo sentido o... ¿Estamos yendo al sur? Dime si ves el Big Ben. Eso sí sé dónde está.

—Disculpe, señor —le gritó Jeff a un conductor de taxi por la ventana—. ¿Me puede decir cómo llegar a King's Street?

El conductor gritó algo incoherente y se encogió de hombros, dejándonos sin otra opción más que confiar en mi brújula interior, la cual nos llevó a The Mall, alrededor del Palacio de Buckingham (tres veces), y a través del Puente de Londres, hasta el otro lado del Río Támesis.

—Creo que nos estamos acercando *muchísimo* —le aseguré nerviosa—, sólo que...

—¿Sólo que *qué*? —gruñó Jeff, que ya estaba empezando a perder la calma.

—Sólo que la siguiente avenida debería ser Temple pero en realidad es Weavers Lane.

—Mira, ¿podrías señalar en el mapa y mostrarme con exactitud dónde estamos?

Pero cuando puse el dedo en el mapa comprendí mi error.

—Ay, Dios. Ay, Dios.

—¿Qué pasa?

—Bueno, creo que estoy un poco confundida...

—¡MUJER! ¡EN DÓNDE ESTAMOS!

—Estamos en el lado equivocado del Támesis —confesé, al borde del llanto—. Tenía el mapa como, como... al revés.

—¡MALDITA SEA! —Jeff estaba completamente rojo. Era la primera vez que lo veía a punto de perder el control, Y por un predicamento tan mundano, también era la primera vez. Habíamos caído en la clásica discusión de pareja, con todo y el mapa arrugado y la diatriba a gritos. Lo único que faltaba era la parte en que yo le

16. Incertidumbre

ordenaba que se detuviera y le preguntara a algún desconocido cómo llegar. Debo admitir sin embargo, que Jeff recobró la compostura rápidamente.

—Lo lamento —dijo, respirando ya por la boca—. Vamos a detenernos y a estacionar el coche. No hay nada que una comida de pescado empanizado y papas fritas no pueda solucionar.

—*Righty-o, love* —dije entre dientes. Pero sabía que su disculpa se evaporaría en cuanto pusiéramos los pies en la tierra.

• • •

Para cuando nos terminamos el pescado y las papas, y definimos en realidad dónde estaba ubicado King's Street en relación al Támesis, la oficina de renta de autos de Enterprise, ya había cerrado. Jeff se encogió de hombros y volvió a su estilo desenfadado de costumbre. *Qué será será*. Dejamos el auto estacionado ahí y tomamos el metro a Chelsea, en donde vivía Bigbee.

—Este individuo es deslumbrante —dijo Jeff en el camino—. Con él se activa la alerta de Nerds al máximo nivel. En la preparatoria ganó el «campeonato estatal de cálculo» porque el tipo prácticamente se injertó una calculadora científica HP32S Reverse Polish Notation. Ahora está haciendo números con juguetes mucho más grandes.

Pero si Bigbee era un Nerd de alto nivel, sabía ocultarlo muy bien. El hombre que abrió la puerta y nos invitó a pasar a su departamento de Chelsea era pulcro, hablaba bien y tenía un afable aire tipo estadounidense que me hacía pensar en bates de beisbol y limonada. Incluso su nombre, Bigbee, sonaba a tienda departamental de los cincuenta o a una variedad de manzanas. El departamento era pequeño pero elegante, y Bigbee lo compartía con su esposa y su hija que en ese momento se encontraban visitando a su familia en Turquía. En el lugar sólo estaban él y el congelador repleto de comidas que su esposa le había preparado y dejado en recipientes de plástico.

—Pasen, muchachos —dijo, invitándonos a pasar a una sala adornada con fotografías de su sonriente familia—. Entonces hasta aquí llegaron, ¿eh?

—Sí, hombre —contestó Jeff—. ¿Lo puedes creer? Y no lavé mi ropa interior ni una sola vez.

Bigbee se rio y sacudió la mano de buena gana. Toda la gente que conocía a Jeff de la época en que nadaba desnudo en las fuentes del campus de Texas A&M, sabía que solía apegarse al viejo dicho de Mark Twain: «Nunca permitas que la verdad se interponga en una buena historia». Como siempre sucede con los viejos amigos, a Bigbee y Jeff les bastaron sólo unos minutos juntos para volver a ser los jóvenes alborotados de antaño.

—¿Sabes qué? —preguntó Bigbee, sintiéndose inspirado de pronto a unirse a las filas de nuestro club de «Me vale un soberano cacahuate»—, deberíamos salir a andar en *bici*. Siempre he querido ver Londres en bicicleta. Mañana rentamos unas y ya veremos en donde acabamos.

—Suena bien —dijo Jeff, y volteó a verme—. ¿Te parece buena idea?

—Sí, claro, siempre y cuando Bigbee sea el guía —dije—. Tomando en cuenta mi desempeño tipo Magallanes del día de hoy, creo que si quisiéramos ir al Palacio de Buckingham terminaríamos en Belfast.

Al día siguiente Bigbee cumplió su palabra y rentó tres bicicletas por la tarde. No pudo haber elegido un mejor día para guiar a nuestra pequeña brigada ciclista por todo Londres. Fue una tarde soleada, despejada y fresca, de las que prácticamente prometen que nada puede salir mal. Al principio estaba nerviosa por andar en bicicleta con vestido, pero después de algunas cuadras de llevar las rodillas dobladas incómodamente, renuncié a la modestia y dejé que la brisa hiciera lo que quisiera con el dobladillo de mi vestido. Y cada vez que Jeff alcanzaba a ver un flashazo gratuito de muslo, hacía sonar la campana de su bicicleta y daba saltitos como niño de tercer grado. Yo, por mi parte, estaba más preocupada por evitar los gigantescos autobuses de dos pisos que pasaban con pesadez a sólo unos centímetros de mis manubrios. A Jeff, por supuesto, los autobuses no le preocupaban ni tantito. En algún momento incluso grité cuando lo vi detenerse en medio del carril del autobús para conversar amigablemente con un pordiosero. Detrás de él, un autobús de dos pisos se detuvo tan cerca, que Jeff pudo haber girado la cabeza y lamido la pintura color cereza.

—¡¿Qué?! —preguntó Jeff—. ¡Tenía como ocho centímetros de margen!

Con Jeff intacto, llegamos a Hyde Park, donde encontramos una instalación al aire libre de Sou Fujimoto. Desde lejos parecía una nube con líneas cruzadas, pero

16. Incertidumbre

conforme nos acercamos vimos que se trataba de un gimnasio tipo selva de cuatro pisos que se podía escalar. Estaba fabricado con vidrio y mondadientes blancos gigantes. Jeff pidió que nos tomáramos nuestra fotografía con el hueco en medio, y luego volvimos al paseo en bicicleta.

Pasamos por el 221B de Baker Street, en donde una fila de devotos fans de la literatura esperaba para visitar el hogar ficticio de Sherlock Holmes. De ahí nos desviamos a Regent's Park y esquivamos un desfile de paseantes, juegos de soccer y niños lanzándoles migajas a los patos. Luego hicimos otra pausa en un pub de Camden para beber más cerveza; de hecho, el tiempo entre los descansos cerveceros empezó a acortarse conforme pasó el día. Luego hicimos un largo recorrido al Este para llegar al barrio industrial de Shoreditch, refugio de la escena independiente de Londres, en donde vimos vibrantes murales callejeros, bodegas renovadas y callejones roñosos. Terminamos nuestro épico paseo extendidos sobre el césped de una plaza de artistas y universitarios rodeada de orinales exteriores: una metáfora visual del número de cervezas consumidas en el lugar.

—¡Vaya, hombre! —dijo Bigbee muy contento—, eso estuvo *genial*. Vi una parte totalmente distinta de mi propia ciudad.

—Hay algo increíble en vagar por tus propias calles —dije, con una sonrisa—. En Austin también lo hacemos... sólo salimos por la puerta y vemos si nos podemos perder por ahí. Claro, la emoción sensorial se incrementa cuando vamos a un lugar en donde todo nos resulta desconocido, y por eso decidimos hacer este viaje, pero también hay muchísimo que ver a sólo unos pasos de nuestra propia puerta.

—Es muy fácil mantenerte en tu propio mundito, o sea, vivir en una ciudad con miles de restaurantes pero siempre ordenar lo mismo en los mismos tres lugares de costumbre —añadió Jeff.

—Es cierto —comentó Bigbee—. Es fácil volverse complaciente. Si uno no mira de forma activa su entorno, deja de notarlo.

Asentí.

—Exactamente, y yo no quiero perder nunca la curiosidad. En la calle siempre puedo encontrar gente a la que nunca le he hablado, o a la que no había notado. Las plantas cambian con el paso de cada estación, los vecinos se sientan en sus terrazas.

En fin, la magia de la exploración no surge solamente cuando me subo a un avión y hago un vuelo internacional.

—Así es —agregó Jeff—. Todo eso lo podemos hacer junto a Shoreditch, y también en casa.

• • •

La posibilidad de volver a Texas apareció un poquito antes de lo esperado. A la mañana siguiente, Jeff abrió la puerta del baño y entró corriendo a la habitación para visitantes de Bigbee con la toalla alrededor de su cintura; acababa de salir de la ducha y seguía escurriendo. Tenía los ojos desorbitados.

—¿Cuánto tiempo te tomaría empacar? —me preguntó, casi sin aliento.

—¿Estás bromeando? —pregunté.

—Es que hay un vuelo a Houston que sale de Heathrow hoy en lugar de mañana. El único problema es que sale en menos de dos horas. ¿Quieres que tratemos de alcanzarlo?

Me reí.

—Supongo que... sí, claro. ¿Pero no le molestará a Bigbee?

Jeff y yo ya habíamos discutido la posibilidad de volver un poco antes. Yo había estado expuesta a tantos estímulos, que si me hubiera enfrentado a tomar una decisión, habría elegido la fría y húmeda celda de un monje en lugar de una visita privada al Palacio de Buckingham guiada por la reina. Jeff, en cambio, estaba nervioso. Nuestra aventura se acercaba a su fin, y la comodidad y tranquilidad del departamento de Bigbee se prestaban demasiado a la contemplación (¿Qué significaba esto? ¿Qué pasaría cuando el avión aterrizara en Austin?). Salir corriendo para ir al aeropuerto era su estrategia para mantener el ágil paso del viaje. ¡No queda tiempo para sacarse la borrita del ombligo! ¡Vámonos!

Acto seguido, vi la toalla ondear por el pasillo hasta la cocina, en donde Bigbee estaba cargando el lavavajillas.

—¡Bigbee! ¿Cuánto toma llegar de aquí a Heathrow?

—No sé, hombre —escuché a Bigbee contestar sorprendido—. Supongo que lo más rápido sería tomar un taxi a la estación de Earl's Court y abordar el metro ahí. Podrías llegar en menos de una hora.

16. Incertidumbre

Jeff estaba callado, tal vez estaba calculando algo con su teléfono. Por un rato sólo escuche el tintineo de los vasos en el fregadero. Luego oí la voz de Jeff otra vez.

—Lamento irme sin aviso previo, hermano, pero hubo un cambio de planes. Clara y yo nos vamos a ir corriendo al aeropuerto.

Bigbee estaba azorado.

—¿En serio? ¿Pasó algo?

—No, estamos bien —repuso Jeff—, es sólo que esta mañana desperté con una tremenda urgencia de volver al trabajo. Tengo un montón de ideas y proyectos importantes que atender... como el de la casa en el contenedor de basura.

Bigbee parecía un poco triste porque ya no tendría compañía, pero nos apoyó de inmediato.

—¿Por qué no? Les voy a pedir un taxi.

El ajetreo se sintió bien. Tomé el vestido color esmeralda y metí los brazos. Ésa sería la última vez que lo abotonaría del dobladillo al cuello. Jamás volvería a usarlo, de eso estaba segura. Había varios hilos verdes renegados que se escapaban de las costuras como delicados tallos de hierba. La rasgadura del barandal se había agrandado, pero incluso si el vestido hubiera estado como nuevo, de todas formas sería la última vez que lo usaría. Era un uniforme de viaje que quedaría vinculado por siempre a esos veintiún días; a cada frontera, carretera y cielo; a los grasientos autobuses y los zigzagueantes trenes; a los sofás-cama, a las barras de jabón prestado y las tazas de té turco; a los nuevos amigos y los generosos desconocidos; a algo que empezaba a sentirse peligrosamente cercano al amor.

Mi hogar me esperaba con un clóset lleno de vestidos, una regadera con champú, y montones sobre montones de ropa interior limpia. Y sin embargo, de pronto me sentí con un nuevo deseo de ir a casa y purgar mi departamento, deshacerme de cualquier artículo que no entrara dentro de las categorías de «me da felicidad» o «es práctico». En cuanto encontré un punto de referencia para mi bienestar, comprendí que tener una existencia cómoda no necesariamente significa vivir rodeada de accesorios. El indicador de éxito en nuestro experimento no fue que hayamos tenido una revelación revolucionaria acerca de la cultura del consumo ni que hayamos recibido un cansado sermón sobre los males del Viernes Negro.

Nuestro gran logro fue, más bien, descubrir que, después de dar el salto inicial, prácticamente nos olvidamos de que estábamos haciendo un experimento.

El tubo de pasta dental griega fue el último artículo que metí a mi bolso antes de cerrar el broche imantado. Luego salimos por la puerta y, menos de diez minutos después, ya estábamos en el taxi: un nuevo récord.

—¿Qué contigo nunca se puede hacer nada de la manera sencilla? —grité, apresurándome para seguirle el paso a las largas piernas rojas de Jeff que ya iban bajando por las escaleras de la estación de Earl's Court. La estación estaba repleta de turistas de fin de semana esperando para comprar sus boletos. Jeff contestó mi pregunta con una risita diabólica.

—Muy bien, necesitamos ser estratégicos. Tú te vas a formar en esa fila y yo en ésta. El que llegue primero a la taquilla compra los boletos —explicó—. *Vamos* a llegar a Heathrow y a subir nuestros traseros a ese avión.

Y lo hicimos. Nos registramos en la puerta de Heathrow que nos correspondía, media hora antes de despegar, pero no fue sino hasta que encontramos nuestros asientos en el Boeing 767 que empezamos a entender lo que significaba ese vuelo.

—Ay, por Dios, nos vamos a casa —exclamé.

—¿Lo puedes creer? —preguntó Jeff—. Ni siquiera parece real.

Luego sacó su libreta y empezó a pasar las hojas que había llenado con fragmentos de boletos, direcciones garabateadas, contraseñas de WiFi, frases húngaras y números telefónicos sacados de Couchsurfing. En una de las páginas yo había escrito con cuidado la frase «Te amo» en turco: *Seni seviyorum*. Lo hice sin que él me viera y, obviamente, no se lo podía decir de frente, pero sabía que en algún momento hojearía la libreta y encontraría lo que escribí. Sería una sorpresita. O quizás no se sorprendería. A Jeff le gustaba recordarme que yo no podía fingir indiferencia; me gustara o no, siempre terminaba confesando todo con la mirada.

—Me pregunto qué pasara ahora —dije. Fue una pregunta retórica porque en realidad ya sabía la respuesta. Pero por supuesto, él contestó como de costumbre.

—Ya veremos, ya veremos.

Esta vez, dijo la frase con ternura, como si estuviera mirando al horizonte y ya alcanzara a divisar algo. Tomé su mano y nos estrujamos muy fuerte. De pronto

16. Incertidumbre

sentí la sangre palpitando en las muñecas de ambos. Po-POM, po-POM, po-POM. Ahí estaba ese ritmo otra vez, presente en todo momento. Lo único que yo tenía que hacer era seguirlo. Ya no tenía miedo de perderme.

Epílogo

Estoy escribiendo estas palabras en un autobús rodeado de montañas cubiertas de nieve, a 4 grados latitud norte del Círculo Ártico. Me pareció apropiado terminar la historia de la misma forma en que la empecé: sumergiéndome en el mundo con solamente un bolsito y un vestido cuando, en realidad, debería estar eligiendo algo más práctico.

Este viaje a través de la etérea tundra blanca es el cuarto que hacemos *Sin equipaje* (confesión: ahora tengo un pequeño estuche para mi laptop y mis notas a mano). Jeff está sentado al otro lado de mí en el autobús, con los mismos jeans Levi's que se puso hace una semana y ya están muy sucios. Ambos traemos larga ropa interior térmica que lavamos con agua del ártico salida de un grifo.

Han pasado exactamente dos años desde que me encontré con él en las escaleras del Capitolio de Texas. Desde ese día hemos tenido el privilegio de cruzar puentes de sogas en la selva del Amazonas; contemplar la salida del sol en Mesopotamia desde la cima de una montaña turca; y caminar por una de las plantas acereras soviéticas más grandes de Stalin, mientras fingíamos con alegría —pero también con mucha seriedad— que éramos asesores de la Organización de Comercio Mundial en la República de Georgia. En cada nueva aventura nos desafiamos a ser viajeros más considerados y éticos.

Algunas cosas han cambiado muchísimo. Por ejemplo, Jeff y yo ya nos referimos al otro como novio o novia sin palidecer. Nuestra relación ha adquirido mucha más estructura y definición. A veces planeamos algunas cosas con anticipación; y también nos demostramos ternura abiertamente y nos escribimos notas que incluyen las palabras «Te amo».

Pero hay otras cosas que no han cambiado en absoluto. Dos años después, todavía siento una sacudida de felicidad cuando miro hacia arriba y veo a Jeff entrar a la habitación. Lejos de haber sido asunto de una sola vez, nuestra vena experimental continúa. (Fiel a su palabra, Jeff celebró recientemente un año de vivir en un contenedor de basura que Sibel le ayudó a pintar.) Asimismo, seguimos deambulando por las calles de nuestra ciudad, y todavía no sabemos adónde nos llevará todo esto.

Y por último, el otro aspecto que ha cambiado es mi disposición a hablar abiertamente sobre la salud mental. Antes me esforzaba demasiado por ocultar mi experiencia con la ansiedad debilitante porque a veces es más seguro sufrir en silencio que admitir que se lucha contra un desorden psicológico o emocional. En esta cultura del silencio, di por hecho que yo era un ser mutante, una abominación, pero ahora, gracias a un sinfín de conversaciones francas, sé que sería difícil encontrar a alguien que *no* haya batallado con depresión, dolor, trastorno de estrés postraumático o algún desorden alimenticio.

Aunque ya no me da vergüenza hablar de las enfermedades mentales, debo admitir que siento un poco de pena respecto a compartir la historia de esta sensible universitaria recién graduada que se derrumbó psicológicamente al comprender que el mundo podía ser un lugar frágil y despiadado: una realidad absolutamente clara para muchas otras personas en este planeta. Sin embargo, he hablado un poco de la historia aquí porque nadie se escapa de lidiar con la falta de certeza. Sé que no todos internalizan las experiencias de incertidumbre con la misma intensidad que yo lo hice, ni intentan confrontarlas con experimentos tan extravagantes, pero si hay por lo menos un lector que cree que se sentirá menos solo al navegar por la endeble y caótica brillantez que es la vida si hablo más del tema, entonces tendré mucho gusto en documentar mi experiencia.

Agradecimientos

Esta historia fue una sorpresa en toda la extensión de la palabra. Cuando surgió la oportunidad de contarla, me senté frente a mi laptop y, con manos temblorosas, tecleé en el campo de búsquedas: «Cómo escribir un libro». Desde ese momento empecé a recibir la ayuda de un fantástico grupo de gente que me brindó su ayuda, y sin quienes este libro no existiría. Gracias mi agente, Stacy Testa, que apoyó la idea con entusiasmo desde el principio. Gracias a Jennifer Kasius, mi incansable pero ecuánime editora, y a todo el personal de Running Press, quienes han invertido tantas ideas, tiempo y energía en este libro. Gracias a Abe Louise Young, Katie Matlack, Anna Yarrow y Sarah Bensen por sus generosos comentarios y críticas. Gracias a toda la tribu Bensen por su constante y cariñoso apoyo. Y finalmente, gracias a Jeff Wilson, quien instó esta aventura sin equipaje para empezar, y ha continuado siendo mi amigo y mi pareja a través de todos los extraños y sorprendentes sucesos que tuvieron lugar después de la misma.